구세군의 신학과 사상

구세군 사관이 이야기 하는
구세군의 신학과 사상

발 행 일 | 2024년 10월 2일
저   자 | 김준철
펴 낸 이 | 박희정
펴 낸 곳 | 에디아
주   소 | 04557 서울시 중구 퇴계로37길 14 기종빌딩 6층
전   화 | 02-2263-6321(대표)
팩   스 | 02-2263-6322
등록번호 | 제1996-000115호(1996.7.30)

값 15,000원
ISBN •978-89-87977-63-8 03230

Theology and Philosophy

구세군 사관이 이야기 하는
구세군의 신학과 사상

김준철 지음

구세군의 신학자, 목회자, 역사가, 성서교사인 저자가
삶 속에서 경험한 구세군의 신학사상과 행동강령!

구세군의 역사와 한국 구세군의 발전 | 구세군 신학의 뿌리 | 구세군의 사역(Ministry) 이해 |
구세군 사관의 목회신학과 영성 | 구세군 영문사역의 특성 | 구세군 정신과 섬기는 리더십 |
구세군의 성례전 입장 | 혁신적인 윌리엄 부스와 한국 구세군의 영적 갱신 | 창립자 윌리엄
부스의 성결사상 | 구세군의 성결사상 : 사회적 성결론 이해 | 구세군 사회봉사사역의 정신과
이념 | 구세군 자선냄비운동의 현대적 의의 | 구세군 군령군율의 정신 | 나의 삶, 나의 사상

Edia

내가 구세군과 결혼하여 오직 구세군 안에서 구세군을 위하여
구세군과 함께 살아오기까지 삶과 사역에 파트너십을 유지한
사랑하는 아내 이수영 사관에게 '샛별'(벧후 1:19)을 안겨주고 싶다.

들어가는 말

나의 전폭적인 삶을 투신하여 사랑한 구세군

구세군은 내 신앙과 실천의 뿌리이다. 하지만 구세군의 신학과 사상을 배우게 된 것은 구세군사관학교에 입학한 후였다. 사관학교 시절에 학교 도서관에서 책을 펴서 읽고 있으면 라의도 부교장(후에 구세군 대장)은 "김준철 사관학생은 책벌레입니다!"라고 말하곤 했다. 사관 임관 후 첫 임명지 영동영문에서 2년 영문 사역 후 사관학교 교관으로 임지 발령받았다. 그때 라의도 교장은 나에게 "구세군 교리"를 강의하도록 지시하였다. 나는 구세군 교리의 배경을 연구하면서 구세군 교리와 구세군 역사와 여러 구세군 서적들을 탐독하였다. 그 후에는 사관으로 장성하면서 영국 국제사관대학과 동양사관대학에서 수학하고, 국제구세군지도자훈련과 구세군사관 세미나, 포럼 등에 참석하면서 구세군의 신학과 사상 연구에 집중하게 되었다.

구세군은 이 세상에서 가장 아름답고 믿음직스러우며 모든 사람에게서 존경받고 칭찬받는 국제적인 "보편적 교회의 일원"이다. 그러기에 나는 후회함이나 허탈감 없이 나의 전폭적인 삶을 투신하여 사랑하며 자랑한다. 때론 구세군이 한국 땅에서 연약하고 미숙하고 돌림 받고 소외당하고 고통과 핍박 속에서 존귀성을 잃을 뻔한 적도 있었다. 그러나 시대의 변천 속에서 이제는 한국구세군이 지난날의 암울했던 시대의 터널을 지나 선교 100주년을 지내게 된 한국구세군은 한국교회의 위상을 세우는 교회로서 '탈구세군'을 멈추고 '구세군을 구세군 되게' 하는 갱신이 필요한 시기에 이르렀다.

이 글들은 평소에 사관학교 교수와 교장, 영문목회(손지, 영동, 영천, 안양, 강남, 뉴욕, 뉴저지, 서울제일영, 분당영 등 담임사관), 본영행정사관(교육, 문학, 편집, 기획국장), 구세군역사박물관장, 역사연구소장 등을 역임하면서 현장 사역과 국제사관대학(일반학기, 행정학기, 영국), 아태사관대학(인도네시아), 지도자훈련(호주), 섬기는 지도자교육(필리핀) 등 국제본영의 교육훈련을 받으면서 구세군의 신학과 사상에 관한 자기 이해(Self understanding)를 정리한 것이다. 이 책은 구세군을 사랑하고 또한 구세군을 사랑하고 싶어 하는 구세군인들 그리고 구세군의 본질을 이해하고 싶어 하는 분들, 특히 시대적 사명을 감당하기에 수고하는 구세군사관들과 함께 생각을 나누고 싶을 뿐이다.

이 글들은 나의 삶이요 사상이며 비전이다. 나는 구세군과 함께 살면서 구세군의 성격을 이해하려고 노력하였다. 그리고 구세군의 생태와 구조와 실천 행동을 사랑하려고 노력하였다. 그것은 알지도 못하는 구세군, 확신도 없는 구세군과 결혼하여 내 삶을 맡기고 내 생애를 투자한다는 것은 어리석은 소치라고 생각되었기에 나는 가장 가까이에서 구세군을 사랑할 수 있었다. 그러기에 나는 내가 알고 느끼고 함께 살아온 구세군을 기록하고 정리하고 해석하고 분석할 수 있었다.

이 글들은 이론적인 신학사상이 아니다. '구세군사관이 이야기하는 구세군의 신학과 사상이다.' 다만 구세군을 신학적인 관점에서 조명해 본 것뿐이다. 그리고 이 글들은 단순한 이론이 아니다. 나의 삶 속에서 느끼고 경험하게 된 구세군을 그대로 표현해 보이고 싶은 것이다. 또한 이 글들은 한 편의 논문집이 아니다. 여러 글들을 분야별로 모아서 다양성 속에서 창조적인 조화를 이룬 구세군의 본질을 정립해 보고 싶었을 뿐이다. 그럼에도 불구하고 이 글들 속에는 내일의 구세군신학이 정립되기를 위한 나의 신학사상과 행동강령이 뿌리 깊게 자리 잡고 있음을 알리고 싶다. 그러므로 나는 이 글들을 읽는 분들이 느끼고 공감하고 더 나은 "구세군을 구세군답게!" 하기 위한 구세군의 신학훈련과 정립이 있기를 바랄 뿐이다. 나는 이 일을 위해서 앞으로 남은 글들을 계속 정리할 것이다.

이 글이 나오게 된 동기는 나의 생애에 가장 사랑스러운 친구이자 후원자인 삼형제 아들 김영성 사관(미동군국), 김영일 부교(미동군국), 김영선 교수(서울대)의 신앙심 깊은 용기와 독촉에 힘입었다. 그리고 함께 구세군사관으로 임관되어 오직 구세군 안에서, 구세군을 위하여, 구세군과 함께 한, 평생을 살아오기까지 삶과 사역에 파트너십을 유지한 사랑하는 아내 이수영 사관에게 "샛별"(벧후 1:19)을 안겨주고 싶다. 그는 우리 가정에 둘도 없는 희망이요 희생하는 가정의 선교사역자이며 동역자이며 후원자이다.

또한 이 책이 나오도록 장신호 권사님과 최충신 박사님이 오랜 날 동안 후원하시는 사랑에 감사한다. 그분들은 그리스도 안에서 나눔의 축복을 기뻐하며 한 형제우애를 간직하며 살아온 분들이다. 이 책을 출판한 에디아 박희정 대표에게 감사한다. "구세군 사관이 이야기하는 구세군의 신학과 사상"으로 개정 보완하여 새로운 디자인으로 발행하게 되었다.

그동안 하나님의 사역을 함께 나누었던 선배 사관님들과 지도자들, 그리고 본영사관들과 담임사관들, 시설사관들, 특히 사관학교(사관대학원대학교) 교수들께 감사한다. 그분들은 모두가 우리와 함께 구세군 안에서 하나님 나라 확장에 열정을 다하여 수고하는 분들이다. 이 글을 읽는 모든 분들께 감사와 하나님의 축복을 기원한다. 또한 이 글들에 관심을 갖게 될 모든 분들께 하나님의 축복이 있기를 진심으로 기원한다.

2024년 8월 관악산 기슭에서
부정령 김준철 사관

차례 / Contents

들어가는 말 | 7

1. 구세군의 역사와 한국 구세군의 발전 | 12
2. 구세군의 신학의 뿌리 | 23
3. 구세군의 사역(Ministry) 이해 | 28
4. 구세군 사관의 목회신학과 영성 | 58
5. 구세군 영문사역의 특성 | 87
6. 구세군 정신과 섬기는 리더십 | 115
7. 구세군의 성례전 입장 | 145
8. 혁신적인 윌리엄 부스와 한국 구세군의 영적 갱신 | 179
9. 창립자 윌리엄 부스의 성결사상 | 192
10. 구세군의 성결사상 : 사회적 성결론 이해 | 212
11. 구세군 사회봉사사역의 정신과 이념 | 237
12. 구세군 자선냄비운동의 현대적 의의 | 250
13. 구세군 군령군율의 정신 | 264
14. 나의 삶, 나의 사상 | 270

에필로그 | 302

구세군의 역사와 한국 구세군의 발전

사회봉사와 열린 교회 지향

구세군은 사회봉사와 열린 교회를 지향한다. 구세군은 민중을 섬기기 위해 생겨난 선교운동체가 그 모태였다. 한국에 구세군이 시작된 것은 1908년, 당시 영국에서 건너온 허가두 정령(Colonel Robert Hoggard) 일행은 전국을 누비며 거리 전도에 나섰다. 한국 구세군은 일제와 한국전쟁의 수난기를 거치면서도 꾸준히 그 맥을 이어 이 땅에서 사회봉사와 열린 교회를 실행하고 있다.

구세군 역사의 시작과 그 정신

구세군(The Salvation Army, 救世軍)은 "세상을 구원하는 군대"라는 준군대식 명칭을 갖고 있는 기독교의 한 교파이다. "구세군"이란 명칭은 다른 교회와는 달리 특별히 '구원'을 기조로 한 성서적인 의미를 담고 있다. '세상'은 구세군의 대상이고, '구원'은 구세군의 목적이며, '군대'는 구세군의 실천을 의미한다. 요한복음 3:17절이 "구세군"이다. "하나님이 그 아들을 세상에 보내신 것은 세상을 심판하려 하심이 아니요 그로 말미암아 '세상이 구원을' 받게 하려 하심이라."

사람들은 해마다 12월이 되면 세밑 거리의 명물로 등장하는 "자선냄비"를 머리에 떠올릴 정도로 구세군은 사회 깊숙이 알려져 있다. 그러나 구세군의 자선냄비는 구세군이 자선단체라는 인식을 넘어서서 구세군은 '그리스도의 몸' 된 보편적 교회로서 '나눔과 돌봄'의 사회봉사사역을 실행하고 있는 기독교의 보편적 교회라는 사실을 인식하는 것이 중요하다.

구세군은 18세기 후반부터 약 100년 동안 유럽에서 일어난 산업혁명 이후 사회, 정치, 경제가 불안하였던 영국 빅토리아 시대(1832~1901), 당시 감리교회의 목사였던 윌리엄 부스와 그의 부인 캐서린 부스에 의해 1865년 7월 2일 영국 동부 런던 화잇채플가 마일 엔드 빈터(Mile End Waste)의 "블라인드 베거"(Blind beggar)라는 한 술집 앞에서 가로전도로 시작되었다. 당시 동부 런던은 술주정꾼만 생겨나는 빈민 지역이었다. 빈민들은 술로 고통을 잊으려 하였고, 따라서 늘어나는 것이라고는 술집뿐이었다. 이 지역은 런던에서도 특히 착취와 고통으로 인해 인간이 쉽게 비열해지거나 부도덕해질 수밖에 없는 곳이었다. 그런데도 빅토리아 시대에 그렇게도 많던 교회가 이 지역에는 극히 적었다. 바로 이곳에서 윌리엄 부스 목사에 의해 밑바닥 민중을 위한 전도로 구세군이 시작되었다.

구세군이 탄생하게 된 것은 교회가 없어서가 아니라 그때의 교회들이 가난하고 어려운 사람들에게 해야 할 구원의 사명을 수행하지 않았기 때문이다. 하나님 나라가 예수 그리스도를 통해 이 땅에 임했다는 증거의 하나는 복음이 가난한 자들에게 전파되었다는 사실이다(마 11:5). 그런데 빅토리아 시대의 교회는 바로 이 점을 잊고 있었으며, 구세군이 이 사실을 다시 일깨워 주게 되었다.

구세군운동이 시작되었을 때 주변에서는 비난의 소리가 높았다. 모든 매스컴과 사회와 종교계뿐 아니라 부랑자까지 동원되어 전도 장소가 파괴되고, 구세군인들이 매를 맞는 등 고통이 심했다. 창립자 부스의 아들 브람웰 부스는 이 고통을 참기 힘들어 이렇게 말하였다.

"아버지, 꼭 이런 식으로 예수를 믿어야 합니까. 좀 편하게 쉬면서 남들이 믿는 식으로 삽시다." 아버지 윌리엄 부스는 대답하였다. "내 아들아, 십자가의 효과는 갈보리 언덕에서는 나타나지 않는 법이다. 50년 후 틀림없이 사람들은 우리의 신앙운동이 하나님의 뜻이었다고 평가할 것이다."

칼 마르크스가 1848년 "공산주의 선언"을 통해 유물사관에 의한 사회주의 혁명을 부르짖었을 때 윌리엄 부스는 가난한 민중을 위해 인간과 사회를 구원하는 총체적 복음에 의한 "사회평화"를 부르짖었다. 그는 이사야 58장 6절~12절의 성서 말씀을 근거로 하여 구세군의 양대 사업이라 할 구령사업과 사회사업을 창안하였다. 그리하여 구령사업을 통해서는 인간구원사역을 확장시켜 나갔고, 사회사역을 통해서는 가난한 백성을 돕는 사회사업시설을 확장시켜 나갔다. 그의 전폭적인 비전은 사회구원을 통한 인간구원 또는 인간구원을 통한 사회구원에 있었다.

윌리엄 부스는 민중에 대한 선교의 열정이 강렬하였다. 그는 자신의 저서 「최 암흑의 영국과 그 출로」의 부록에서 구세군을 이렇게 정의하였다.

> "구세군은 무엇인가? 그것은 전 세계 수많은 민중의 영적 상태에 급격한 변혁을 일으키기 위하여 존재하는 한 조직이다. 그 목표는 거대한 주민의 의견, 감정, 주의(ism) 등에 큰 변화를 일으키기 위한 것일 뿐만 아니라 그들 생애의 진로를 변경하고, 여러 가지 악습과 쾌락을 추구하는 그들을 시대에 봉사하게 하고 하나님께 예배하도록 하는 것이다."

윌리엄 부스가 즐겨 사용한 용어는 민중(people)이었다. 그는 예배당이라는 말 대신 "민중의 상가," "민중의 선교회관"이라 불렀으며, 빈민 숙박소도 "민중의 숙박소"라고 불렀다. 당시 윌리엄 부스가 그의 저서에서 지적한 민중이란 개념은 크게 노숙자, 실업자, 알코올중독자와 같은 타락자, 빈민, 윤락 여성, 죄수, 범죄자, 고아 등이었다. 이들 민중은 권력자들로부터, 교회로부터, 가진 자들로부터 소외된 자들이었다. 그럼에도 불구하고 그들은 먹기 위해 생존하는 무리들이 아니라 생존하기 위해 노동하는 무리였고, 그들이 바로 미래의 영국과 교회를 세워 나가는 위대한 주역들이었다. 구세군은 그들을 섬기기 위해 나타났다.

윌리엄 부스는 굶주리고 헐벗은 선량한 민중을 구원해야 한다는 하나님의 선교 소명을 강조하였다. 그는 이들이 사회구조와 인간 내면의 악으로 인한 죄악으로 죽어가고 있다고 보았다. 그래서 부스는 이러한 민중 개념의 정립으로 하나님이 역사하시는 기점을 마련하여 교회 위주의 교회주의를 극복하고 가난한 이웃을 위한 민중의 선교에 초점을 맞추었다.

구세군은 명실공히 가난한 사람들의 교회로 존재 가치를 지니고 있다. 1878년에 윌리엄 부스의 기독교 선교(Christian Mission) 운동은 "구세군"(The Salvation Army)이라 불리게 되었고, 기독교의 다른 교회와 마찬가지로 '그리스도의 몸'을 이룬 그리스도교회의 일부로서 그 중요한 부분을 맡게 되었다.

한국 구세군의 역사와 발전

한국에서 구세군이 시작된 것은 이미 한국 땅에 복음의 씨앗이 뿌려져 영조, 정조 시대(1724~1800) 때 먼저 천주교가 들어왔고, 150여 년 후 개신교가 들어왔다(1884, 1885). 그 후 20여 년 뒤인 1908년 10월 1일 영국에서 건너온 허가두 정령(Colonel Robert Hoggard)에 의하여 한국 구세군이 시작되었다. 구세군이 한국에서 시작될 때는 이미 일본의 침략 속에서도 구미 근대사상이 한국의 지식계층에 퍼져 민족자각운동과 신문화운동이 일어나고 있던 때였다. 또한 각 나라와 통상수호조약이 체결되어 외국인 거류민이 한국에 살게 되었고 그들 중에는 영국 계통의 선교사가 많았다. 이들은 구세군을 잘 알고 있었다. 그뿐 아니라 1903년에 이민한 하와이 한인들은 구세군을 잘 알고 돕고 있었다. 이와 같이 구세군은 이미 초기 한국교회의 신앙부흥운동기에, 그리고 장로교와 감리교가 전국을 선교구역으로 정하여 선교 사역을 전개한 후에 들어왔기 때문에 허가두 정령 일행은 선교구역에 구애받음 없이 전국을 누비며 전도할 수 있었다.

한국 구세군은 거리에 나가 나팔을 불고 북을 울리며 탬버린을 흔들어 사람을 모았고, 구세군복을 입은 선교사들이 열심히 거리에 나가 전도하였다. 사회봉사사역과 야학을 운영하였고, 병원을 운영하면서 일본인들이 한국민족 퇴화정책으로 들여오던 모든 사회악에 맞서 싸웠다. 한국전쟁(1950~1953) 이후에는 빈곤에 도전하여 구제사역에 힘썼으며 사회악에 맞서 순수한 복음 창달로 지역사회봉사와 사회복지사역으로 적극 공헌하였다.

한국 구세군은 1908년부터 1973년까지 65년 동안은 외국인 사령관, 특히 1명의 미국 사령관을 제외하면 모두 영국인 사령관에 의해 성장 발전해왔다. 이들이 구세군 개척의 산고와, 일제 통치하에서의 수난과, 한국전쟁의 역경을 경험하면서 한국 구세군 발전에 혼신을 바쳐 오늘날 한국 구세군에 발전의 기반을 구축해 놓았다.

한국식 구세군의 토착화

그 후 1973년에 처음으로 한국인 부장 전용섭 사령관이 임명되면서부터 한국 구세군은 한국식 구세군 발전을 위한 토착화를 시도하였다.

한국 구세군은 구세군의 특색인 준군대식 행정조직체계, 남녀평등의 성직 임명, 국제주의, 그리고 구령사역과 사회사역의 "복합선교"를 지향하고 있다. 작지만 강한 "그리스도 예수의 선한 군대"(딤후 2:3)로서 민중 속에서, 민중과 더불어 민중을 위하여 하나님의 선교를 구사하며 세속 속에서 거룩함을 창조해 나가는 공익성 있는 교회로 발전해 가고 있다.

구세군은 사회봉사와 열린 교회를 실행하고 있다. "작은 교회는 아름답다"는 말이 있듯이 구세군은 건강한 교회로서의 작은 교회를 지향하여 영문 단위로 지역사회 속에서 지역공동체로서의 강한 신앙공동체로 구원사역에 진력하고 있다. 구세군은 한곳에 대형 영문을 세워 놓고 큰 버스를 운행하면서 타 지역의 신자를 운송해 오거나 대형 건물의 영문을 주일 한날 예배만을 위하여 1주일 동안 신성불가침의 성역으로 삼아 교회 문을 잠가 두지 않는다. 이런 식의 영문은 "죽은 교회"로 간주될 수밖에 없다.

구세군 영문은 영혼구원의 목적으로 복음전도에 힘쓰며, 지역사회 속에 위치하고 있는 '그리스도의 몸 된' 교회로서 세상을 향해 창문을 여러 제치고 지역사회 안에서 나눔과 돌봄의 사역을 위해 지역사회센터와 사회봉사센터로 활용된다. 구세군에서는 한 영문이 세 가지 기능으로 활용되는 이유가 여기에 있다.

첫째, 영문은 '예배'(Services, Meetings)를 위한 장소로서 구원받은 구세군인들 곧 "그리스도의 좋은 군사" 된 성별된 구세군인들이 주일에 하나님의 거룩한 백성으로 모여 마음과 뜻과 정성을 다하여 하나님께 예배를 드린다. 이같이 영적 예배를 위해 활용될 때의 기능은 "영문"(Corps)이다. 특별히 구세군은 이웃 교회와는 달리 예배 대상에 따라 예배 명칭이 다르다. 주일 오전 예배는 "성결회"(Holiness Meeting)라고 해서 성도들이 하나님의 백성으로서 거룩함과 경건함을 갖추고 하나님께 예배드린다. 이때의 자비석은 '성결단'이다. 주일 오후 예배는 "찬양회"(Praise Meeting)라고 해서 성도들은 지역 주민과 함께 즐겁고 기쁘게 열린 예배를 드리며 구원의 은혜를 나누며 하나님께 찬양과 영광을 돌린다. 이때는 브라스 밴드, 탬버린 등 갖가지 악기와 찬양대가 함께 참여한다. 주일 저녁 및 수요일 예배는 "구령회"(Salvation Meeting)라고 해서 예수를 믿지 않는 사람들을 대상으로 영혼구원을 위한 전도 집회를 갖는다. 이 예배 전에 가로전도를 갖고 잃은 영혼을 초청해 함께 예배드린다. 이때의 자비석은 '회개석'이다.

둘째, 영문은 주중에 지역사회를 위한 봉사사역을 갖는다. 이는 영문의 병설로서 주민을 위해 친교모임, 어린이집, 노인복지, 애경사모임 등으로 활용될 때의 기능은 "지역사회센터"(Community Center)이다.

셋째, 영문은 주말에 가난한 이웃을 위한 무료급식 및 밑반찬 나눔의 음식 제공이나 수재민 또는 이재민을 돕거나 불우이웃을 돕기 위해 활용될 때의 영문의 기능은 "사회복지센터"(Social Service Center)이다.

21세기의 구세군

구세군은 그 지역사회 공동체 안에서 존재 가치를 찾고, 그들에게 음식과 복음을 나누어 줌으로써 그들의 육신과 영혼을 돌보는 전인 목회를 행하며, 1주일 동안 열린 교회로서 예배, 교육, 친교, 봉사, 전도, 구제의 사역을 실천하고 있다. 이같이 구세군이 열린 교회를 실천해 나가는 이유는 교회가 복음에 대해서 증거하는 방법이 복음 전도 사역과 사회 봉사 사역이기 때문이다.

복음 선포 사역은 개인 구원의 차원에서, 사회 봉사 사역은 사회경제적 측면에서 이루어지는 변화를 말한다. 복음 선포는 하나님 나라가 임했음을 선포하여 그 나라 시민이 되도록 초청하는 것이고, 사회 사역은 하나님 나라가 임했음을 선포하는 것으로 이는 사회적 변화를 추진시키는 일에 참여함으로써 가능한 것이다. 이러한 두 가지 증거의 길을 택하지 않으면 복음 선포가 장애를 받는다. 따라서 사회 사역이 없는 복음 선포는 세상으로부터 도피하는 것이며, 이 세상에 하나님 나라의 변화하는 임재를 부인하는 것이다. 또한 복음 선포가 없는 사회 사역 역시 복음에 대한 개인의 죽음으로부터의 도피이며, 사람을 낚는 어부가 되라는 예수님의 명령을 거절하는 것이다(막 1:17, 마 4:19, 눅 5:10).

사람들은 윌리엄 부스에게 이같이 제안하였다. "대장이시여, 우리는 당신과 함께 사회사업을 할 수 있습니다. 그러나 당신의 종교는 용납할 수 없습니다. 우리는 그것을 원치 않습니다." 대장은 이렇게 대답하였다. "당신들이 나의 사회사업을 원한다면 나의 종교도 가져야 합니다. 그것은 '샴의 쌍둥이'처럼 서로 붙어 있기 때문에 갈라놓으면 둘 다 죽어 버립니다." 구세군은 하나님 선교의 최선의 방법으로 복음 전도와 사회 봉사 사역(지역사회 봉사 및 사회복지)을 함께 진행한다.

구세군은 21세기에 어떻게 도전해 나갈 것인가? 21세기 교회를 염려하는 학자들은 말하기를 "사회 봉사가 없는 교회는 살아남지 못할 것"

이라고 말한다. 21세기는 앨빈 토플러가 말한 것처럼 "프랙토피아" 시대, 즉 컴퓨터 유토피아 시대가 될 것이고, 세상은 빠른 속도로 변화할 것이다. 생활 방식은 창의적이고 세분화될 것이다. 그리고 인간은 비인간화, 혹은 비종교화 현상이 일어날 것이다. 더욱이 인간은 개인 중심적이고 이기주의적인 시대가 될 것이며 '사이보그' 같은 혼합 종교가 일어날 것은 틀림없다. 이러한 시대적 급상승 시대에 처한 구세군은 영혼에 대한 문제뿐만 아니라 사회 현상에 대한 문제, 나아가서 건강과 환경 등 생태계에 관계된 문제에까지 선교의 사역을 넓혀가지 않으면 안 될 상황에 접해 있다.

여기서 구세군의 총체적 복음 선교를 위한 통합선교, 즉 복합선교에 대한 새로운 인식의 강화가 더욱 요청되고 있다. 복합선교는 구세군의 특성 있는 선교 방법으로 21세기를 살아가는 한국 교회가 본받아야 할 것이며, 이러한 점에서 구세군의 시대적 사명이 더욱 큰 것이다.

마치는 말

우리는 21세기 구세군의 사역을 전망해보자.

첫째, 30세 미만의 젊은 사람이 성장과 발전의 열쇠라고 보는 새로운 스타일의 구조 조직이 필요하다. 구세군은 청년 사업에 투자해야 한다.

둘째, 구세군은 기술 정보 시대의 교량 역할을 해야 한다. 21세기는 '사이버 게토스' 시대가 도래할 것이다. 컴퓨터로 인한 컴퓨터 "게토스"(컴퓨터 빈민 집단)가 생겨날 것이다. 이들은 21세기의 새로운 "뉴 홈리스"가 될 것이다. 구세군은 이들의 영적 파괴를 예수 그리스도를 통하여 구원해 내야 한다. 이에 대처하기 위해 기계 및 컴퓨터와 이와 관련된 훈련이 시급히 요구된다.

셋째, 목회자의 리더십이 더욱 필요하다. 섬기는 리더십(Servant Leadership)이다. 구세군의 여성 사역 이슈는 다른 교회보다 앞서간다. 더욱이 평신도 시대에 평신도 지도자들을 양성하는 것이 구세군의 살 길이기도 하다. 담임 사관의 획일적인 지도력보다는 '섬기는 지도자'로서의 평신도 지도자를 길러내야 한다. 평신도와 함께하는 협동 사역, 곧 팀 사역이 이루어져야 한다.

구세군은 타 교회의 타성과 관례화를 뛰어넘어야 한다. 미래의 교회는 평범하게 남이 하는 대로 따라 하는 식의 관례 교회는 빠른 속도로 도태될 것이며, 새롭게 갱신하는 교회만이 번영하고 생존하는 시대가 될 것이다.

넷째, 구세군은 예언자적 사명을 위해 부름받았다는 소명을 재확인해야 한다. 다수 군중의 잃어버린 영혼을 찾아 구원해 내는 선교 사역을 위해 "또 다른" 순교자적 의식을 새롭게 강화해 나가야 할 것이다. 구세군은 이 시대에 필요한 "선한 사마리아인"으로서 세상을 향한 사랑과 봉사로 누룩의 역할을 담당하고자 한다. 구세군의 사회 봉사 표어가 "마음은 하나님께, 손길은 이웃에게"(Heart to God, Hand to Man)라는 이유이기도 하고, 구세군 선교 선언문에는 "구세군의 사역은 하나님을 향한 사랑에서 시작한다"고 선언하였다.

구세군의
신학(Theology)의 뿌리

에밀 브룬너(Emil Brunner)는 1950년에 한국 방문 강연에서 "구세군은 신학자가 아니다. 전도하는 데 훌륭한 분들이다. 그 사람들이 가르치는 설교나 말은 신학자보다도 유리하리라고 믿는다"고 말한 바 있다. 캐서린 부스(Catherine Booth)는 "경건에 관한 논문"(Papers of Godliness)에서 구세군은 "베드로, 요한, 루터, 폭스, 웨슬리, 부스로 이어지는 신학의 주류를 형성하고 있다"고 하였다.

구세군 신학의 기초

구세군은 "구세군 교리 11개 신조"에서 구세군의 신학적인 기초를 발견한다. 존 레믹(John Rosario Rhemick)은 그의 박사 논문 "구세군의 신학"(The Theology of a Movement: The Salvation Army in Its Formative Years, 1984)에서 구세군 신학의 근원을 구세군 교리에 두고, 구세군 교리는 감리교 교리에서 유래되었다고 전제하면서, "윌리엄 부스와 캐서린 부스는 어린 시절부터 감리교에 의해 큰 영향을 받았고, 비록 그들의 생각이 독단적이기는 하지만 그들의 이슈는 감리교 신앙의 기본 교리를 선택한 것이 사실이고, 그것이 구세군 교리에 특징지어졌다. 그러기에 구세군 신학은 직접 감리교의 신학 사상에서 유래되었다"고 술회하였다. 그에 의하면 이 같은 증거로는 구세군이 지지하는 교리의 신학적 유형은 19세기의 복음주의 신앙의 신조와 다르지 않고, 특히 그것은 감리교 교리에 잘 나타나 있다. 그는 이 같은 결론을 위하여 최초의 7개조 구세군 교리와 감리교 교리(the Methodist New Connexion Doctrine)와 현행 11개조 구세군 교리를 비교 연구하고 구세군 신학의 뿌리는 감리교에서 근원되었다고 결론지었다.

필립 니드햄(Philip D. Needham)도 "구세군 교리"에서 구세군의 신학적 뿌리를 찾고, 윌리엄 부스의 최초의 교리문답(catechetical instruction)인 "구세군 교리와 규칙서"(The Doctrine and Disciplines of The Salvation Army, 1881)에서 부스는 "보수적 감리교 신학(the conservative Methodist Theology)을 필요로 했다"고 하였다. 부스의 교리문답서는 감리교 목사 벤자민 필드(Benjamin Field)의 "기독교 신학 편람"(The Students' Handbook of Christian Theology)에 근거했으며, 이것은 학생, 주교사, 지방 설교자, 사역자 후보생을 위해 제작된 것으로 감리교 신학을 본질적인 바탕으로 하고 있다. 실제로 윌리엄 부스는 감리교 목사가 되기 위하여 리처드 왓슨(Richard Watson)의 "신학 강요"(Theological Institutes)와 윌리엄 쿡(William Cook)의 "기독교 신학"(The Christian Theology)을 탐구하였다. 필립 니드햄은 영국교회 39개조 신조를 미국 감리교를 위하여 25개조로 축소하였으며, 그 후 부스가 그 감리교 교리를 구세군 교리 11개 신조를 위해 축소한 것이라고 서술하였다. 구세군은 1870년 이전 기독교 선교회 시대에는 감리교 개혁파 교리인 7개조 교리 신조를 사용하였다. 특히 존 웨슬리가 영국교회 39개 신조를 축소한 것은 그것들 중에서 독특한 칼빈주의적 요소(Calvinistic elements)를 제외하고 알미니안주의의 5개 논점(the Five Points of Arminianism)과 조화되는 것만 수용하는 과정에서 이루어졌다. 웨슬리의 25개조는 칼빈주의적 요소를 생략하고 3가지 감리교 교리의 특징적인 것을 강조하고 있다. 그 특징은 구원에 이르게 하는 은총의 보편성, 구원의 현재적 확신, 그리고 완전론이다.

구세군 교리의 신학적 입장

구세군 교리는 칼빈주의(Calvinism)와 구별되는 웨슬리안주의(Wesleyanism)이다. 칼빈의 5개 논점을 통해 구세군의 신학적 위치를 알아보면, 전적 타락에 있어서 인간은 자유의지와 선행을 행할 능력과 공로가 전혀 불가능하도록 완전히 부패되었다고 하지만, 인간이 전적으로 타락했지만 선행적 은총에 의해 양심과 자유의지가 회복되었다고 믿는다. 무조건적 선택에 있어서 하나님은 구원받을 자와 멸망받을 자를 미리 정했다고 하나, 하나님은 그리스도 안에서(엡 1:4) 모든 사람을 구원하기를 원한다(딤전 2:4, 벧후 3:9). 그러므로 은총으로 회복된 자유의지의 선택에 의해 믿으면 구원받고, 안 믿으면 정죄와 멸망에 이를 수밖에 없음을 믿는다.

제한적 속죄에 있어서 오직 선택된 자만이 그리스도의 속죄에 의해 구원받는다고 하나, 그리스도는 만인의 속죄를 위해 죽으셨으므로 그 속죄의 은혜를 믿는 자는 그 축복을 누리게 됨을 믿는다(요 3:16). 불가항력적 은총에 있어서 하나님이 구원받도록 택정한 자는 하나님의 은총을 거부할 수 없다고 하나, 하나님의 선행적 은총(딛 2:11, 롬 5:15)의 영향으로 보편적으로 모든 사람에게 회복되고 부여된 자유의지에 의해 은혜를 거부할 수도 있고, 받을 수도 있다(행 7:51)는 것을 믿는다.

성도의 견인에 있어서 구원으로 선택된 성도는 결코 타락하여 멸망하지 않는다고 하지만, 비록 하나님께서 모든 상황에서 충분한 은총을 주시고, 성령의 은혜가 악을 정복하는 지속적 승리를 위해 충분하다 할지라도 배교의 가능성은 있다. 사람이 구원받았어도 자유로 신앙을 버리고 하나님의 은총을 무시하고 그 은총에서 떠나 타락할 수 있다.

그러므로 구세군 교리 9조에는 "우리는 구원의 상태의 지속은 그리스도 안에서 순종하는 믿음을 계속 가져야 함을 믿는다"고 했다. 구세군 교리 6조에는 "우리는 주 예수 그리스도께서 고난 받으시고 죽으심으로 인간의 죄를 대속하셨으니 누구든지 그를 믿으면 구원받을 수 있음을 믿는다"고 했다. 구세군 교리 7조에는 "우리는 하나님께 회개하고 주 예수 그리스도를 믿고 성령으로 새로 나는 것은 구원에 필요한 것임을 믿는다"고 했다. 이와 같이 구세군은 속죄의 교리를 기본으로 믿고 있다.

존 웨슬리는 "기독교의 신학 체계 안에서 속죄의 교리보다 더 중요한 것은 없다"라고 하였다. 알버트 아우틀러(Albert Outler)는 "웨슬리가 시종일관한 하나의 메시지는 예수 그리스도와 십자가에 못 박힌 그리스도였다. 그는 십자가의 그리스도, 구속자 그리스도, 승리자 그리스도였다. 속죄에 관한 웨슬리의 신학의 특징 가운데 하나는 그리스도께서 모든 사람들을 위해서 죽으셨기에 속죄의 구원의 축복이 선택된 자들에게 제한되어 있지 않다는 것이다. 모든 사람은 속죄로부터 흘러나오는 은총의 반응을 보일 수 있다는 것이다"라고 말하였다.

구세군의 사역(Ministry) 이해

구세군의 사역이 문화선교의 장을 지향

새로운 교회 유형을 향방하는 구세군의 사역(Ministry) 이해가 필요하다. 우리는 너무나 목회(pastoral)란 말에 익숙해 있어서 사역(ministry)이란 말을 사용하지 않는다. 오히려 목회자는 높은 존칭 같은 감이 들고 사역자는 고역자(苦役者) 같은 감을 풍기는 것 같이 이해한다. 그래서 담임 사관 직에 사역하다가 전근하여 시설이나 본영이나 사관학교와 같은 기관에서 사역하게 되면 은혜가 없고 영적 생활이 둔감해지는 것 같아서 마치 죄인 같이 죄책감 속에 스스로 빠져드는 사관들이 있다. 이것은 하나님의 사역에 관하여 목양의 개념만 갖고 있기 때문이다. 목회는 양 무리가 있을 때 성립될 수 있다. 그러나 목회만 하나님의 일이라는 고

정관념에서 벗어나서 하나님을 위해서 봉사하는 총체적 사역이 하나님의 선교 사역이라면 그 선교 사역을 사역(ministry)이라고 할 것이다. 바로 구분한다면 목회는 협의적 사역을 말하고 사역은 광의적 사역을 말한다. 즉 목회는 사역에 포괄된다. 그 사역은 하나님을 위해서 봉사하는 것이기 때문에 사역(Ministry)이라고 한다. 구세군의 사역은 문화 선교의 장을 향해 열려 있어야 한다.

새로운 교회유형을 향방하는 구세군의 사역이해

나는 34년여의 현역 사관 생활 속에서 영문 사관, 사관학교 교수, 행정 사관으로 사역하면서 그동안 느껴온 것이 있기에 구세군에 있어서 사역 신학의 중요성을 생각해 보려고 한다. 우리는 「군령군율」이 일명 구세군의 목회 신학이라고 말하면서도 그것이 목회 현장인 영문에서는 한낱 법적 조문으로만 작용할 뿐 결코 현장 목회를 위한 역동적인 역할을 다하지 못하고 있는 현실을 안타깝게 생각한다. 군령군율은 목회학이란 원리 차원에서 구세군이 지향하고 있는 목회원리 또는 영문을 봉사하기 위한 활동 규범으로서 목회 사역 현장에서 필히 활용되어야 한다.

흔히 목회는 교회가 있고 영문이 있고, 그리고 먹이고 처리할 "양 무리"가 있어야만 목회하는 것으로 생각한다. 그래서 사관이 기관이나 시설에서 사역을 하는 것은 목회가 아닌 것처럼 여겨지고 있다. 그러나 사역은 사관이 하나님의 일을 봉사하는 것이기 때문에 어느 분야에서든지, 즉 그것이 영문이든, 시설이든, 사관학교이든, 본영이든 간에 하나님의 사역에 봉사하는 것이라면 그것은 사역이라고 할 것이다. 이런 면에서 나는 협의적이고 한정적인 의미에서 '목회'라는 말보다는 광의적이고 포괄적인 의미에서 '사역'이란 말을 더 좋아한다. 더욱이 구세군은 복합 선교를 실행하고 있으면서 사관의 사역 분야는 여러 방면에서 봉직하고 있기 때문이다. 즉 그것은 구체적으로 구세군의 양대 사업인 구령 사역과 사회 사역의 틀 속에서 영문 사역(영문 담임 사관), 시설 사역(사회복지시설 사관), 행정 사역(본영, 지방 본영의 행정 사관), 교육 사역(사관학교 교수) 등을 위해 봉직하고 있다. 이러한 구세군의 사역의 중요성을 생각하면서 나는 한국이란 문화적 상황에서 현대 신학의 중요 쟁점들 중의 하나인 새로운 교회 유형을 향방하는 사역 신학을 구세군 발전을 위해서 재음미해 보려고 한다. 여기서 '구세군 사역 이해'에 새로운 의미성을 갖게 되기를 바란다.

먼저 사관으로서 새로운 교회 유형에 따른 구세군 사역의 역할에 대하여 몇 가지 문제를 제시해 본다. 그것은 구세군 영문의 미래상은 무엇인가? 급변하는 사회 속에서 세계 교회의 유형이 달라지고 있는데 이에 부응하여 오늘의 구세군의 사역은 어떻게 달라져야 하는가? 우리는 한국적 목회 상황에서 달라지고 있는 사역론을 어떻게 보고 수용해 나가야 할 것인가? 우리는 이 시점에서 역대 제도화된 구세군의 영문 구조를 새로운 유형으로 변형시켜 나감에 있어서 과연 오늘의 사역자로서의 사관이 서야 할 자리는 어디인가? 하는 것들이다.

이러한 여러 문제들은 개인의 문제 제기일 뿐만 아니라 급변하는 상황 속에서 기독교 제3세기를 향방하고 있는 오늘의 한국 교회 사역자들의 문제이기도 할 것이다. 왜냐하면 교회의 사역은 구세군뿐만 아니라 한국 교회 갱신의 주요 쟁점이 되고 있기 때문이다. 또한 이 같은 현실은 우리가 사역 현장에서 매일같이 겪고 있는 것으로서 과거에 대한 신학적 반성을 요구하고 있으며 미래의 새로운 탐구를 모색하도록 만들어가고 있기 때문이다. 이러한 반성의 요구에서 우리는 구스타보 구티에레즈(Gustavo Gutierez)의 말대로 오늘의 사역은 "새 포도주는 새 부대"가 필요하게 된 것이다.

오늘날 남미를 비롯한 제3세계에서는 해방신학을 기조로 새로운 사역 형태에 관한 중요 문제들이 제기되고 있다. 그것은 교회 중심적인 데서부터 하나님의 행동하시는 역사의 현장인 세상, 곧 사회, 정치, 문화로 지향해 나가고 있다. 이 모든 상황에서 한국교회는 아직까지도 교회 중심적인 데서 벗어나지 못하고 교회 안에 안주해 있으면서 세상을 향해 나아가야 할 문제의 출구보다는 교회 내의 높은 담 벽 안에서 세상 속에 나타난 부조리한 증상만을 문제 삼고 있는 실정이다. 특히 한국교회는 목회자의 신권적 권위주의와 독선적 교권주의에 빠져 임직의 절대성을 보장하려 하고 있다. 여기서 구세군도 제외되지는 않는다. 세상을 향해 열린 구세군이 탈구세군화하여 어느새 닫힌 영문으로 변하여 고치집 안에 있는 누에고치처럼 그 영문 속에서 안주하려 하고 있다. 뿐만 아니라 권위주의에 빠져 더 이상 밖으로 발길을 내딛지 않으려 하고 있다. 그리하여 우리는 사역의 문제를 단순히 임직의 문제와 동일시해서 사역이 무엇인가라는 문제를 사역에 대한 조직체의 지도력의 문제와 혼동하고 있다. 그리하여 때로 우리는 평신도의 사역을 등한시한 채 사역을 한낱 임직 받은 사관의 전유물로 삼고 있다.

여기서 사역 자체의 신학적 본질을 문화사적 상황에서 재고해 봄으로 한국 구세군의 사역에 대한 새로운 의미성과 사역의 "그릇"인 영문 공동체의 발견과 구세군 안에서 새로운 사역의 유형이 시도되어야 할 필요성을 생각해 보려고 한다. 그리하여 폴 틸리히가 "종교는 문화의 실체이며 문화는 종교의 형식이다"라고 했듯이, 본론에서 한국 문화를 기조로 한 한국인의 의식 구조에 적응되는 구세군의 사역 이해를 접근해 보려고 한다.

구세군의 사역에 대한 새로운 의미성 발견

구세군 사역의 필요성

선교 3세기를 향방하고 있는 한국교회는 지난날 한국 기독교 선교 초기부터 민중운동, 독립투쟁, 교육과 후생사업, 민족 자각과 조국의 개화운동 등에 적극 참여한 좋은 전통을 자아냈다. 그러나 오늘에 와서는 한국교회가 한국이라는 사역 현장에 자리 잡고 있으면서도 한국의 전통문화에 대한 몰지각으로 전통문화를 무조건적으로 샤머니즘 또는 우상숭배로 배척해 버리고 말았다. 우리의 것을 배척하면서도 오히려 복음을 담고 들어온 서양 문물의 화려한 옷차림에 대해서는 어떠한 비판이나 정화도 없이 수용하였다. 그로 인해 한국교회는 한국교회 문화의 빈곤 현상이 생겨나게 되었다.

그런가 하면 근래에 이르러 한국 상황의 사회, 정치 등의 개혁에 대해서는 부동, 내지는 방관의 태도를 가지면서 오직 서구적인 근대화의 물결에 휩쓸려 개교회적으로 "교회 성장 운동"을 앞세워 교회 살찌우기만 힘써왔다. 그 결과 오늘날의 한국교회는 비대증, 상업 풍토, 기업화 성향, 배금사상, 교권주의, 구조적 획일성, 교회 간과 교회 내에서의 계층성, 여성 차별 등 허다한 문제를 안은 채 "교회 성장 병"을 앓고 눕게 되었다.

여기서 한국교회 100주년의 역사는 한국문화 말살이라는 오명을 씻기 어렵게 되었다. 이것은 바로 한국교회의 비극인 동시에 한국 그리스도인의 오점이다. 그 결과 1세기를 지난 오늘의 한국교회가 사회로부터 따돌림을 받게 된 것이고, 그런데도 한국교회는 아랑곳하지 않고 오히려 굽히려 하지 않는 자만심에서 아방궁식 교회로 군림해 가고 있다. 이러한 불미스러운 현상 때문에 실제로 한국 교회는 빈곤, 신학적 혼선, 비대증의 후유증으로 인하여 길을 잃고 방황하는 한국의 현대인들에게 일시적 위안마저 제공해 주지 못하고 있는 형편이 되었다. 여기에서 우리는 한국적 상황에 적응되는 구세군 사역에 대한 새로운 의미성을 발견해야 할 필요성을 갖게 된다.

구세군의 사역이란 무엇인가?

구세군의 사역은 하나님이 전 인류를 부르셔서 당신의 백성으로 삼으시는 세상 한복판에서 구세군이 하나님의 나라를 선포하고 예시하기 위해 부름을 받았다는 확신을 가지고 오늘날 죄악 세상 안에서 인간의 정의, 평화, 생명의 보전을 위한 투쟁을 수행하므로 시작된다. 여기서 사역을 위한 소명은 토마스 C. 오덴(Thomas C. Oden)의 말대로 "하나님으로부터 사역을 위해 부름을 받았다는 개인의 내적인 확신과 믿음의 공동체로부터 그리스도의 몸을 섬길 수 있다고 평가받은 외적인 소명" 모두를 요구한다.

물론 여기서 구세군의 사역 이해에 대하여는 모두 하나님의 백성으로 부르시는 은혜 안에서 임명된 사관의 자기 사명에 대한 이해를 분명히 하고, 성직에 임명된 사관에 대한 신학적 반성의 이해가 있어야 한다. 그리고 무엇보다도 한국적 상황에서 전 백성의 선교와 봉사적 사역을 위해 임명받은 사관의 신학적 갱신을 촉구하고 있는 것이 사실이다.

그러나 "그리스도의 몸을 모으고 갱신시키는" 성직에 임명된 사관의 사역의 역할은 하나님의 말씀을 선포하고 가르치며 사회를 위해 봉사하고 예배와 선교와 목회 가운데 영문 공동체의 삶을 인도하는 것으로만 그쳐서는 안 된다. 무엇보다도 사관은 세상 안에서 하나님의 백성이 사회악에 대한 사회 개혁, 정치 권력에 대한 정치 쇄신을 수행하는 교회의 선교적 역할을 무시해서는 안 된다. 그런 의미에서 임명받은 사관의 폭넓은 사역은 전통적인 교회의 성곽만을 강조하여 고정화된 자기 영문 구역 내에만 제한되어서는 안 된다. 우리는 여러 문화와 상황 속에서 일어나고 있는 사역의 다변적인 형태를 인정하는 것이 중요하다.

구세군 사역의 다양성

오늘날 사역의 다양성은 오직 전통적 교회 구조의 틀에서만 인정하려고 하고, 새로운 형태에서 실천되고 있는 여러 가지 창조적인 사역의 다양성에 대해서는 방관하고 있는 것이 현실이다. 그중 하나는 실제로 한국교회는 남성 위주의 전통적 사역 구조에서 여성 임직의 길을 개방하는 사역자 임직에 대한 갱신이 촉구되고 있는 것도 사실이다.

이것은 현재 하나님의 사역을 위해 여성의 참여를 제한하고 있는 한국교회 내의 여러 교단에게 자극이 되어야 한다. 한국교회 신자의 70% 이상이 여성 회중들로 채워져 있음에도 아직 그들이 남성의 지배적이고 독점적인 사역 구조 속에서 양육받고 있는 것은 마치 레오나르도 보프(Leonardo Boff)가 지적한 것처럼 여성들은 "종교적 호흡이 모자라 질식하는 것"이 되고 말 것이다.

이것에 비하면 구세군은 시작 처음부터 여성들이 동등하게 사역의 기회를 부여받은 것은 21세기 한국교회 사역의 새로운 출로가 되고 있다. 그러나 문제는 구세군의 여성 사관들이 남성 사관 위주의 사역에 얽매여 있기 때문에 여성 사역자의 역할 분담을 자기 능력대로 수행하지 못하고 있다는 안타까움이 있다. 이를 위해 여성의 적성에 맞는 능력 개발과 "여성 사역"(Female Ministry)의 활동 영역이 폭넓게 임명되어야 한다.

사역자의 형태구분

사역자의 형태 구분에 있어서 한국교회는 전통적인 삼중의 사역 양식, 즉 감독, 장로, 집사의 틀로 구성되어 있는 것을 본다. 구세군에도 사관과 정교와 부교가 있는 것은 바람직하다고 본다. 이러한 사역자의 형태 구분은 교회 구조의 조직체로서의 획일적 또는 직위 등급으로서 구별하기 위한 차별 등급이 결코 아니다. 때로 구세군의 계급이 이와 같은 차별 등급을 초래할 위험성이 있는 것도 사실이다. 그러나 구세군의 계급은 높고 낮은 차별화 등급이 아니라 사역의 영역에 따른 사역 역할의 책임 분담의 기능으로 여겨져야 할 것이다. 그러기에 구세군의 직분들은 오직 사역의 사명을 원활히 수행하기 위한 협동 파트너십으로 이해되어야 한다.

여기서 사관과 평신도가 함께하는 직분자들 모두는 영문 공동체의 일원으로서, 즉 주님의 몸 된 교회를 "섬기는 자"로서 세상과 영문 사이의 중재자의 역할을 담당하도록 부름을 받은 하나님의 사역자들이란 사실을 인식하는 것이 중요하다. 더욱이 사관과 평신도 모두는 오늘날 세계의 정치, 사회, 경제, 문화적 실체의 상황에서 예언자적 역할을 실천해 나가도록 하나님의 부르심을 받은 자들이다. 또한 하나님의 사역을 협력하기 위하여 영문 안에서 함께 사역하도록 협동 사역자로 부르심받은 사역자들이다.

그러기에 사역은 사관만의 전유물이거나 사관 위주의 지휘 행각이 아니다. 사역의 직무는 사관만의 직위로서가 아니라 하사관들도 함께 그들의 은사와 재능이 하나님의 사역을 위해 충분히 수행되어야 한다. 그리고 사관의 수직적이고 획일적인 권위로서가 아니라 변화하는 세상의 필요 요건에 잘 적응해 나가는 하사관들(정교, 부교)과의 수평적인 연대책임으로서 수행되어야 한다. 특히 21세기는 평신도의 시대인 동시에 평신도가 주인의식을 갖고 사역에 동참해야 하는 시대이다.

여기서 성직자와 평신도의 구분은 직제의 구분이 아니라 하나님 사역의 역할 분담 또는 일의 기능에 대한 호칭으로 보아야 한다. 그러기에 바울 사도가 말한 것처럼 "우리 많은 사람이 그리스도 안에서 한 몸이 되어 서로 지체가 되었느니라"(롬 12:5)고 한 것을 보면 하나님의 사역에 있어서 직제의 차별화 구분은 별 의미가 없다.

사역의 전통성과 계승성

이런 면에서 보면 사역이 전체 교회의 사도적 전통(로마 가톨릭)과 사도적 사역의 계승(개신교) 사이를 구분 짓는 것은 마치 임직된 사역자의 주요 전통적 이해와 전체 하나님의 백성으로서의 사역의 새로운 해석 간의 모순을 자아내고 있는 결과가 될 뿐이다. 여기서 소위 로마 가톨릭 교회에서 말하는 교회의 사도적 전통과 개신교에서 말하는 사도적 사역의 계승은 신앙 공동체를 형성하는 전체 하나님의 백성, 즉 성직자와 평신도에게 모두 적응되어야 할 것이다.

이렇게 볼 때 분명히 교회 자체는 사도적이다. 교회는 사도들의 선포와의 연속성 속에서 살아간다. 몰트만은 "교회의 사도적 계승은 그리스도의 수난의 계승이고, 이것은 바로 무신적이고 비인간적인 세상 속에서 십자가 아래에 있는 교회이다"라고 하였다. 그러나 교회를 봉사하는 사관의 사역은 평신도와 함께 "사도적 신앙의 활성화, 복음의 선포와 새로운 해석, 사역자의 책임의 준수, 기도, 사랑, 기쁨, 고난 안에서의 교제, 병든 자와 가난한 자에 대한 사회적 봉사, 지역 교회들 간의 일치, 주께서 각자에게 나누어주신 성령의 은사 등을 공유하고 있다." 그러기에 세상에서 예수 그리스도의 사역을 위해 부름받은 하나님의 백성을 "사역자"라고 부르게 되었다. 특히 구세군의 병사, 하사관, 사관은 인간을 구원하시는 하나님의 구원 사역을 위해 임명받은 사역자들이다. 창립자 윌리엄 부스 대장은 말하기를 "내가 구원받은 것은 다른 사람을 구원하기 위함"이라는 병사의 사역적 임무를 분명히 천명하였다. 그러므로 전체 교회의 사도적 전통과 사도적 사역의 계승은 일치되어야 한다.

구세군 사역의 본질

오늘날 사역의 이해를 위한 논쟁 중에서 보면 교회를 세상에서 위로와 도움을 주는 기관이라는 개념과 교회를 사회의 부정의에 직면하여 도전하고 사회를 변혁시키는 기관이라는 개념의 양면성이 있듯이, 사역에 있어서도 사역은 개인적인 시작과 성숙을 제공해 주는 것이고, 반면 사역은 믿음의 관계를 넘어서 영적이고 육체적인 필요를 채워주는 것으로 이해하고 있다. 그러나 분명한 것은 사역은 하나님에 대한 적극적인 봉사와 예수 그리스도에 대한 복종으로 회중을 인도하는 것이다. 하나님에 대한 사역은 회중들에게 봉사하는 것이고, 회중에 대한 사역은 하나님께 봉사하는 것이다.

여기서 구세군 사역의 본질은 복음의 선포와 복음의 해석과 복음의 적용이다. 이것들은 상호 의존적이어야 한다. 이 같은 사역의 삼중성, 즉 복음의 선포와 복음의 해석과 복음의 적용은 다양한 형태와 기능으로 성취되는데, 윌리엄 M. 알스톤의 "기능에 따른 사역 형태"의 대별에 의하면 첫째, 언어 사역의 형태로서는 찬양, 설교, 교육, 복음 전도, 선교, 신학이 있고, 둘째, 행동 사역의 형태로서는 기도, 영혼 치유, 봉사, 예언적 행동, 성도의 교제가 있다. 그런데 이러한 언어 사역의 형태와 행동 사역의 형태는 고정화되어서는 안 된다. 왜냐하면 필립 니드햄이 말한 것처럼 "순례하는 하나님의 백성"으로서의 교회의 사역은 항시 이동성과 적응성이 요구되며, 그것은 항상 다양성 있는 사역 형태가 이루어져 나가야 할 것은 물론 하나님의 부르심에 응답하여 행동하시는 하나님의 역사를 찬양하고 증거하며 참여해야 하기 때문이다. 이런 의미에서 구세군 직분자들의 사역은 브람웰 부스가 말한 "만인의 종"(Servants of all)으로서 섬김의 역할을 영문 공동체 안에서 실천해 나가야 한다. 이런 관점에서 존 가완스 대장은 2001년 2월호 국제본영 발행 "사관지"에서 구세군 선교 사역의 삼중성을 강조한 바 있다. 그것은 "영혼을 구원하는 것과 거룩한 성도, 즉 거룩한 병사를 만드는 것과 고통받고 있는 인류를 사랑으로 섬기며 봉사하는 것이다."

구세군 영문 공동체의 발견

구세군 안에서 복음의 토착화

첫째, 한국 상황 속의 복음이다.

한국교회는 한국문화와의 관계에서 볼 때, 한국인들이 고정화된 전통문화 구조 속에서 "자기 존재의 집"을 허물고 새로운 설계에 의해 새로운 집을 지어갈 만큼 한국인에게 삶의 가치관에 어떤 변혁의 충격을 주지 못하였다. 오히려 기존 건축의 기본 구조에다 실제로는 마음이 통하지도 않으면서 서양에서 편의주의적인 가재도구식의 교회 기능을 직수입해 왔다. 그리하여 한국교회는 서구식 교회를 답습하였고, 지금까지 신학적 바탕이 서구식 사역을 탈피하지 못한 채 교회 사역이 서구화되어 있다. 교회 건물은 서구식을 모방하였고, 찬송가는 모두가 서구적인 것이고 한국인이 작사 작곡한 가사와 곡은 별로 없다.

여기서 한국적인 문화는 배제 또는 소외되어야 했고, 어쩌면 한국적인 문화는 비성서적인 양 배타적이 되고 말았다. 그래서 본래의 한국적인 종교 심성은 "샤머니즘"으로 백안시되었고, 천년의 불교문화와 오백년의 유교문화를 파멸시키는 것이 마치 전통 기독교 신앙인 양 오해되기도 하였다. 여기서 한국적인 본래적 민중의식, 역사의식, 그리고 "삶의 정황"은 서구문화에 의하여 실제로 눌림 받고 억압받았으며 자유가 없는 것으로 되어버렸다. 이와 같은 현상은 한국교회가 토착화되지 못하고, 보니노의 말대로 "종교 식민주의"에 예속되고 만 것이다.

이 같은 배후에는 한국인의 사대주의적 사고와 사상이 크게 작용한 것으로 본다. 이러한 시점에서 우리는 한국적이고, 좀 더 나아가서 동양적인 사역 형태가 있어야 할 것을 생각해 본다. 실제에 있어서 성서적 복음은 서구적인 것이 아니라 동양적이다. 다만 동양의 복음이 서구에서 꽃을 피워 다시 동쪽을 향해 선교선(船)을 타고 와서 정착한 것뿐이다. 그것은 마치 고유문화를 말살시키는 정복선(船)으로 왔다. 그럼에도 불구하고 여기서 복음의 본질에 있어서는 불변한 것이나 복음이 전해지는 양태는 한국이라는 토양에서 변화되어야 할 것이다. 이것을 나는 복음의 토착화 작업이라고 말하고 싶다. 이러한 토착화 작업이 구세군 안에서 이루어질 때 그 복음은 한국을 복음화시키는 역동적인 힘이 될 것이다.

둘째, 복음은 문화의 이식이 아니다

기독교의 복음은 서구종교로부터 직수입해 온 서구 종교형태의 문화이식이 아니다. 복음은 순교자의 피를 통해 우리에게 전해진 구원을 위한 역동적인 힘이다. 1세기가 넘도록 복음이 한국문화 속에 들어와서 신문화를 소개하고 남녀평등의 인간관계 질서나 신분차 등의 철폐 등 반봉건적 유풍을 타파하고 근대적 시민사회 출현에 일익을 담당하였음에도 불구하고, 오늘날 그 복음은 한국인에게 전파됨으로서 만물을 새롭게 해석하고 관계하는 힘이 한국인의 삶 속에서 깊이자리 잡지 못하고 있다.

또한 긍정적 관심으로서 작동하지 못하고 인간정신활동의 한 기능으로서만, 즉 종교기능으로서만 작동한 느낌이 든다. 그리하여 사람들은 말하기를 "예수는 좋다. 그러나 교회는 싫다"는 말이 나돌게 된 것이다. 분명히 복음 자체가 가지고 있는 보편적 진리의 힘은 그동안 한국인의 힘을 새롭게 그 중심에서 변혁시키고 그 변혁된 사람들이 새로움을 정치, 경제, 사회의 생활문화와 사상 철학 종교문화와 예술문화로서 변혁의 가능성과 비전과 의지를 갖고 있었음에 틀림없다.

그리하여 복음에 힘을 입은 그리스도인들이 사회, 정치, 경제, 문화 등 여러 방면에서 주요한 위치에서 중요한 역할을 담당하고 있는 것이 사실이다. 그럼에도 불구하고 복음은 한 종교가 아니다. 예수 그리스도와 그의 처음 제자공동체는 새로운 문화를 창출하려는 의도나 설계를 가진 바 없다. 도리어 복음은 인간을 자유롭게 하고 이 세상적인 모든 힘들로부터, 그리고 거짓 신들과 권위들로부터 해방을 선언하는 선포요 권능이다. 복음은 모든 문화 속에 깃들어 있는 인간의 교만과 불신앙과 탐욕을 비판하고 정화시키는 힘이요 구원의 복된 소리며 치유시키는 창조적 빛이다.

셋째, 복음은 종말적 선포이다.

복음은 언제나 인간에 대해서, 그 개인의 인격을 향하여, 그리고 그 집단적 공동체를 향하여 선포된 종말적 선포이다. 여기서 오늘의 구세군은 몰트만(Jurgen Moltmann)이 지적한 대로 "열린 교회"가 되어야 할 것이다. 그 교회는 하나님을 위해서, 사람들을 위해서, 그리고 하나님과 인간의 미래를 위해서 열려 있어야 한다. 만일 구세군이 열려 있는 교회를 포기하고 하나님, 사람들, 또는 미래에 대해서 닫혀지는 때 구세군은 쇠약해지고 말 것이다.

복음이 세상을 향하여 외쳐지지 않을 때 구세군은 "하나님의 선교"의 사명을 다하지 못하게 될 것이다. 그러나 구세군을 통하여 복음이 크게 외쳐질 때 그 복음은 "운동력"이 있어 세상을 복음화시킬 것이다(히 4:12). 그러므로 복음 그 자체는 계시요 우리의 본래 인간성을 조명해 주는 하늘의 빛이다. 그러나 일단 이 복음이 우리의 삶 속에 받아들여지는 순간, 그것은 종교 형태로 나타나고 종교는 문화라는 표현과 질을 통해 구체적으로 나타나게 된다. 이 복음이 사역의 실천을 통하여 구체화될 때 그 현장은 바로 교회 공동체가 형성되는 것이다.

구세군 영문공동체의 발견

우리는 한국 상황에 적응하는 영문 공동체의 발견이 필요하다.

첫째는 한국인의 의식 구조에 적응하는 구세군의 사역 실천이 필요하다. 한국인의 의식 구조는 종적인 개념보다는 수평적 개념을 갖고 있다. 이것은 유교적인 문화 형태 속에서 생성된 의식 구조이다. 유교에는 하늘은 없고 오직 인간만 존재한다. 그래서 조상 숭배 또는 군주에 대한 충성심을 통하여 인간 사회의 위계질서를 도모하고 있다. 이와 같은 한국인의 의식 구조는 종적으로 하나님과 인간 사이의 관계 형성보다는 횡적으로 인간과 인간 사이의 연계 관계 속에서 평화의 질서를 이루어 나가는 동기가 되었다. 그리하여 한국인의 평화 개념은 하나님으로부터 온 하나님과 인간과의 평화가 아니라 인간에서부터 시작된 인간과 인간의 평화이다. 그렇다고 그것은 결코 무신론적 소치는 아니다. 다만 절대 조물주에 대한 인간의 낮아짐을 스스로 자처하는 행위로 보아야 할 것이다.

여기서 인간은 지존하신 하나님을 쳐다볼 수 없기 때문에 인간이 감히 그 앞에 설 수 없다고 단정해 버린다. 이것은 사도 바울의 사상과도 통하고 있는데 그는 인간이 하나님 앞에 나갈 수 있다고 생각하지 않고 오직 하나님께서 주신 은혜 속에서 인간이 인간을 사랑하는 사상으로 이어지고 있다. 사도 바울은 인간의 하나님에 대한 사랑에 관해서는 언급하지 않고 오직 하나님이 내려 주신 그 사랑의 은혜에 힘입어 이웃을 사랑할 수 있다고 말한다(롬 13:8~10). 그렇다면 한국적 의식구조 속에는 항상 "정복"하는 개념은 없다. 오직 연대적 공동체의 개념만 있을 뿐이다. 이것에 비해서 구식은 서부 개척 문화에서 볼 수 있듯이 "정복 문화"의 배경을 가지고 있다. 그러나 한국인은 항상 평화 공존을 무기로 삼아왔다. 이것이 한국인의 본래적 삶의 습성이다.

이러한 관점에서 볼 때 오늘날 한국 교회 성장에서 일어나는 교회 개척이나 교회 건축의 대형화 등은 과연 그 지역 사회 속에서 무슨 의미를 주고 있는 것인가? 생각건대 그것은 마치 보니노(Jose M. Bonino)가 지적한 것 같이 스페인이 남미를 정복하여 식민지화하므로 "식민주의적 교회는 식민주의적 구조에 묶여버렸다"고 말한 것처럼 한국 교회가 어쩌면 그리스도의 이름으로 그 지역 사회를 정복해서 기독교 지역, 더욱이 "기독교 왕국"(Christendom)으로 점령해 가고 있는 것은 아닐까? 이것은 종교 이름을 가진 정복 행위라고 보여진다. 그러기에 교회는 그 지역에서 왕국이 되는 것이고 사역자는 군림하는 왕으로서 행세해 나가는 것이다.

여기에서 한국 교회는 "사회적 착취 행위"가 있게 되는 것이고 서구적 자본주의가 기본으로 작동하여 "부르주아적 신앙심의 주관적이며 상호 주관적인 영역에서" 교회를 기업화 형태로 경영해 가고 있고 또한 부르주아적 교회로 변태해 가고 있는 것이다. 이러한 현실 속에서 한국 교회는 황금 낙원이 되었고 교회 밖 그늘에 가리어진 민중들은 지옥 쓰레기장에서 허덕거리게 되었다. 이 같은 교회의 개인 중심화 내지는 사유화 현상은 이제 교회의 개념에서 제거되어야 한다. 그러므로 한국 구세군은 "사회적 성결"을 기초로 하여 윌리엄 부스가 말한 바 "사회 평화"를 이루는 민중을 위한 교회로서의 사명을 다하여야 한다.

둘째는 한국인의 집단의식에 적응하는 구세군 사역의 실천이 필요하다. 오늘날 한국 교회가 성장과 변화를 주제로 내걸고 신앙집회, 부흥집회를 많이 하고 있기는 하지만 그것은 교회가 처한 문화적, 사회적, 경제적, 정치적 현실 구조의 변화와 인간관계의 성장을 의미하는 것이 아니다. 다만 그 교회의 조직은 변경 불가능한 절대 고정된 그 어떤 법칙으로 전제하고 그 교회 신자의 양적이고 재정적인 성장, 종교 교육과 신앙심의 변화 성장을 말하는 것이다. 그러나 분명히 초기 기독교 공동체는 그 시대의 민중과 인간을 사로잡고 있었던 문명의 힘, 신들의 힘, 제사와 율법의 힘에 대항하여 예수의 복음으로 돌파하여 자유함을 얻게 하였다(눅 4:18~19, 갈 5:1). 그럼에도 불구하고 오늘날 한국 교회는 한국인에게 적응되는 사역을 실천하지 못하고 있는 형편이다.

이러한 현시점에서 구세군은 한국 상황에 적응하는 영문 공동체의 발견을 한국인의 "집단의식"에서 그 원초를 찾아볼 수 있다고 생각한다. 한국인은 집단의식, 곧 공동체 의식 구조를 가지고 살아가고 있다. 언어 표현 속에서 보면 우리는 혼자 살아도 "우리 집"이라고 한다. 서양 사람들은 자기 부모, 형제, 집, 그리고 자기가 속한 동네, 단체, 민족, 국가를 말할 때 "우리"라는 복수 표현을 사용하지 않는다. 그들은 "나의 것"으로 표현한다. 한국인에게는 내가 "우리" 속에 포함되어 있음을 본다. 그러기에 우리에게는 단독 소유의 개념이 지극히 박약하여서 이 집체 속에 개체가 매몰된 것은 한국인에게 특출한 의식 중의 하나이다. 한국인은 이 "우리"라는 공동체 의식 때문에 가난해도, 굶주려도, 또 외세의 침입을 받아도, 나라를 빼앗겨도 수천 년 살아갈 수 있었던 "우리"였다.

또한 가옥 구조를 보아도 서양은 나 혼자만을 위한 소리도 들리지 않는 두꺼운 벽과 문으로 자물쇠를 잠그는 단절된 가옥이다. 그렇지만 본래 한국식 가옥은 나 혼자 단절해 있을 수 있는 공간을 거절하고 나 개인의 프라이버시를 철저하게 거부하는 양식으로 되어 있어서 집은 "우리"의 공중 공간으로 존재한다.

또한 먹는 음식에도 보면 서양인은 큰 그릇에 있는 "우리" 음식을 내 접시에 옮겨놓고 "내 것"으로 만든 다음 "내 것"을 먹는다. 이에 비해 한국인은 우리 음식을 상에 차려놓고 "우리" 모두가 "우리" 것을 직접 덜어 먹는다. 그러기에 음식상에 오른 음식은 찌개에서부터 간장에 이르기까지 "우리"의 것이다. 한 솥에 비빔밥을 만들어 한 양푼에 놓고 고루 떠먹는 식사 풍속은 "우리"의 유대를 강화하는 좋은 풍습이다. 이 음식은 "우리"를 연대시키는 결속 미디어이다. 그러기에 한국인의 밥상은 함께하는 하나의 공동체 구조, 곧 밥상 공동체의 핵을 이루고 있다.

이렇게 볼 때 구세군의 진정한 영문 공동체는 "가정"에서부터 출발되는 것이고, 가정이 바로 교회요, 삶의 의미가 시작되고 하나님의 사역이 이루어지는 장소이다. 실제로 기독교 초기 처음 교회는 "집에 있는 교회"(몬 1:2, 고전 16:19, 골 4:15)였다는 것은 의미심장하다. 집은 기초교회의 공동체였고 신앙과 친교와 교육과 사랑의 공동체로써 "집에서 떡을 떼며 기쁨과 순전한 마음으로 음식을 먹고 하나님을 찬미하며 또 온 백성에게 칭송을 받음으로"(행 2:42~47) 예배, 교육, 친교, 봉사, 전도, 구제가 실천되었다. 이런 의미에서 영문의 "구역회"는 영문 공동체 또는 가정 공동체의 기초 유형이 된다.

셋째는 한국인의 원형 공동체 의식에 적응하는 구세군 사역의 실천이 필요하다. 한국인의 집단의식은 원형 공동체였다. 민중사적으로 볼 때 한국은 원시사회, 곧 씨족 공동사회로부터 국가가 형성되었고, 거기서 지배자와 피지배자가 형성되어 계급이 생성되었다. 그것은 지배 이념의 문화, 귀족 사회의 문화, 양반 관료 사회의 문화를 형성해 나갔다. 신라 시대의 불교나 조선 시대의 유교는 정치 권력 구조 속에서 군림하는 종교로 활약하였다. 이것이 어느덧 우리 민족의 의식 구조 속에 스며들어 오늘날과 같은 위계질서 내지는 권위주의, 계급주의를 형성하기에 이른 것이다.

그래서 한국인에게는 밥상이란 그 조그마한 평면에도 그 많은 보이지 않는 벽이 있는 것이고, 여기서 인간관계의 서열 구조 또는 종적이고 획일적인 구조가 존재하고 있는 것이다. 한국 문화사 속에서 볼 때 불교, 유교 등 고등 종교 사상과 그들 종교가 현실적으로 한국인의 문화 속에서 적용되고 있는 정치 철학 및 예술 문화는 귀족, 왕실, 양반, 지식층의 종교가 되었다. 그리하여 그 종교들은 문벌과 가문의 입신양명을 위주로 하는 종교적 윤리를 강조하여 부처나 공자, 맹자가 본래 가르치려고 했던 보편적 인간 공동사회 구현의 본의를 저버리고 말았다. 특히 이 같은 종적 구조는 유교의 유학 "모럴"의 침투에 의하여 가중되어 왔으며, 유학 "모럴"에 체질화된 부류는 주로 양반 사회와 이 양반 사회의 "모럴"을 선망하고 추구하려는 일부 중인 사회에 국한되어 있었다.

그러나 종적 의식의 틈바구니에서도 민중의 대다수를 차지한 서민 사회나 평민 사회에서는 양반 사회에서처럼 서열 구조나 종적 구조가 뚜렷하지 않았다. 서민 사회에서는 오히려 평등 구조나 원형적인 구조로 형성되어 있었다. 그들에게는 밥상을 두고도 서열의 질서에 얽매인다는 법은 없다. 밥상을 복판에 두고 원으로 둘러앉아 평등하게 나눠 먹는다. 그들의 밥상에 할아버지 반찬, 아버지 반찬, 손녀 반찬 등의 차등은 없었다. 그들은 함께한 음식을 평등하게 먹었다. 여기에 음식을 먹는 사람들의 평등한 유대가 형성되었고, 유교의 유학이 정립한 서열주의가 서민적 원형주의에서는 매몰되고 말았다.

이 같은 현상은 여름날 느티나무 밑에서 멍석을 깔고 담소하는 촌락 공동체 속에서도 볼 수 있었다. 여름날 시원한 느티나무 밑에서 멍석을 깔고 동리 어른들과 어린 소년들이 어울려 동리의 전설적인 이야기를 들려주고 듣고 하는 과정 속에서 어린이들의 의식과 구조가 성장해 갔다.

이와 같은 한국인의 문화적 삶에서 얻어지는 결론은 오늘의 사관과 구세군이 계급주의 사회라고 해서 위계질서에 따른 차등을 위해 존재해서는 결코 안 되고, 평등과 수평 또는 원형 원칙이 영문 공동체 내에서 실천되어야 한다는 것이다. 그 원형 공동체는 그룹의 리더십에 의해서 인격의 존경과 순종에서 서로가 아끼고 돌보는 겸허한 위계질서를 유지해 나가야 한다. 이런 의미에서 보면 장로교의 장로 체제가 한국적 상황에서 활기를 띠고 있는 이유가 되기도 한다. 한국에서 집안에 어른이 필요하고 마을에 어른이 필요하듯이 교회에도 평등 원칙에 적응되는 어른이 필요하기 때문이다.

그러나 한국인의 집단의식 속에서 발견되는 영문 공동체는 사도 바울이 말한 "자유 공동체"(갈 3:28)가 되어야 한다. 그것은 혈통, 성별, 인종, 상속, 재산에 기초를 둔 것이 아니라 인간은 하나님의 자녀라는 확신에 기초한다. 그래서 이 공동체는 "그리스도를 본받는 것"이고 타인을 섬김에서 자신을 내어주는 사랑에 의하여 수립된다. 피터 핫즈슨(Peter C. Hodgson)에 의하면 이것은 새로운 교회 유형 안에서 특징짓는 "교회의 자유이고, 그 자유는 종말론적, 그리고 역사적 비전 속에서 지방색이나 가부장 제도 등 배척과 착취의 관습적인 인간 유형을 박탈하고 확고한 역사적, 정치적, 사회적 실천을 강요한다."

새로운 교회 유형에 있어서 구세군 사역의 전망

구세군 사역 전망의 기초

구세군의 새로운 교회 유형(The New Paradigm)은 핫즈슨이 지적한 것과 같이 "사적이기보다는 대중적이고, 개인보다는 사회이고, 자유보다는 해방이고, 계급보다는 평등이고, 권위보다는 대화이고, 이론보다는 실천이고, 교단적이기보다는 초교파적이고, 단독보다는 복수 지향적이고, 민족적보다는 국제적이고, 인류보다는 생태학을 강조하는 것"에 기초해야 한다. 이 같은 구세군의 사역 유형은 개인 중심적인 데서 가난한 자 중심으로 혁신되어야 할 것을 촉구한다. 여기서 사역의 근본 목적은 구세군 사회 사역의 형성 보존과 선교 과정을 봉사하고 안내하는 것이다. 즉 사역은 구세군 사역의 본질을 실현하게 하고 믿음, 소망, 사랑의 공동체를 이루며 하나님의 나라를 상징하는 표적이 되게 하는 것이다. 그리고 사역의 근본 역할은 예수 그리스도 안에서 지도력을 갖게 된다. 그것은 성직 권위주의(Clericalism)가 아니라 섬기는 봉사자로서의 "디아코니아"(Diakonia), 그리고 신자 양육자로서의 "파이데이아"(Paideia)를 갖는 것이다.

여기서 사역자로서의 사관은 세 가지 형태이다. 첫째, 현재 상황의 빛 안에서 성경을 해석하고 적용하는 양육자이다. 여러 난관에도 불구하고 사관은 성서가 오늘의 시대에 무엇을 말하고 있는지 영적 비전 속에서 성서의 말씀을 해석하는 과정을 시도해 나가야 한다.

둘째, 사관은 집회와 인간의 연대성 사이, 사랑 실천과 봉사 사이, 영성과 해방 사이, 예배와 삶의 사이, 돌봄과 정의 사이의 변증법적 양육자이다. 그러기에 항상 생산적인 사역은 사랑과 자선의 차원을 넘어 사회적 부조리, 구조적 압박, 인종차별, 성차별, 계급주의 등에서 회복을 시도해 나가야 한다.

셋째, 사관은 세계적 개방의 사역자이다. 그러므로 어떤 형태로든지 지역주의를 초월하고 구원에 대한 보편적 공동체를 향하여 상호 의존적으로 존재해야 한다. 이러한 차원에서 볼 때 교회(Ecclesia) 곧 영문은 그리스도의 삶과 죽으심과 부활에 기초하여 하나님의 구속적 현존에 의해 성취된 인간 공동체의 변형된 형태이고, 백성의 다수와 문화적 전통에 포함하는 것이며, 그것은 개인주의적, 지방색적, 계급적 유형을 극복케 하고, 죄와 소외와 억눌림에서 해방시키는 우주적 화해인 사랑을 실천하는 곳이다.

여기서 영문은 영적 실체이며 동시에 유한하며 오류를 범할 수 있고 상대적인 인간들로 구성된 사회 집단이다. 따라서 영문은 역설적인 존재 방식을 가진다. 영문은 영성과 역사성의 긴장과 모순을 자각하고 창조적인 대안을 현실화시켜 나가는 순례자적 공동체이다.

구세군 사역의 구조 갱신

오늘날 교회의 유형은 초기 교회로부터 지금까지 다변적 형태로 변혁되어 온 것이 사실이다. 그것은 삼위일체 도식에 비추어서 하나님의 백성, 그리스도의 몸, 성령의 교제 또는 성령의 공동체로 보편화되어 왔다. 그리고 그것은 성만찬 공동체, 제사장 공동체, 계약 공동체, 모이는 공동체, 흩어지는 공동체로, 가난한 사람들을 위한 교회로, 어머니로서의 교회로(교회가 역사 속에서 어머니의 역할을 해야 한다), 민중의 교회로(민중신학에서는 교회론이 희박하다), 민중의 코이노니아로 변형되어 왔다. 핫즈슨은 라틴 아메리카의 기초 공동체, 북미의 흑인 교회를 오늘날 지구상에서 가장 성서적 교회 공동체로 보기도 한다.

여기서 우리는 구세군의 사역 구조의 철저한 갱신이 요구되고 있음을 보게 된다. 과거의 폐쇄적 사역에서 개방적 사역이 구현되어야 한다. 사역의 개방성이 강조되고, 개방적 사역의 방안이 모색되어야 한다. 무엇보다도 구세군 내에서 새로운 교회 유형에서 일어나고 있는 사역의 실천은 첫째로 사관 중심의 계층 구조는 약자와 함께하는 교회를 향하여 하나님의 백성으로서 개방적인 대화, 평등, 약자에 귀 기울임, 성육신, 사관의 변화가 있어야 한다.

둘째로 제도나 법에 대한 복종을 강요하는 권위주의는 형제애, 대화, 봉사, 공동 책임을 향방하여 사랑과 믿음의 공동체로서 일반 신자의 변화와 주체성과 참여를 통한 사랑의 공동체 구현이 실천되어야 한다.

셋째로 자기만의 이익 추구를 일삼는 개인주의는 타인을 위한 자기희생을 향방하여 그리스도의 몸으로서의 교회로서 전 세계 교회와의 연대의식과 개인보다 공동체 우선권을 지향해 나가야 한다.

넷째로 현실의 안주를 추구하는 현세주의는 거짓과 위선을 거부하여 인권을 존중하는 갱생한 교회를 향방하여 종말론적 공동체와 예언자적 교회로서 계속적 회개, 창조적 대안 제시, 인권 문제 고찰 등이 수행되어야 한다.

이상에서 살펴보았듯이 급변하는 교회의 유형 속에서 사관이 서야 할 자리는 먼저, 종적 개념에서 "하나님의 인격"을 중심으로 실천하는 것이다. 캠벨에 의하면 하나님은 네 가지 실제를 갖고 있는데, 하나님은 그의 백성과 계약을 맺으신 분이시고, 예수는 인류의 구속자이시고, 성령은 새로운 생명의 공동체를 형성시키는 분이시고, 그리스도인들은 하나님의 사랑으로 서로 친교하는 자들이다.

또한 다음으로 사관이 서야 할 자리는 수평적 개념에서 인간의 삶의 정황에서 실천되어야 한다. 그것은 구체적으로 한국적인 상황에서 나눔의 사역(Sharing ministry), 돌봄의 사역(Caring ministry), 함께함의 사역(Communion ministry)의 실천(Praxis)이 수반되어야 한다. 위에서 말한 새로운 영문 유형의 사역 실천은 고정화된 것이 아니고, 그것은 핫즈슨이 지적한 대로 "옛것으로부터 생겨나며 그 안에서 없어지기도 하고 재구성되기도 한다."

새로운 유형에 도전하는 구세군 사역의 실천(Praxis) 원리

귀납적 성서해석

오늘날 신학적 사고에서 혁명이 일어나고 있다. 그동안 연역적으로 성서, 교리, 규범 등이 그대로 실천해 나갈 것을 강조했던 교회 전통의 고전적 유형이 이제는 규범이 아니라 상황으로부터, 그리고 위로가 아니라 아래로부터 일어나는 귀납적이어야 할 것을 강조하고 있다. 성서를 상황에 따라서 설명해 나가고 있다. 구세군은 창립 당시부터 상황 속에서 태어났다. 따라서 우리는 상황 속에서 하나님의 선교를 강화해 나가야 한다.

사회의 중요성 인정

세계 교회 운동의 흐름 속에서도 지각변동이 일어났다. 이것은 신학의 새로운 유형의 와중에서 생겨났는데, 그것은 세계교회협의회(WCC)와 로잔언약 간의 갈등에서 비롯되었다. 로잔언약에서도 상황과 인격과 사회의 중요성을 인정하게 되었다. 전통적인 선교 이념으로는 유지가 안 되기 때문에 새로운 선교 이념이 생겨난 것이다. 구세군은 구령사업과 사회사업을 철저히 실행하므로 총체적 복음인 복합선교 수행을 강화해야 한다.

새로운 교회론 정립

우리가 「기독교 사상」지를 통해서 보면 새로운 교회론 정립과 교회의 갱신이 강화되고 있으나 너무 빠른 교회의 변형 속에서 새로운 교회유형에 의한 방향제시를 못하고 있다는 느낌을 받는다. 여기서 우리에게는 전통적 신학에 대한 새로운 교회 유형이 필요하다. 그것의 감각이 필요하고, 교회의 미래성 정립이 필요하다. 우리는 "구원이야기"(구세군교리) 제10장에서 "교회론"을 정립하고 있고, 필립 니드햄의 「선교공동체」에서 "구세군인의 교회론"을 정립하고 있는 것을 습득해야 한다. 한국교회는 종교개혁이 일어난 지 500년이 된 2017년에, 한국교회의 '탈성직,

탈성장, 탈성별'의 결단으로 한국적 작은 교회로의 길을 제시하는 "한국적 작은 교회론"을 출판한 것은 매우 고무적인 일이다(생명평화마당 엮음, 대한기독교서회).

나눔의 공동체 의식

오늘날 새로운 해방신학은 새로운 교회 유형으로 등장하여 예수의 교회 공동체는 회당 공동체보다 '에클레시아' 공동체를 이루고 있다. 우리에게는 개교회의 공동체 성격을 어떻게 형성시킬 것인가 하는 것이 문제이다. 여기서 교회는 더불어 살면서 나눔의 공동체가 되어야 한다. 그 영문 신자 모두가 공동체 의식을 가지고 함께 참여할 수 있겠는가 하는 것이 새 시대 목회의 중요 관심사가 될 것이다. 구세군이 사회봉사(자선냄비 등)에 힘쓰고 있는 것과 같이 나눔과 돌봄의 교회 공동체 사역을 특성 있게 실행해야 한다.

하나님과의 계약

현대에 와서 교회론에 있어서 "니케아 신경"에서 규명된 "하나이며 거룩하며 보편적이며 사도적인 교회"에 대해서는 무비판적이다. 자유 안에서의 일치, 가난 속에서의 거룩함, 파당 속에서의 약한 자를 위한 보편성, 고통 속에서의 사도직은 세상 속에서의 교회의 특징이다. 이것은 몰트만이 말한 것처럼 "성령의 능력 안에 있는 교회"이다. 하나님의 계약은 온 인류와의 계약이다(창세기 9장). 교회는 하나님과 인류와의 맺은 계약을 실현하려고 먼저 깨달은 자의 모임이다. 구세군은 하나의 구세군을 지향하여 세상 속으로 잃은 영혼을 찾아가서 "오늘의 구원"(눅

19:9-10)을 성취해야 한다.

역사의식의 연대성

한국교회는 구조적 틀에 매여 있는 교회이기에 고정화되어 있다. 불교는 천년을 유지하다가 산 속으로 들어갔고, 유교는 오백년을 유지하다가 무속종교에 귀합 되었다. 향후 한국기독교는 어떻게 될 것인가? 지금까지 우리가 가졌던 개인주의적(기복사상에서)이고 개 교회 중심적으로 모인데서 이제는 역사를 의식하고 시대적 감각을 느끼는 공동체(요한 15장) 의 연대성을 가져야 할 것이다. 구세군은 세상 속에서, 세상을 위하여, 세상과 함께 하는 "그리스도 예수의 좋은 병사"(딤후 2:3~4)로서 사역해야 한다.

종교간 대화

오늘날 새로운 유형의 교회의 가능성이 일어나고 있는데, 그것은 초대 교회의 유형으로 나아가고 있다. 그것은 현실적으로 라틴 아메리카의 기초 공동체에서 일어나고 있다. 이것은 과연 교회인가 하는 것에 새로운 의문성이 태동하고 있다. 그들에게는 어떠한 종교나 종파가 중요한 것이 아니다. 여기서 한국교회는 이웃 종교와의 대화의 가능성을 찾아야 할 것이다. 구세군은 이웃 종교에 대한 배타성은 없고(군령군율) 사회 구원, 특히 열린 대화를 통한 사회 봉사 사역을 실천해 나가야 한다.

양육목회 유형

목회유형은 가르치는 목회유형보다 기르는 목회유형의 사역이 앞으로 필요하게 될 것이다. 또한 새로운 영문공동체 안에서의 성서해석과 성서 안에서의 공동체들이 대화하게 해야 할 것이다. 영문은 "그릇"이다. 그 속에 담겨진 것이 보화 곧 복음이다. 이제는 그릇 자체도 새로워져야 한다. 복음의 진수가 무엇인가? 가 이해되어야 한다. "그릇에 담긴 보화"는 하나님 나라의 선포이다. 이 선포는 기본적으로 인간에 의한 해방이다(눅 4:18~19). 이것이 원동력(Dynamism)을 갖고 자유를 시도한다. 여기서 새로운 사역을 위한 고민이 필요하다. 역대 제도화된 교회를 새로운 유형으로 변형시켜야 한다.

"과제가 많은 만큼 계기도 많다. 교회가 만일 주님이신 그리스도보다는 교회 자신의 이론과 편견, 그리고 형식과 법규에 사로잡혀 있다면 당면 문제에 대처할 수 없다. 주님의 포로가 된 교회만이 인류가 요구하고 열망하는 것을 꾸준히 충족시키려는 자세를 갖춘 참으로 자유로운 교회이다."

구세군은 구세군조직체의 것이 아니다. 그리스도에게 속하여, 그리스도의 것이 되어 명실 공히 그리스도의 몸 된 지체로서의 교회의 일익을 담당해 나가야 한다.

마치는 말

21세기의 세계화 시대 속에서 한국 구세군의 사역은 한국 문화에 적응하는 사역이 이루어질 때 더욱 참신한 유형으로 발전하게 될 것이다. 한국인이 가지고 있는 심층 구조 속에는 서구인들이 맛보지 못한 특징적인 좋은 성격과 자질이 있다. 한국 민족에게는 고통스러운 "한" 속에서도 참고 견디는 인내력이 있다. 한 가지 일에 집착하는 순종심과 복종심이 있다. 기뻐하며 즐길 수 있는 노래 가락이 있다. 끊일 줄 모르고 외쳐 기도하는 기도의 열정이 있다. 피를 토해내는 듯한 외침이 있다. 축복에 대한 간절한 소원들이 있다. 혼자 살려고 하지 않고 함께 나누며 줄 수 있는 미풍양속이 있다. 결코 사람을 미워하지 않는 인정이 있다. 순결을 생명으로 삼는 깨끗한 마음이 있다. 평화 공존의 삶이 우리 한국인의 생활 습성이다.

이 모든 것들은 한국인의 특수 문화 속에서 형성되어 온 아름다운 문화 유산이다. 그것들을 개발하고 살려내어 구세군의 선교 사역에 적응시켜 나간다면 선교 100주년을 지낸 한국 구세군은 200주년을 향하여 크게 발전해 나갈 수 있는 저력을 갖게 될 것을 믿는다.

"구세군 교리"의 '구세군과 교회'에서 말한다. "구세군인은 단순히 군대, 선교, 운동, 자선 단체로서의 특정한 목적을 위한 단체로 알려지는 것에 대해 편안한 마음을 가진다. 이와 같은 모든 기술어인 '교회'라는 말과 함께 사용할 수 있다. 이런 다양성 국면을 가진 구세군의 정체성은 환영을 받아야 하며 지역, 국가, 국제적인 수준에서 교회 연합과 일치의 자리에서 제 위치를 취하고 있다." 구세군이 지향하는 교회는 "선교에서 영적인 교회로," "살아있고 열매 맺는 참된 포도나무 가지로," "모이고 흩어지는 공동체로," "구세군은 국제적으로 활동하는 보편적인 기독교 교회에 속한 복음주의 교단이다"("구세군 교리" 국제본영 발행, pp.336-340).

구세군 사관의 목회신학과 영성

사관의 영성과 건강한 목회를 위하여

사관은 영성 형성이 일어날 때 건강한 목회를 할 수 있다. 이것은 '사관 + 영성 형성 = 건강한 목회'라는 등식을 만들 수 있다. 영성 목회는 구원의 확신과 헌신적 신앙과 예언자적 사명에서 출발한다. 사관은 영적 지도자로서 복합 선교의 사명을 갖고 선교적이고 목회적이며 사회 봉사적 책임을 다해야 한다.

영성 형성의 과제

21세기는 지식 경영의 시대라고 한다. 그 방향은 주로 3D와 3F를 알아야 한다. 3D는 Digital(디지털), Design(디자인), DNA(유전자공학)이고, 3F는 Feeling(감각), Fashion(유행), Female(여성 직위)이다. 또한 사회 계층도 지금까지는 Blue Color(육체노동)와 White Color(정신노동)로 구분했지만 이제 21세기는 Golden Color(지식노동) 시대가 되어 자발성, 창의성을 통해 더불어 사는 삶의 질을 향상시켜 나가야 하는 시대가 되었다.

이와 같이 급속히 변전해 가는 21세기에 사관의 목회는 과연 어떠한 방향으로 나아가야 할 것인가 하는 것이 우리의 관건이다. 물론 그것은 시대 감정에 어울리는 3D나 3F나 3C로는 안 될 것이다. 물론 그와 같은 시대적 지각 능력은 필요할 것이다. 그것은 시대적 감각이 없이는 시대적 변화 속에 위치하고 있는 교회와 그 시대 속에 살아가고 있는 인간, 즉 하나님의 백성들을 관리(목회)할 수 없기 때문이다. 그러나 시대적 지식이 우리에게 참고 수단은 될지언정 그것 자체가 목회의 필수 요건이 아닌 것은 분명하다. 지식이 곧 목회는 아니다.

인간의 구성 요소가 영과 혼과 몸인 것처럼(딤전 5:23) 목회도 이성과 감성과 영성의 삼위일체가 잘 조화를 이룰 때 좋은 목회자의 기질을 갖고 목회를 할 수 있다. 이성은 목회의 목적과 방향을 체계화시키는 출발이고, 감성은 목회를 추진해 나가는 수단이라면, 영성은 목회의 질을 윤택하게 하는 기본 능력이다. 이성에서는 창의성과 자발성이 필요하고, 감성에서는 열성과 비전이 필요하며, 영성에서는 변화와 갱신이 필요하다. 그러므로 우리에게는 시대적 보편성을 뛰어넘는 영적 감응이 없이는 그 시대를 직시할 수 없다. 사관은 영성을 형성해야 한다. 영성은 인간의 심층 구조를 형성하고 있는 삶의 원리와 하나님과의 관계를 위한 인간의 능력(Human capacity)을 총괄하는 것이다. 여기서 영(Spirit)과 영성(Spirituality)의 개념은 구분되어야 한다.

먼저, 영(Spirit)은 인간을 보다 강하게 하는 능력으로서 생명의 순환적 정체성(identity)과 통합성으로부터 도출된 인간의 능력으로 그 모습을 나타낸다. 히브리 사상과 헬라 사상에서 보면 히브리어 "루아흐"(Ruach)는 호흡, 바람의 뜻으로서 인간의 활기를 불어넣어 주는 것이었다. "루아흐"가 떠나면 생명은 끝이 난다. 여기서 히브리어의 영과 육체는 일체감을 갖고 있다. 헬라어 "프뉴마"는 바람, 호흡, 에너지, 역동적인 실재로 언급되지만, "영"은 몸과 물질에 병렬시킬 수 없다. 플라톤은 영과 육을 이분하는 이원론을 수립하였다. 여기서 헬라어 "프뉴마"는 영과 육의 이분법을 사용하여 영혼불멸의 사상을 갖고 있다. 그러나 바울은 "프뉴마"(영)와 "사르크스"(물질적인 육체)를 같은 선상에 두고 물질 그 자체가 아니라 인간의 분할할 수 없는 통일성을 발전시켰다.

다음, 영성(Spirituality)은 제임스 노엘(James Noel)에 의하면 사람들 사이의 모든 차원에 있어서 하나님과 자아에 대한 인식에 이르도록 하는 인간의 정신과 거룩한 성령 사이의 상호작용이다. 즉 영성은 우리 안에 계신 성령께 관심을 집중하여 성령을 따라 사는 삶이다. 인간의 영성은 그 사람의 신앙적 설명과 자아 이해 안에 사용되어지고 설명되어지게 된다. 그러기에 영성은 개발되어야 하고 형성되어야 한다.

여기서 영성 형성(Spiritual Formation)은 "그리스도인들과 그들이 세운 단체들이 하나님의 말씀 아래서 그리스도의 영을 경험하고 그것이 순응하도록 하는 성찰과 실천의 과정이다." 하워드 라이스(Howard Rice)에 의하면 그 형성은 우리가 우리 안과 우리 주변에서 매우 실제적인 현존으로 임재하시는 하나님을 경험하고 그에 대해 응답하기 위하여 우리의 삶을 영위하는 방식이다.

목회신학과 영성의 관계

토마스 오덴(Thomas. C. Oden)의 저서 「목회신학」(Pastoral Theology)에 의하면 "목회신학은 목회자의 직무와 기능을 취급하는 기독교 신학의 한 분야이다. 목회를 신학이라고 할 수 있는 것은 목회신학은 역사에 나타난 하나님의 자기 노출의 추이를 취급하기 때문이다." 여기서 목회신학의 방법은 성서에 뿌리를 두는 것이고, 목회가 필요한 이유는 목회는 교회로 하여금 인간의 구원을 담당케 하시는 하나님의 목적에 필요 불가결한 것이기 때문이다.

무엇보다도 목회는 교회를 섬김으로써 존재한다. 그러기에 목회신학은 주석학, 역사신학, 조직신학, 윤리학, 종교심리학과 구분은 되나 분리할 수는 없다. 그것들은 이론으로서 결말 되는 것이 아니라 목회 현장에서 계속적으로 적용되고 실천되기 때문이다.

이렇게 볼 때 신학이 하나님의 말씀을 조직화 내지는 이론화하는 것이라면 목회신학은 목회를 이론적으로 체계화시키는 것이다. 그러나 우리를 쓰셔서 행하시는 그리스도 자신의 목회는 이론만 아니고 실천적 분야이다.

 문제는 신학은 이론적인 장이고 목회는 실천적인 현장이기 때문에 이론과 실천의 만남에 있어서 목회자의 기질이 무엇이어야 하는가 하는 것이다. 여기에서 목회자의 인격 또는 영성을 말하게 된다. 그 영성은 목회자의 내적 능력이다.

 사관에게는 영성 형성이 없이는 결코 건강한 목회를 할 수 없다. 그러므로 '사관 + 영성 형성 = 건강한 목회'라는 등식을 만들 수 있을 것이다. 때로 사관이란 명칭이 목회자와 거리를 멀게 한다.

 통상 사관은 지휘자이기 때문에 앞에 서서 양 무리를 이끌고, 명령하고, 복종을 강요하는 것이 마치 사관의 기본적 자세인 양 착각할 수 있다. 그러나 사관은 목회자로서 양 무리를 치고 먹이는(요 21:15~17) 구령자라는 인식이 철저해야 한다. 여기에는 권위주의적인 자세보다는 "섬기는 지도자"(Servant Leadership)란 의식이 필수적이다. 사관의 목회자적 자세는 "그리스도 예수의 마음"(빌 2:5~6)이 기본 자세가 되어야 한다. 그 마음은 섬기는 데까지 내려가는 것이고 양들을 위해 죽기까지 하는(요 10:11~15) 낮아짐의 마음, 곧 사랑의 정신이다. 이와 같은 목회자의 자세는 영성 형성의 근저에서 출발한다.

 여기서 영성(Spirituality)은 영적(Spiritual)이란 말과 다르다. 오히려 영성은 성령의 영적 능력을 통해서 주시는 영성의 변화 또는 개발을 가져올 수 있다. 그런데 영적 능력은 성령을 통해서 갖게 되는 것이고, 그것은 성결케 하시고 변화케 하시는 성령의 능력으로만 가능하다.

 여기서 목회자로서의 사관은 하나님과 영문으로부터 부름을 받아 임관을 통하여 말씀을 선포하고 기독교 공동체를 하나님의 자기 노출에

전적으로 응답할 수 있도록 인도하고 양육되도록 세워진 그리스도의 몸, 곧 교회에 소속된 하나의 구성원이란 사실이다. 사관은 "하나님의 종"으로서 섬기는 자의 그 이상도 그 이하도 아니다. 그러기에 목회자의 권위는 섬김에서 얻어지는 권위이고, 행위하는 권위가 아니다. 섬김에서 오는 권위만이 존경의 대상이 될 수 있다.

중요한 관점은 목회와 영성은 둘이 아니라 서로 연관된 동전의 양면이란 사실이다. 헨리 나우엔(Henri J.M. Nouwen)은 「삶의 조언」(Living Reminder)에서 "영성과 사역(Ministry)은 상호 연관성이 있다"고 말하였다.

마태복음 9:35~36절을 예로 들면, 35절에서는 예수가 어떤 일을 하셨는가를 가르쳐준다. "예수께서 모든 도시와 마을에 두루 다니사 그들의 회당에서 가르치시며 천국 복음을 전파하시며 모든 병과 모든 약한 것을 고치시니라." 이 말씀은 예수님의 사역을 말하는 것이다.

36절에서는 예수님은 어떤 분이신가를 가르쳐준다. "무리를 보시고 불쌍히 여기시니 이는 그들이 목자 없는 양과 같이 고생하며 기진함이라." 이 말씀은 예수님의 "아가페" 사랑을 말한다. 예수님의 사역과 예수님의 사랑(아가페)은 예수님의 삶의 양면을 가르쳐 주고 있다. 그러나 이것은 둘이 아니라 한 분 예수님 사역의 양면이다. 여기서 사역은 하나님의 구원 사역을 위해 예수님의 이름으로 봉사하는 것이다.

사역의 구체적인 사명은 누가복음 4:18절의 말씀과 같이 "가난한 자에게 복음을 전하고 포로 된 자에게 자유를, 눈먼 자에게 다시 보게 함을 전파하며 눌린 자를 자유롭게 하고 주의 은혜의 해를 전파하는 것이다."

구세군의 목회신학

구세군의 목회신학은 한마디로 봉사신학이다. 칼 바르트(K. Barth)가 신학은 "교회에 봉사하는 것"이라고 했듯이 목회는 교회를 섬김으로써 존재한다. 로버트 왓슨 부장이 그의 저서 「구세군 리더십의 비밀」(The Most Effective Organization in the U.S. Leadership Secrets of The Salvation Army by Commissioner Robert A. Watson and Ben Brown)에서 언급한 것과 같이 "봉사신학의 근거는 두 가지다. 그것은 전도와 봉사에 둔다. 이 두 가지 사명은 두 가지 측면으로 분리되어 있지 않다. 이것은 구세군 전체의 복합 사역인 동시에 성서에 기초를 두고 있다." 하나는 복음 전도 의무로서 예수께서 제자들에게 했던 마지막 설교이다. 마태복음 28:19~20절이다. "그러므로 너희는 가서 모든 민족을 제자로 삼아 아버지와 아들과 성령의 이름으로 세례를 베풀고 내가 너희에게 분부한 모든 것을 가르쳐 지키게 하라."

또 하나는 사회 봉사 의무로서 선한 사마리아인에 대한 말씀이다. 마태복음 25:40절이다. "내가 진실로 너희에게 이르노니 너희가 여기 내 형제 중에 지극히 작은 자 하나에게 한 것이 곧 내게 한 것이니라." 이것을 구세군의 "복합적 봉사"라고 부른다.

이와 같이 구세군의 구령 사역과 사회 사역이 통합된 의무는 오늘날의 정보화 시대에도 여전히 남다른 특징을 보여주고 있다. 구세군의 목회신학이라 할 「군령군율」, 특히 「영문사관군령군율」 제10장에는 구세군 사관의 목회의 방향인 복음 전도와 사회 구원의 일치성에 대하여 분명히 규정짓고 있다.

"사관은 구세군의 각종 사역은 실질적으로 모두 한 사역이며, 따라서 영문 사역과 사회 사역은 같은 사역이라는 점을 명심해야 한다." 물론 영문 사역과 사회 사역의 목적은 같으나 기능 면에 있어서 두 사역의 방법은 질적으로 다르다.

먼저는 영문사역과 사회사역의 목적이 같다.
「군령군율」에 의하면 "이 두 사역은 하나님께 영광을 돌리고 그리스도께서 당하신 고난의 목적 즉 인류의 구원을 위하여 계획하고 조직하고 사역을 운영하는데 그 목적이 있다. 이 목적의 달성을 위해서는 성령의 권능을 받아야 하며 사관이 자신의 재능과 정력과 사랑을 다 바쳐야만 이루어진다."
그리고 "이 두 사역은 전 인류의 축복과 구원을 지향해야 한다." 또한 "이 두 사역은 사람들의 심령을 구원하고 '병사'를 만드는 일과 직결된다."

다음은 영문사역과 사회사역의 방법이 질적으로 다르다.
「군령군율」에 의하면 "하나는 사회생활의 육신적 복지에 수반하는 정신적 복지와 환경개선이며, 또 하나는 고귀한 영혼의 구원을 위하여 복음의 메시지를 전하는 일이다. 육신의 곤궁을 돕고 사회생활의 향상과 발전, 이 모두가 영적인 구원에서 이루어지는 것이다."
이 둘의 관계는 상호협력관계 또는 상호부조관계라고 표현하는 것보다는 구세군 안에서 사역의 파트너로서 하나이며 일체이다. 남편과 아내의 몸이 "하나 됨"과 같은 일체이다. 그들은 둘이면서 하나이고 하나이면서 둘이다. 가정에서 하나이고 일에 있어서 둘이다. 그러기에 구세군의 사회봉사는 영적 사역의 부산물이 아니라 통합된 한 분야이다. 죠지 카펜터 (George Carpenter) 부장은 "기독교 사회봉사는 영혼을 구원하는 우리의 사역에 있어서 주변 역할이 아니다. 사회봉사는 영혼구원과 분리할 수 없는 확고한 우리의 사역이다"라고 말하였다.

프레드릭 쿠츠 (Frederick Coutts) 대장도 동일한 관점에서 이렇게 말하였다. "다시 표현해서 복음 사역과 사회봉사 사역을 생각해볼 때 이 두 가지는 하나 없이 다른 하나를 행할 수 있도록 구분되어 있지 않다. 일은 두 가지이지만 하나로서의 두 가지 활동이며 인간의 총체적 구속을 의미하는 똑같은 구원이다. 두 가지 사역 모두 똑같은 하나님의 은혜에 달려 있다. 두 가지 사역 모두 똑같은 동기에 의해서 영감을 받으며 똑같은 목적을 가지고 있다. 그리고 우리는 복음이 함께 통합될 때 복음과 사회봉사를 따로 따로 떨어뜨려 놓으려고 하지 않는다."

이와 같이 구세군은 영적 사역과 사회봉사 사역에 대해서 강조하고 있는데 과연 그것은 무엇을 의미하는 것인가? 그 의미를 네 가지 측면에서 해석할 수 있다. 존 왈드론 (John D. Waldron)이 편집한 사회봉사신학("Creed and Deed") "구세군 선교의 재건"에서 필립 니드햄은 네 가지 관점을 들어 말하면서 가장 적절한 구세군의 입장을 말하였다.

첫째는 영적 사역과 사회봉사사역이라는 말은 미국에서 종교적인 보조 기구는 물론 "유나이티드 웨이"(United Way)와 같은 범종교적인 보조 기구 및 공동체 활용에 대한 자유를 강조한 것과 같이 보조금 사용에 대한 개별성을 강조한 것이었다. 이것은 범종교적인 사회봉사를 위해 보조 된 기금을 어느 특정종파를 발전시키기 위해 사용하는 것은 정당화 될 수 없기 때문에 정당화 될 수 없다. 어느 단체에서 기부하는 돈을 구세군의 종교적 사역을 위해 사용하는 것은 베푸는 의무를 통해 영적 성장을 하려는 자들의 사기를 위태롭게 한다.

둘째는 둘 중의 한쪽은 수단으로서 그리고 다른 한쪽은 목적이라는 점에서 두 부분의 결합을 해석할 수 있다. 이것은 사회봉사가 복음의 수단으로서만 이용하는 것이다. 그것의 결과는 사회적, 감정적, 육체적 필요에 대한 현실을 삭감시키는 것으로 사회봉사는 복음전도에 방해만 되는 장애물로서 만 보게 된다. 사회봉사를 수단으로 하여 그것에서 복음전도를 위한 경제적 보조를 받는 조건으로 하는 것은 위선적인 행위일 뿐만 아니라 구세군의 사회봉사가 아니다.

셋째는 두 부분이 동등하지만 별개의 부분이라는 것이다. 사회봉사사역은 우리가 예수님께 바치는 헌신의 표현이며, 본질적인 사랑에 대한 예수님의 명령에 복종하는 것이며, 예수님을 통해 예고된 왕국에서의 새로운 관계에 대한 실제적인 예를 보여주는 것이다. 그러나 이것은 초기 구세군의 행정신학과는 동떨어진 출발이다. 그 움직임은 강한 복음주의적 성향으로 시작하였고, 사회봉사는 복음주의의 반동력으로 생긴 것이었다.

넷째는 영적 측면과 사회봉사사역의 결합이다. 완벽하게 양손이 함께 하는 한 가지 사역이다. 구세군 사회봉사는 인간의 경험과 필요에 관여

하는 모든 측면을 보여주는 총체적인 사역의 한 부분이다. 그러므로 우리는 단순히 사회봉사를 행하는 것이 아니라, 이는 곧 우리가 오직 영적인 측면에만 관심이 있는 것만이 아닌 것처럼 단지 인간의 삶에 필요한 사회적 측면에만 관심이 있는 것이 아니라는 것이다. 사회봉사는 구세군의 영적인 부분의 한 파트너이다.

이와 같이 복음과 봉사를 기초로 한 구세군의 특성 있는 목회신학은 동전의 앞과 뒤의 양면성이고 그리스도의 몸 된 교회 안에서 "나눔"(복음전파)과 "돌봄"(사회봉사)의 사역이다 .

그러므로 구세군의 목회는 기존 교회의 목회방식을 답습하는 식의 교회 안에 모아진 양무리만을 관리하는 제사장적인 목회 유형보다는 구세군의 특성을 살려나가는 사회봉사와 지역사회봉사를 위한 특성 있는 목회를 해야 한다. 구세군은 전통적으로 복합적 봉사신학을 위한 "3S"가 있다. 그것은 Soup(국), Soap(비누), Salvation(구원)이다. 그것은 가난한 사람들을 먹이고, 그들을 성결한 하나님의 백성으로 삼으며, 영혼구원에 진력하는 것이다.

존 가완스 대장은 2001년 2월호 국제본영발행 "사관지"(The Officer)를 통해 21세기 구세군의 전통적인 특성인 "선교의 중요성"을 다음과 같이 강조하였다.

"나는 확신한다. 구세군은 세 가지 방면의 선교를 수행하기 위해서 하나님에 의해서 창립되었다. 첫째는 영혼을 구원하기 위한 것이다. 둘째는 구원받은 사람을 거룩한 성도 곧 거룩한 병사로 만드는 것이다. 셋째는 고통당하고 있는 인류를 사랑으로 섬기며 봉사하기 위한 것이다."

대장은 계속해서 21세기의 변화 속에서 구세군이 변화를 목적으로 변화 되는 것은 반대하나 선교의 초점으로 변화되어야 할 선교 비전에 대하여 이렇게 말하였다.

"나는 모든 영문이 선교에 초점을 맞추는 비전을 갖기 바란다. 나는 모든 사회봉사 센터가 선교에 초점을 맞추는 비전을 갖기 바란다. 나는 모든 군국의 본영이 선교에 초점을 맞추는 비전을 갖기 바란다. 나는 모든 지도자들의 지도력이 선교에 초점을 맞추는 비전을 갖기 바란다."

이상의 말들은 구세군 신학의 기반을 이루고 있는 "구세군 교리"에서 영문의 3대 기능은 "복음전도에 대한 열정, 성결에 대한 헌신, 지역사회봉사"라고 한 것과 맥을 같이하고 있다. 따라서 영문은 전통적 특성을 재 발흥시켜 선교비전 체제로, 복음전도 체제로 모든 부서 조직이 변화되어야 한다. 이것이 21세기 구세군 영문이 사는 길이다. 그런 의미에서 구세군이 지향하고 있는 영적 은혜인 구령사역과 실천적인 삶의 본질인 사회봉사사역을 영문의 목회현장에서 구체화시켜야 한다.

사관직과 목회신학

구세군의 목회신학은 「군령군율」, 특히 「영문사관 군령군율」이다. 여기에 목회자로서의 사관의 임무와 책임에 관한 제반 원리가 규정되어 있다.

사관직의 목적

「영문사관군령군율」에 의하면 "영문 사관을 임명하는 목적은 사관이 부임한 영문의 인근지역에 거주하는 불신자들에게 구원의 메시지를 전하고 영문의 병사들을 지도, 훈련하여 하나님의 나라를 위해 많은 사람들을 구원하도록 하는데 있다"고 하였다.

여기에 3가지 목적이 있다. 첫째, 구령의 목적이 있다. 사관은 불신자들에게 구원의 메시지를 전해야 한다. 둘째, 제자화의 목적이 있다. 사관은 영문의 병사들을 지도, 훈련해야 한다. 셋째, 병사들이 전도에 힘쓰도록 해야 한다. 사관은 하나님의 나라를 위해 많은 사람들을 구원하도록 하는데 있다.

사관의 선교적 책임

「영문사관군령군율」에 의하면 "영문사관은 영문이 소재하는 지역의 거주민들 가운데 교회에 가보지 않은 불신자들과 빈곤한 가정이나 타락한 이들을 위해 봉사하는 하나님의 종이요, 구세군사관임을 자각해야 한다. 그러므로 사관의 선교지역은 군우나 친지들뿐만 아니라 구세군을 모르는 일반 불신자들의 거주 지역을 포함한다. 영문주위의 거주민들 대부분이 불신자들의 경우가 많다"고 하였다.

여기서 3가지 책임 곧 영문의 3대 기능을 볼 수 있다. 첫째, 영문은 구령의 책임이 있다. 영문은 불신자들을 구원해야 한다. 둘째, 영문은 사회봉사의 책임이 있다. 영문은 사회봉사센터로서 빈곤한 가정을 돌보아야 한다. 셋째, 영문은 지역사회 봉사의 책임이 있다. 영문은 지역사회센터로서 지역 거주민의 영혼을 돌보아야 한다.

사관의 목양적 책임

병사 양성

"영문사역을 계속 유지하고 발전시키려면 먼저 많은 병사를 양성해야 한다. 전출 및 사망으로 부득이 감원이 된 병사의 수를 보충하고 구세군의 전투의 능력을 계속 증강하려면 새로운 병사를 많이 얻어야한다." 새 신자 양성과 병사육성이 철저히 이루어져야한다.

병사 성장

"사관은 하나님과 구세군을 위하여 군우들을 잘 보존하고 성장시켜야 한다."

첫째, 전임자의 업적을 높이 평가해야한다. 둘째, 군우들을 잘 알며 사랑하며, 영적 생활을 지켜주며, 성결하도록 인도하며, 가르치고 훈련해야한다. 셋째, 군우들이 각자 어려움에 처해 있는 자들을 도와주도록 권해야한다. 넷째, 군우들이 구령전선에 전원이 참여하도록 기회를 마련해 주어야한다. 다섯째, 군우들을 격려하여 일상생활에 무슨 일에든지 구원을 위주로 신앙생활을 하도록 해야 한다. 여섯째, 군우들이 세속적

생활에 물들지 않도록 육성시켜야한다.

병사 사역

"사관은 모든 군우들이 구세군 병사라는 말 그대로 전투에 참가하는 투사가 되도록 지도해야 한다. 즉 죄악을 정복하고 인간 영혼을 구원하는 전투에 참가하여 능동적으로 마귀를 공격해야한다." 21세기는 평신도시대이다. 병사를 훈련시켜 구령운동을 위한 정예화 된 군대로 만들어야한다. 팀 사역이 이루어져야한다.

사관의 사회봉사적 책임

사관의 사회사역 봉사

"사관은 구세군의 각종 사역은 실질적으로 모두 한 사역이며, 따라서 영문사역과 사회사역은 같은 사역이라는 점을 명심해야 한다." 이사야 58:6~12절은 폴 레다 대장에 의하면 "구세군의 헌장"이다 .

사관의 지역사회봉사

"사회사역부서의 중요성을 인정해야 한다. 그러나 영문 자체에서도, 사회에서도 버림을 받은 사람들, 신체장애자, 사회에서 생활력을 상실한 사 람들이나 그 외에 도움이 요청되는 사람들을 위하여 실제적인 봉사를 할 수 있다." 지역사회는 곧 영문이 위치해 있는 곳이고 주민들은 전도의 대상들이다.

사관의 영성 목회자로서의 역할

사관의 일반적인 역할에 대해서는 「영문사관 군령군율」에 자세히 언급되어 있으며, 실제로 사관은 그것을 구세군 사관들의 목회 규범으로 알고 성실히 실천해 나가야 할 의무와 책임이 있다. 그러나 여기서는 구세군의 전통적인 사실, 곧 창립자 윌리엄 부스의 삶을 들어 사관의 영성 목회자로서의 역할을 생각하려고 한다.

다음의 4가지는 영성 목회의 기본 유형으로 언급하는 것이다. 엄밀히 말해서 목회는 시대와 상황, 장소 그리고 목회자의 자질에 따라 다르기 때문에 동일한 유형이 있을 수 없겠으나, 구세군 사관으로서의 기본적인 유형을 제시하는 것이다. 이것들은 실제로 존 웨슬리가 성결한 삶을 유지하는 데 있어서 기본적인 삶의 방법이기도 하다.

여기서 "영성 목회"라는 명칭을 사용한 것은 목회의 유형을 말하는 것보다는 목회자로서의 사관이 영성과 목회가 일체감이 있어야 하는 것을 전제로 한다. 현대 목회의 위험성은 영성과 목회의 이분성에 있다. 이것은 마치 성직에 있어서 거룩성과 직업성이 이분되는 것과 같은 것이다. 이와 같은 현상은 현대 교회가 기업화식의 목회로 운영되고 있기 때문이다. 목회자는 기업주로서 목회 계획과 조직만 설정해 놓고 부목이나 평신도 직분자들이 목회자의 기능을 하고 있다.

그것은 교회의 대형화 현실에서 불가피한 것이기는 하나, 구세군은 교회 건물을 목양지로 삼는 식의 목회 스타일을 지양하고 세상 한복판을 목회 현장으로 삼고 있기에 하나씩 하나씩 고기를 낚는 개인 전도의 목회를 하는 것이다(마 4:19). 그러므로 구세군의 목회는 선교 지역이 넓어야 하고, 건물이 커야 하고, 사람이 많아야 하며, 그것에 비례하여 돈이 많아야 하고, 학력이 있어야 하고, 도시에 있어야 하고, 골라서 교역자를 초빙해야 하는 것을 기본 자세로 삼지 않는다. 오직 성령에 이끌려 구령의 열정을 갖고 한 영혼을 찾아가는 정신이 곧 사관의 영성 목회의 기본 자세이다.

그러므로 구세군 사관의 영성 목회는 한 영혼을 사랑하여 개별적인 만남과 돌봄과 섬김에서 시작된다. 여기서 목회자로서의 사관은 군우들에 대한 세심한 관심(Care)이 있어야 하고, 그들을 개별적으로 존경(Respect)해야 하며, 어떤 형편에서든지 이해(Understanding)를 해야 하고, 그들의 영적 문제에 책임(Responsibility)을 져야 하며, 마지막에는 피와 땀과 눈물을 투자하기까지 모든 것을 주어야(all giving) 한다. 예수님은 말씀하셨다.

> "나는 선한 목자라. 선한 목자는 양들을 위하여 목숨을 버리거니와 삯꾼은 목자가 아니요, 양도 제 양이 아니라 이리가 오는 것을 보면 양을 버리고 달아나나니 이리가 양을 물어가고 또 헤치느니라. 달아나는 것은 그가 삯꾼인 까닭에 양을 돌보지 아니함이나 나는 선한 목자라. 나는 내 양을 알고 양도 나를 아는 것이 아버지께서 나를 아시고 내가 아버지를 아는 것 같으니 나는 양을 위하여 목숨을 버리노라"(요 10:11~15).

이것이 진정 예수님께서 말씀하신 목양의 정신이요, 구세군 사관의 영성 목회의 기본 정신이기도 하다. 오늘 우리에게 필요한 것은 기업 목회가 아니라 영성 목회이다.

첫째는 기도 목회이다. 기도는 목회의 장신구이거나 공중 앞에서 절차상 예의를 갖추기 위한 요식 행위가 아니다. 기도는 성령의 능력을 받는 통로이며 영성을 유지시키는 제1 요소이다. 카펜터(M. L. Carpenter) 부장은 그의 저서 「구세군 창립자 윌리엄 부스」의 내용 중 "목자와 교회"에서 이렇게 기록하였다. 윌리엄 부스의 감리교 목사 당시 "1857년 감리교 개혁파 연회에서 부스의 부흥 강사 해직과 한 교회의 목회자로 그의 책임을 국한하는 안건을 44대 40으로 가결하였다. 이리하여 부스는 어떤 작은 교회 담임목사로 부임하였다. 그곳 교인들은 부스를 마치 놀음판에서 지고 온 패배자처럼 맞아 주었으나 얼마 안 가서 그들은 자기 교회에 큰 축복이 찾아온 것을 깨닫게 되었다. 약하던 교회는 다시 살아나기 시작하였고, 그의 지도 아래 계속 발전하여 부스의 임기가 끝나는 날 그의 임기를 연장해 줄 것을 요청하였다. 그해 마지막에 부스는 정식 목사로 임직하였고, 그동안 여러 교회에서 부흥회 인도를 요청하였으나 상부의 강경한 반대를 받고, 그는 게이츠헤드(Gateshead) 교회로 전근되었다. 이 교회 역시 정신적으로 쇠퇴일로에 있었으나 1천 2백 개의 좌석을 가진 아름다운 건물이었고 그 지역 감리교파의 중심이 기도 하였다. 부스가 처음 부임 시 교인 수는 130명이었다. 한때 이 교회는 2천 명의 신자가 있었고 인간 개조 공장(The Converting Shop)이라는 별명까지 있었던 교회였다. 부스는 부임 후 그대로 앉아서 신자들이 관심을 갖고 교회에 나오기를 기다릴 수는 없었다. 10주간 부흥회를 갖기로 하였다. 성령 강림 주일이 지난 다음 첫 월요일부터 금식과 기도로 부흥회 예비 집회를 시작하였다. 기도로 시작한 부흥 집회는 개심자가 9백 명에 달하였다. 이것이 후일 구세군에서 지키게 된 '성별일'(Spiritual Day)의 시작이었다."

카펜터는 이렇게 말하였다. "이 시절에 계속하던 철야 기도는 무엇을 뜻하는가? 몇 명의 경건한 무리들이 강력한 힘을 얻었고 후에 세계를 움직이게 된 군대가 나타나게 된 것은 바로 이 기도의 능력에서였다."

윌리엄 부스 대장이 승천하기 수개월 전 한 사람이 그를 방문하여 이런 질문을 하였다. "그토록 긴 세월 동안 주님의 종으로서 변함없이 일할 수 있었던 비결이 무엇입니까?" 부스는 조용하게 말하였다. "비결 같은 것은 없습니다. 나는 날마다 하나님께 '나의 모든 것은 주님의 것입니다. 마음대로 써주십시오' 하고 기도했습니다." 이것이 바로 창립자를 창립자 되게 한 헌신이었다.

둘째는 말씀 목회이다. 이 시대 최고의 영성 신학자이며 「기도」의 저자인 리처드 포스터(Richard J. Foster)가 그의 저서 「생수의 강」에서 기독교 영성의 여섯 가지 위대한 전통을 재조명하면서 "교회사의 중요한 인물들과 운동들"을 소개하는 중에 자비로운 생활을 한 사회 정의의 전통의 인물로 윌리엄 부스와 캐서린 부스를 들었다. 리처드 포스터는 말하기를 "내가 감명받은 특성들은 이들이 보여준 인내와 용기와 하나님에 대한 사랑이다. 교회사의 처음 18세기 동안의 인간의 생존 조건은 위험한 상태였고, 더욱 나쁜 경우도 있었다. 그럼에도 불구하고 그들은 진정으로 하나님에 대해 살아 있었고, 설교했고, 가르쳤고, 섬겼고, 여행했고, 그 외에도 많은 일을 했다. 이들을 통해 하나님의 나라는 앞으로 나아갔다"고 전제하면서 이렇게 윌리엄 부스와 캐서린 부스를 요약하였다.

"구세군의 공동 창설자인 부스 부부는 1855년 결혼하였고, 5년 후 개혁 감리교단(부스는 그 교단의 목사였다)을 떠나, 1865년 런던의 이스트엔드(화이트채플 구역)에서 모든 사람을 평등으로 사랑한 박애적이고 복음 전도적 사명을 가진 단체를 시작하였다. 그들의 근본적인 사역은 먼저 사회 구제와 재활 단체의 네트워크를 통해 사람들의 육체적 필요를 채우고, 그다음에 복음 설교와 살아있는 예배를 통해 영적 공허를 채우는 것이었다. 1878년 이 단체를 "구세군"이라고 명명하였다. 윌리엄과 캐서린은 유능한 설교자였고, 윌리엄 부스는 구세군의 대장으로 일하였다. 캐서린 부스는 미국 감리교의 부흥 강사 파머 박사 부부가 영국에서 부흥회를 가질 때 파머 부인이 창의력과 능력 있는 여성 사역자로 성결의 도리를 명백히 갈파하는 것에 영향을 받고 강단에 서기 시작했으며 「여성 사역」(Female Ministry)을 저술하였다."

셋째는 전도 목회이다. 바울 사도가 복음 전도를 위해 "우리가 만일 미쳤어도 하나님을 위한 것이요"(고후 5:13)라고 말한 것처럼 윌리엄 부스는 한 영혼을 구원하기 위해 미친 사람이었다.

부스 대장이 1904년 영국 왕 에드워드 7세의 초청을 받았다. 왕은 부스가 영국 사회에 끼친 많은 영향과 그의 자선사업을 극찬하며 소원이 무엇인지를 물었다. 왕이 할 수 있는 일이면 무엇이든 도와주겠다는 것이었다. 그때 부스 대장은 이렇게 말하였다. "국왕 폐하, 제가 바라는 것은 한 명의 영혼이라도 더 많이 구원하는 것입니다. 그것만이 저의 야망이요 희망입니다. 노동자 급식 사업도, 부랑아 교육 사업도, 모두가 목적은 한 영혼이라도 더 많이 구원하려는 하나님의 뜻을 이루는 일들입니다." 이같이 대답하고는 일체의 포상을 거절하였다. 그리고는 방명록에 이렇게 썼다. "어떤 사람의 야망은 예술이고, 어떤 사람의 야망은 명예이고, 어떤 사람의 야망은 황금이다. 나의 야망은 영혼 구원이다."

1912년 5월 9일 그의 생애 마지막 연설에서 이렇게 외쳤다. "지금과 같이 여인들이 눈물을 흘리고 있는 한 나는 싸울 것입니다. 지금과 같이 어린 자녀들이 굶주려 가고 있는 한 나는 싸울 것입니다. 술주정뱅이들이 있는 한, 길거리에서 불행한 미아 소녀들이 있는 한, 하나님의 빛을 받지 못한 영혼이 한 사람이라도 어두움에 남아있는 한 나는 싸울 것입니다. 나는 최후까지 싸울 것입니다." 1912년 8월 20일 그가 승천을 몇 분 앞두고 큰아들 브람웰 부스의 손을 잡고 하신 마지막 유언은 "사랑은 모든 것이다"(Love is all)라는 말씀이었다. 영혼 사랑이 창립자 윌리엄 부스의 최대 목적이요 삶의 전부였다.

넷째는 봉사 목회이다. 윌리엄 부스의 놀라운 일 가운데 하나는 하나님의 은혜로 예수 그리스도의 봉사에 헌신하게 된 것이다. 1887년 어떤 추운 날 밤 그는 런던 거리를 거닐고 있었다. 남녀가 길거리에서 잠자고 있는 것을 보았다. 그들은 갈 집이 없었다. 거리 한구석에서 쭈그리고 신문지와 누더기를 덮고 있었다. 기가 막혔다. 집으로 돌아갔으나 잠을 이룰 수가 없었다. 아침 일찍이 아들 브람웰이 문안드리러 갔을 때 뜬잠에서 일어난 윌리엄 부스는 몹시 안절부절못한 상태에서 방을 왔다 갔다 하고 있었다. 아버지는 "브람웰아, 너는 이런 혹독한 일기에 남녀들이 밖에서 자고 있는 것을 아느냐?"고 물었다. 브람웰은 "예, 아버지"라고 대답하였다. 아버지는 말하였다. "그렇다면 알고 있으면서도 그대로 두었단 말이냐? 즉시 가서 도와주어라. 어떤 창고나 집이든지 마련해서 그들의 바람막이가 되게 해주어라. 드러누울 가마니라도 마련해 주어라." 브람웰은 아버지의 명령을 따랐다. 수많은 불쌍한 사람들이 구세군의 도움으로 따뜻한 잠자리를 얻게 되었다.

이 사건을 계기로 윌리엄 부스는 가난한 사람들을 위한 일에 착수하였다. 그는 의지할 곳 없는 무신자들을 위해 전국에 적극 호소하여 이들을 세 부류로 나누어 도와주자고 하였다. 첫째는 도시에 사는 빈민들에게 식량, 주택, 그중에서도 가장 중요한 직업을 알선해 주어 생계를 유지하도록 해주고 그들의 자존심을 함양한다. 둘째는 농촌에 그들을 보내어 농사를 가르친다. 셋째는 해외에 이민 시킨다. 새 나라 새 땅에 그들을 보내어 어느 정도 자립할 수 있을 때까지 생활을 지도해 준다. 이 주민들은 자기들의 행복과 복지뿐만 아니라 그 국가를 위하여 값있는 일을 하도록 지도한다. 이 과업을 위해서 그는 신문 주필가 스테드(W.T. Stead)의 도움을 받아 「최암흑의 영국과 그 출로」(In Darkest England and the Way Out, 1890)를 저술하였다. 그는 책에서 이렇게 말하였다. "아무도 도와주지 않는 내 고장의 수많은 빈민들, 그들의 침상에서 나는 심각한 자극을 받았고, 내 마음속으로 어떻게든 그들을 도와야 하겠다는 생각을 했다. 바로 이것이 오늘의 구세군 사회사업을 낳게 한 동기가 되었다고 생각한다. 진정 이때 받은 인상은 나의 전 생애에 강력한 영향을 주었다고 말하지 않을 수 없다."

영성 목회의 모범

구세군의 '단기 목회' 사역을 생각하면서, 사도행전 20:17~38에서 사도 바울이 언급한 에베소 교회 3년 목회를 통하여 구세군 사관의 영성 목회의 교훈을 삼고자 한다.

에베소 교회는 처음 바울 사도가 방문했을 때 남자만 12명쯤 되었다. 바울은 그들에게 성령 받을 것을 촉구하였다. "너희가 믿을 때에 성령을 받았느냐." 그들은 대답하기를 "우리는 성령이 있음도 듣지 못하였다. 오직 세례 요한의 물세례만 받았다"고 대답하였다. 이에 바울은 세례 요한의 세례는 곧 개인의 회개와 예수를 믿게 하는 것임을 일깨워 주었다. 그들은 아직까지 성령의 경험이 없었다. 그러나 바울은 그들을 위하여 기도할 때 "성령이 그들에게 임하시므로 방언도 하고 예언도 하는" 역사가 일어났다(행 19:1-7).

사도행전 1:4~5절에서 예수님은 제자들이 감람원에 모였을 때 이렇게 말씀하였다. "사도와 함께 모이사 그들에게 분부하여 이르시되 예루살렘을 떠나지 말고 내게서 들은 바 아버지께서 약속하신 것을 기다리라 요한은 물로 세례를 베풀었으나 너희는 몇 날이 못 되어 성령으로 세례를 받으리라 하셨느니라." 후에 에베소 교회는 디모데, 아굴라, 브리스길라, 아볼로, 두기고(딤전 1:3, 행 18:18-19), 그리고 사도 요한 같은 훌륭한 목회자들이 사역하였다. 이곳에서 바울의 사역은 매우 성공적이었고, 많은 사람들이 예수 그리스도를 믿었으며 또한 사랑을 행함으로 자기들의 신앙을 나타내 보여주었다(행 19:18). 요한계시록 2:1~7절에서 보는 것처럼 에베소 교회는 소아시아 7교회 중에서 으뜸이 되는 교회로 성장하였다. 그러나 마지막에는 처음 사랑을 버렸기 때문에 책망 받는 교회가 되었음에도 불구하고 현대 교회가 회개와 갱신을 통하여 변화되어야 하는 교회의 모습을 보게 된다.

사도 바울의 목회자의 자세와 사명을 살펴본다(행 20:19-38).

바울의 목회자의 자세(행 20:19~21)

1) 겸손한 목회를 하였다. "모든 겸손과"(19).
2) 눈물의 목회를 하였다. "눈물이며"(19).
3) 인내하는 목회를 하였다. "유대인의 간계로 말미암아 당한 시험을 참고"(19).
4) 주님 중심의 목회를 하였다. "주를 섬긴 것과"(19).
5) 전도하는 목회를 하였다. "유익한 것은 무엇이든지 공중 앞에서나 각 집에서나 거리낌이 없이 전하고"(20, 행 20:25).
6) 교육하는 목회를 하였다. "가르치고"(20).
7) 증언(순교)하는 목회를 하였다. "유대인과 헬라인들에게 하나님께 대한 회개와 우리 주 예수 그리스도께 대한 믿음을 증언한 것이라." (21, 막 1:14~15).
8) 은혜(사랑) 중심의 목회를 하였다. "나의 달려갈 길과 주 예수께 받은 사명 곧 하나님의 은혜의 복음을 증언하는 일을 마치려 함에는 나의 생명조차 조금도 귀한 것으로 여기지 아니하노라"(24).

바울의 목회자의 사명(행 20:28-38)

1) 양 무리를 치는 것이다. - 어린유아부터 노년의 군우병사, 하사관, 은퇴사관에 이르는 온 양떼를 잘 관리하라.
 "여러분은 자기를 위하여 또는 온 양떼를 위하여 삼가라. 성령이 그들 가운데 여러분을 감독자로 삼고 하나님이 자기 피로 사신 교회를 보살피게 하셨느니라"(28).
2) 훈계하는 것이다. - 평신도를 훈련시켜라.
 "내가 떠난 후에 사나운 이리가 여러분에게 들어와서 그 양떼를 아끼지 아니하며 또한 여러분 중 에서도 제자들을 끌어 자기를 따르게 하려고 어그러진 말을 하는 사람들이 일어날 줄을 내가 아노라 그러므로 여러분이 일깨어 내가 삼년이나 밤낮 쉬지 않고 눈물로 각 사람을 훈계하던 것을 기억하라"(29~31).
3) 교회를 든든히 세우는 것이다. - 은혜의 말씀으로 영문을 발전시켜라.
 "지금 내가 여러분을 주와 및 그 은혜의 말씀에 부탁하노니 그 말씀이 여러분을 능히 든든히 세우사 거룩케 하심을 입은 모든 자 가운데 기업이 있게 하시리라(32, 행 9:31).
4) 물욕을 삼가는 것이다. - 욕심을 버리고 금전을 선용하라.
 "내가 아무의 은이나 금이나 의복을 탐하지 아니하였고"(33).
5) 자립하는 것이다. - 영문의 자급자족에 힘쓰라.
 "여러분이 아는바와 같이 이 손으로 나와 내 동행들이 쓰는 것을 충당하여"(34).
6) 모본을 보이는 것이다. - 솔선수범하는 수고로 봉사사역에 앞장서라.

"범사에 여러분에게 모본을 보여준 바와 같이 수고하여 약한 사람들을 돕고"(35).

7) 다 내어주는 것이다. - 예수님의 '주심'같이 희생하라.

"또 예수께서 친히 말씀하신바 주는 것이 받는 것 보다 복이 있다하 심을 기억하여야 할지니라"(35).

8) 끝까지 승리하는 것이다. - '유종의 미'를 은혜롭게 거두어라 .

"이 말을 한 후 무릎을 꿇고 그 모든 사람들과 함께 기도하니 다 크게 울며 바울의 목을 안고 입을 맞추고 다시 그 얼굴을 보지 못하리라 한 말로 말미암아 더욱 근심하고 배에까지 그를 전송하니라"(36~38).

마치는 말

사관의 영성 목회는 진정으로 영(Zero)에서 시작하여야 한다. 자기 포기(마 16:24)와 자기 무소유(고후 6:10)가 없이는 진정한 영성 목회는 이루어질 수가 없다. 영성 목회의 근저에는 가난과 섬김과 사랑이 근본을 이루고 있다. 그러한 사상과 이상이 우리에게 있어야 하는 이유는 처음 영성 운동의 시작이 수도원적 훈련에서 비롯되었기 때문이다. 현대와 같이 양들을 살찌우기보다는 목자가 살찌우는 식의 배금주의 시대에는 이러한 영성 목회가 걸맞지 않는다. 영성 목회는 조물주(하나님)와 물주(금전)를 동시적으로 섬겨야 하는 현대 목회자의 갈등 구조 속에서는 더욱 힘든 일이다. 그럼에도 불구하고 이것이 바로 예수께서 친히 걸어가신 '십자가의 길'이요 제자들에게 최후까지 가르쳐주신 자기 포기의 제자도 곧 '제자의 길'이다(마 16:24). 이 길을 걷기 위하여 구세군 사관은 처음부터 검소한 삶, 성결한 삶, 섬김의 삶을 자처하여 헌신하였다. 뿐만 아니라 사관학교의 교육 자체가 총체적 영성 훈련으로 시작한다.

예수께서 산상수훈에서 제자들에게 하신 첫마디 말씀은 "심령이 가난한 자는 복이 있나니 천국이 그들의 것임이요"(마 5:3)라고 했고, 더욱이 누가복음 6:20절에서는 육체적으로 "너희 가난한 자는 복이 있나니 하나님의 나라가 너희 것임이요 지금 주린 자는 복이 있나니 배부름을 얻을 것임이요"라고 하셨다. 그뿐만 아니라 예수님은 자기를 따르는 "제자의 길"은 자기 포기에서만 가능하다고 말씀하셨다. "이에 예수께서 제자들에게 이르시되 누구든지 나를 따라 오려거든 자기를 부인하고 자기 십자가를 지고 나를 따를 것이니라"(마 16:24).

예수께서 제자들에게 "무소유"를 말씀하셨다. 누가복음 10:3~4절, "갈지어다 내가 너희를 보냄이 어린양을 이리 가운데로 보냄과 같도다. 전대나 배낭이나 신발을 가지지 말며"(눅 22:35~36, 마 10:9~10) 하셨고, "너희 전대에 금이나 은이나 동을 가지지 말고 여행을 위하여 배낭이나 두 벌 옷이나 신이나 지팡이를 가지지 말라 이는 일꾼이 자기의 먹을 것 받는 것이 마땅함이라"(마 10:9-10, 막 6:8). 바울 사도는 말씀하기를 "내가 아무의 은이나 금이나 의복을 탐하지 아니하였고 여러분이 아는 바와 같이 이 손으로 나와 내 동행들이 쓰는 것을 충당하여 범사에 여러분에게 모본을 보여준 바와 같이 수고하여 약한 사람들을 돕고 또 주 예수께서 친히 말씀하신 바 주는 것이 받는 것보다 복이 있다 하심을 기억하여야 할지니라"고 하였다(행 20:33). 마지막으로 예수님은 누가복음

14:26~27절에서, "무릇 내게 오는 자가 자기 부모와 처자와 형제와 자매와 더욱이 자기 목숨까지 미워하지 아니하면 능히 내 제자가 되지 못하고 누구든지 자기 십자가를 지고 나를 따르지 않는 자도 능히 내 제자가 되지 못하리라"고 하셨다.

위에서 살펴본 대로 영성 목회는 돈의 대가만큼 목회하는 것이 아니다. 그것은 "삯꾼 목회" 곧 장사꾼 목회에 불과하다. 만일 목회자가 개인의 수익이 없다고 생각하면 언제라도 양을 버리고 달아날 야욕적인 힘은 가지고 있으면서 주님의 양 무리를 위해서 목숨을 버릴 수 있는 용기가 없다면 그것은 그 자체가 선한 목회는 아니다. 오히려 자기 배를 불려가려는 사업 수단에 불과한 것이다(요 10:12~13). 그런 목회자는 자신의 이익 수단만을 챙기고 양의 영적 고통을 생각지 않는다. 진정 양을 위하여 끝까지 목숨을 투자할 수 있는 목회가 참된 영성 목회이다(요 10:14).

영성 목회는 "나는 주님의 십자가의 은혜로 목숨보다 귀한 것을 빚졌다. 그것은 주님께서 나의 죄를 용서하셨다. 그러므로 나는 목숨을 버린다"는 구원의 확신과 헌신적 신앙과 예언자적 사명에서 출발한다. 그러기에 영성 목회에는 큰 영문이나 작은 영문을 구분하지 않는다. 도시 영문이나 시골 영문을 가리지 않는다. 한 영혼이라도 남아 있는 그곳에서 목회한다. 그 목회는 큰 건물에서 모여서 하는 목회가 아니다. 흩어져 찾아가는 목회요 현장에서 돌보는 목회이다. 그 목회는 칭찬과 존귀를 받는 목회보다는 한 영혼을 만나 위로와 격려로서 용기와 희망을 주는 목회이다. 받는 목회가 아니라 전폭적으로 내어 주는 목회이다. 내 생애를 십자가에 나아가기까지 내어주는 목회이다. 치유하는 목회이다. 질고와 고난을 이겨내고 부활의 아침을 대망하는 목회이다. 곧 예수님을 닮은 선한 목회이다(요 10:14). "인자가 온 것은 섬김을 받으려 함이 아니라 도리어 섬기려 하고 자기 목숨을 많은 사람의 대속물로 주려 함이니라"(마 20:28). "하나님의 양 무리를 치라"(벧전 5:1-11).

바울 사도의 말씀에 용기를 갖는다. "너희의 믿음의 역사와 사랑의 수고와 우리 주 예수 그리스도에 대한 소망의 인내를 우리 하나님 아버지 앞에서 끊임없이 기억함이니 하나님의 사랑하심을 받은 형제들아 너희를 택하심을 아노라"(살전 1:3-4). 사관은 제한적인 직업인의 차원을 초월하여 평생의 사역자로서 성직자의 반열에 선 것이다. 인간 조직에 매어 있는 것이 아니라 하나님의 손에 붙잡혀 있는 믿음과 헌신의 삶을 살아가는 것이다.

구세군 영문사역의 특성

구세군 영문사역을 위한 평신도사역자 개발

구세군은 전도하는 교회로 태어났다. 구세군은 열정적인 구령의 신학이 있다. 영혼을 사랑하는 불타는 구령의 열정이 다시 일어나야 한다. 진정한 목회를 위해서는 가슴과 영혼으로 행하고 응답하는 법을 체득해야 한다. 무엇보다도 영문에서는 평신도 참여를 개발하기 위해 평신도 협동 사역 권면이 필요하다. 구세군의 목회 사역은 사관만의 전유물이 아니다. 평신도와 함께하는 사역인 것을 잘 알아야 한다. 이것을 위하여 평신도 지도력 육성을 지원해 주어야 한다. 이것이 구세군의 단기 목회의 특성을 해결할 수 있는 최선의 방법이다.

열정적인 구령의 신학

경제학자 E.F. 슈마허는 '작은 것이 아름답다'는 책을 저술하였고, 신학자 잭슨 W. 캐롤은 "작은 교회가 아름답다"(Small Churches are Beautiful)라는 책을 저술하였다. 이런 면에서 21세기 교회는 양적인 대형화 형태의 교회보다는 질적이고 작은 교회, 즉 건강한 교회를 추구하고 있다.

구세군은 19세기 말 영국 교회(고교회 성공회, High Church)에 반해 저교회(Low Church)인 감리교회의 기류를 타고 태어났다. 당시 교회들이 대형화된 대리석 건물을 유지하고 있었으나 그동안 길거리에는 방황하는 영혼들이 죄의 탁류에 죽어가고 있었다. 교회 건물의 그늘진 구석에서 죽어가고 있는 영혼들을 구원하기 위한 구령의 메시지는 복음만이 아니라 "샴의 쌍둥이"처럼 복음과 빵이 절대 필요 요건이었다.

구세군이 이 지구상에 태어난 것은 교회가 없어서, 아니면 교회 수를 늘리기 위해서 그 어려운 시대에 영국 동부 런던 외진 곳에서 태어난 것이 아니다. 하나님은 유럽 산업혁명 이후 한 시대를 마감하면서 새로운 방법으로 하나님의 선교를 수행하는 데 필요해서 구세군을 태어나게 하셨다. 그것도 가난하고 소외당하고 눌려있는 불쌍한 영혼들이 길거리에서 헤매며 그늘진 곳에서 신음하면서 고통당하고 있는 사람들을 찾아가기 위해서, 그리고 다른 교회들이 들어가지 않는 "사망의 음침한 골짜기"(시 23:4)라 할 삭막한 최암흑한 곳에 찾아가기 위해서 구세군이 탄생되었다.

구세군은 명실공히 전도하는 교회로 태어났다. 그러기에 "구세군"이란 교단 명칭 "The Salvation Army"란 이름도 한 영혼을 구원시키는 예수 그리스도의 선한 군대로서 전도하는 목적을 표상하는 것이고, 구세군이 처음 시작할 때의 명칭은 "기독교 선교회" 곧 "Christian Mission"이었다.

구세군의 목적은 구령 운동을 전개하는 것이고, 사회봉사사업을 하는 목적도 구령 사업을 위한 것이다. 그리하여 '구세군 사관 군령 군율'에 구세군을 정의하기를 "구세군은 죄 사함을 받은 자들이 하나님과 인간을 향한 사랑 안에서 연합하여 다른 사람을 예수 그리스도에게로 인도하려는 공동 목적을 가지고 조직한 기독교 운동체이다"라고 하였다.

스웨덴의 신학자 에밀 브룬너(Emil Brunner)는 1950년 한국을 방문하고 신학대학에서 강의하면서 이렇게 말하였다. "구세군은 신학자가 아닙니다. 전도하는 데 대해서 훌륭한 분들입니다. 그 사람들이 가르치는 설교나 말은 신학자보다 유리하리라고 믿습니다." 옳은 말이다. 얼마나 고무적인 말인가? 신학자들이 할 수 없는 일을 구세군이 하고 있다고 말하였다.

구세군에 신학이 없다고 말하지 말자. 구세군에는 영혼을 사랑하는 "뜨거움의 신학"(Hot Theology)이 있다. 즉 영혼을 향해 뜨겁게 불타는 "구령의 신학"이다. 노시화 사령관(1966~1972)은 구세군사관학교 행정 강연에서 "열정 있는 구령의 신학"(Hot Theology)을 강조하였다. 그뿐인가. 교회가 가지 않는 곳을 구세군이 찾아가고 있고, 그리스도인들이 냉담해하는 사람들을 구세군인들이 만나서 돌보는 "구세군의 사회봉사의 신학"(A Christian Theology of Social Services in The Salvation Army)이 있다. 이것이 구세군의 강점이며 우리의 사명이다.

구세군이 처음에 전도하기 위해서는 교회 건물만 가지고는 안 되었다. 높은 십자가 종탑만 가지고서도 안 되었다. 강단의 가운(성의)을 입고서는 더욱 활동할 수가 없었다. 교회 건물 안에서 성례전 의식만 집행하고 있어서도 안 되었다. 왜냐하면 우리가 교회 안에서 빵을 떼며 포도주를 나누는 동안 커다란 교회 건물이 가려져 있는 주변 그늘진 곳에서는 배고파 굶주리는 무리들이 있었다. 입지 못해 헐벗은 자들이 있었다. 거리에서 방황하는 청소년들이 있었다. 그들에게 무엇인가 먼저 주어야 할 것이 있어야 했다. 그리하여 구세군은 교회 내의 성만찬 예식을 가난한 사람과 함께 나누기 위해서 세상 한복판으로 가지고 내려왔다.

여기서 사회봉사 사역이 일어나게 되었다. 완전히 성령으로 변화된 성결한 사람만이 사회봉사를 할 수 있기 때문에 성령의 세례를 강조하게 되었다. 성령은 거룩한 삶으로 변화시키신다. 결코 개인의 변화가 없이는 영혼을 사랑할 수 없다. 그리하여 구세군은 '사회적 성결'(social holiness)을 부르짖게 되었다. 뿐만 아니라 강대상에서 끌리는 가운을 걸치고서는 세상 속에서 죄악의 탁류에 휩쓸려 떠내려가고 있는 영혼들을 찾아갈 수가 없었다. 오히려 그런 옷은 걸림돌이 되었다. 그래서 구세군은 군복으로 갈아입게 되었다.

조직도 교회식으로 목사, 장로, 권사, 집사와 같은 이름으로서는 사탄의 세력이 강한 세상의 사회악 속으로 뚫고 들어갈 수가 없었다. 그래서 구세군을 준 군대식으로 조직하였다. 그것도 당시 세계에서 가장 강하고 잘 조직되어 있는 영국의 육군 군대 조직체를 본받아 만들었다. 구세군이 다른 교회에 없는 "브라스 밴드"가 있다. 가로 전도 시 행군하기 위해서이다.

구세군에는 높은 종탑이 없다. 그것은 구원받은 구세군인들이 몸소 십자가의 종이 되어 북을 울리며 세상 속으로 들어가 시대의 경종을 울리고 구원의 때를 알리고 주님의 날을 알려야 되기 때문이었다. 예수님은 세상을 향해 이렇게 외치셨다. "때가 찼고 하나님의 나라가 가까이 왔으니 회개하고 복음을 믿으라"(막 1:15). 우리 구세군인들은 움직이는 종탑이요 외쳐대는 강단이요 한 영혼이 길가에 엎어져 회개하는 자비석이다.

이와 같이 구세군은 모두가 전도운동, 즉 선교운동 체제로 개편되었기 때문에 준 군대식으로 교회를 "영문"(Corps. 부대)으로 운영하고 있다. 그런데 만일 우리 구세군이 시대가 변하고 21세기가 되었다고 해서 준 군대식 선교 체제를 저버리고 의회적인 교회 체제로 돌아간다고 하면 구세군은 이 세상에 존재할 이유가 없다. 오히려 난립하는 교회에 또 하나의 더 큰 소란한 교회로 낙인이 찍히고 말 것이다.

존 가완스 대장은 2001년 2월호 국제본영에서 출판하는 세계 구세군 '사관지'(The Officer)에서 "선교의 중요성"이란 제목 하에 이렇게 강조하여 말하였다.

> "나는 확신합니다. 구세군은 세 가지 방면의 선교를 수행하기 위해서 하나님에 의해 창립되었습니다. 첫째는 영혼을 구원하기 위한 것입니다. 둘째는 사람을 거룩한 성도 곧 거룩한 병사로 만드는 것입니다. 셋째는 고통당하고 있는 인류를 사랑으로 섬기며 봉사하기 위한 것입니다.

이제 나는 구세군이 변화를 목적으로 변화되는 것은 반대합니다. 그러나 나는 구세군이 선교의 초점으로 변화되어야 할 것을 말합니다. 첫째, 나는 모든 영문이 선교의 초점을 맞추는 비전을 갖기 바랍니다. 둘째, 나는 모든 사회봉사 센터가 선교에 초점을 맞추는 비전을 갖기 바랍니다. 셋째, 나는 모든 군국의 본영이 선교에 초점을 맞추는 비전을 갖기 바랍니다. 넷째, 나는 모든 지도자들의 지도력이 선교에 초점을 맞추는 비전을 갖기 바랍니다."

이 말은 구세군 신학의 기반을 이루고 있는 구세군 교리 '구원 이야기'(Salvation Story)에서 영문의 3대 기능은 "복음 전도에 대한 열정, 성결에 대한 헌신, 지역 사회봉사"라고 한 것에 기초를 두고 있는 것이며, 또한 구세군 전통의 사역 패턴이기도 하다. 이제 각 영문들은 선교 비전 체제로, 복음 전도 체제로 모든 부서 조직이 변화되어야 할 것이다. 이 길이 한국 구세군 영문이 사는 길이다.

그런 의미에서 구세군은 본시 제사장적 교회가 되기 위해 태어난 단체가 아니다. 예언자적 입장에 서서 타 지역에서 복음을 듣지 못하는 자들을 찾아가고, 먹지 못하는 사람들을 먹이고, 그들의 영혼을 구원하기 위해서 구세군이 필요한 것이다. 그러기 때문에 구세군은 지역사회를 섬기는 교회가 되어야 한다. 먹을 것만 주는 교회가 아니라 복음을 나누어 주는 교회라는 인식이 우리 속에서 확립되어야 한다.

가난한 사람만 돌보는 교회가 아니라 양 무리들을 돌보는 교회라는 확고한 구령의 목적이 정립되어야 한다. "나누는 것이 곧 돌보는 것이다"(Sharing is Caring!). 이것이 구세군의 사명이고 구세군의 존재 가치가 거기에 있다.

영문 사역의 동기

구세군 사관은 목회자인 동시에 행정가요 사회봉사 사역자이다. 그러기에 사관의 사역은 타 교회 목회자들처럼 양 무리를 치는 목회자로서 또는 제사장적 위치만을 고수하지 않는다. 목회자적 돌봄의 책임과 동시에 사무 행정 절차, 조직, 행사 등의 행정적 책임과 또한 사회복지와 지역사회 봉사와 불우 이웃을 돕는 사회봉사 사역의 책임을 담당한다.

이와 같은 구세군 사관의 사역은 구세군 조직의 특성상 영문은 3가지의 기능을 갖고 있기 때문이다. 그것은 인간 영혼을 돌보기 위한 예배 처소인 영문(Corps)과 지역사회 공동체를 봉사하기 위한 지역사회 센터(Community Center)와 불우한 이웃과 고통을 함께 나누면서 돌보기 위해 봉사하는 사회봉사 센터(Social Service Center)의 역할을 하기 때문이다.

그러므로 구세군 사역은 타 교회들이 관심을 두지 않는 지역사회에 위치해서 하나님의 나라를 확장해 나가는 것이고 그 지역사회의 한복판에 세워져서 복음을 나눔으로(Sharing) 저들의 영혼을 돌보는(Caring) 목회를 행하고 있다. 여기서 구세군이 전하는 복음은 "평민의 복음"(Common People's Gospel)이며, 영문은 지역사회의 복음의 작은 교회(cell)로서 지역사회에 파고들어가서 "건강한 교회"로서의 역동적인 힘을 발휘한다. 이것이 구세군의 사명을 수행해 나가는 길이며, 그 방법이 사회를 변화시키고 개인을 구원시키는 최선의 방법으로 받아들이고 있다. 이런 의미에서 보면 구세군 영문의 3대 기능, 즉 삼위일체적 사역은 어쩌면 21세기 한국 교회의 모델이 될 만한 요소를 갖고 있음에 틀림없다. 문제는 오늘에 와서 사관의 사역이 한낱 직업화 의식에 편중하여 목회 사역보다는 사회봉사 사역으로 의식 전환이 이루어지고 있다는 데 있다. 분명한 것은 "구세군 국제 선교 선언문"에서 언급된 것처럼 "구세군이 국제주의적 운동체로서 보편적 기독교회의 한 복음주의적 일원"이라면 명실공히 구세군은 보편적 교회의 사명을 다할 수 있는 사명이 이루어지기 위해 혼신을 다하여야 한다. 그것은 구령의 열정이요, 모든 사관에게 주어진 중요한 책임이다.

구세군 사관은 마태복음 28:19~20절에 기록된 대로 예수님이 제자들에게 내리신 명령에 순종해야 하는 당위성을 갖고 있다. "그러므로 너희는 가서 모든 민족을 제자로 삼아 아버지와 아들과 성령의 이름으로 세례를 베풀고 내가 너희에게 분부한 모든 것을 가르쳐 지키게 하라 볼지어다 내가 세상 끝 날까지 너희와 항상 함께 있으리라 하시니라."

구세군 사관 군령 군율(1999)에 의하면 "구세군 사관은 하나님의 부르심에 응답한 남녀로서, 다른 직업이나 다른 일에 종사하는 것을 떠난 자, 하나님과 사람을 섬기기 위해 자신의 생애를 헌신한 자, 일정한 훈련 과정을 수료한 자, 사관으로 임관된 자, 은퇴 전까지 구세군의 계급을 가지고 전 시간을 바쳐 사역하는 자이다"라고 정의하였다. 여기서 사관의 사역은 "영혼 구원"이 최고의 목적이며, 그 "사역은 반드시 사랑이 그 동기가 되어야 한다"고 다음과 같이 규정하고 있다. "이 사랑은 바로 고린도전서 13장에서 사도 바울에 의해 표현된 사랑을 의미한다. 사관은 사관 사역에서 그리스도의 사랑의 표현, 즉 성령의 은사인 사람들을 위한 사랑을 이끌어내야 한다. 사관의 순수한 사랑의 관심은 말뿐만 아니라 적절한 행동에 의해서도 표출되어야 한다."

구세군 국제 선교 선언문에서 "구세군의 사역은 하나님에 대한 사랑의 동기로써 이루어진다"고 선언하였다. 여기서 중요한 것은 구세군 사역의 동기는 사랑이란 점이다. 그런데 그 사랑은 복음서에 언급된(마 22:37~40) 하나님 사랑과 이웃 사랑의 이중적 사랑의 개념에서 바울의 사랑의 개념을 도입하였다. 바울의 사랑은 하나님의 사랑을 받은 인간이 이웃을 사랑하는 실천적 사랑을 보여주고 있다(롬 13:9-10). 구세군의 사회봉사의 '모토'는 예수의 이중적 사랑의 계명을 기초로 하여 "마음은 하나님께, 손길은 이웃에게"이다.

구세군의 사역을 바울의 사랑에 관점을 둔 것은 마태는 하나님과 이웃 사랑이란 큰 계명의 이중적 사랑의 개념으로서 하나님과 인간의 쌍방의 사랑을 언급하였고(마 22:32~40), 요한은 사랑의 계명으로서 인간과 인간의 친교의 사랑 개념으로 사회적 사랑을 표현한 반면에(요 13:34~35), 바울은 하나님의 사랑 분석을 통하여(고전 13:1-13) 그것은 절대적인 하나님의 사랑을 받은 자만이(롬 5:5) 이웃을 사랑할 수 있다(롬 13:8~10, 갈 5:14)는 실용적 사랑을 말하고 있다. 바울의 사랑은 그리스도의 삶을 통해서 이루어진 용서하시는 사랑이다(엡 5:1~2, 롬 15:7). 이것이 바울이 이웃 사랑에다가 "그리스도의 사랑이 우리를 강권한다"고 말한 이유이다(고후 5:14).

그런 면에서 구세군의 사역은 사랑의 실천 운동이며 그것은 예수 그리스도의 생애를 닮아 섬기는 것이다. 그러기에 사관의 사역은 그리스도의 전폭적인 삶 이상도 이하도 아닌 성육신하신 그리스도의 삶 자체가 사관 사역의 모범이 된다. 바울 사도는 예수 그리스도의 사역의 전체를 그리스도의 낮아짐의 사상을 들어 표명하고 있다(빌 2:1-12). 이와 같은 구세군 사역의 근저는 한마디로 사랑의 실천으로 종합되고 있다. 이것을 이봐 버로스 대장은 "구세군의 실용주의"라고 말한다.

여기서 우리가 정립해야 할 것은 사관이 갖는 성직은 하나님 나라 확장을 위한 거룩한 전투, 즉 성전(聖戰)이 있을 뿐이고, 사관의 사역은 영혼을 사랑하여 구원하는 구령의 사역이 있을 뿐이며, 구세군의 지도력은 하나님과 사람을 위해 봉사하는 섬김의 지도력(Servant Leadership)이 있을 뿐이다.

영문 사역의 실행방법

사관의 영문 사역은 적극적인 자세로 구세군의 영문 규모를 찬양하고 긴밀한 관심을 갖고 살아있는 믿음의 공동체로 발전될 잠재력을 개발해 나가야 한다. 때로 영문이 그 규모와 물적 자원에 있어서 열악하지만, 그 환경에 맞게 충성스럽고 효과적으로 목회와 선교에 끊임없이 참가할 공동체를 개발할 기회를 갖고 도전해야 한다.

그렇다고 다른 교회에서 이루고 있는 효과적인 목회와 선교 방식이 반드시 구세군의 영문에도 어울리는 모델이 되는 것은 아니다. 복음이 특정한 사람, 특정한 장소, 특정한 시간과 문화에서 부각되는 것과 꼭 같이 영문은 지역사회를 섬기는 교회(Community Church)로서 "하나님의 은혜의 복음" 즉 사랑의 복음(행 20:24)을 전하는 사역에 참여하도록 부름을 받았다.

구세군 영문이 대형 교회에 비해 조직적인 구조나 프로그램, 그리고 규모와 물적 자원 등이 다소 소극적이기는 하지만 작은 규모가 흠이 될 수는 없다. 오히려 21세기 교회는 "작은 교회가 아름답다"는 추세 속에서 건강한 교회를 향방하고 있기 때문에 영문은 오히려 작은 규모 덕분에 다른 교회에게는 개방되지 않은 일부 영역에서 활기 있는 건강한 영문의 삼위일체적 기능을 발휘할 독특한 기회를 가질 수 있다. 즉 건강한 교회로서 성도가 서로 친밀하게 관심을 갖고 친교할 기회, 사관과 평신도가 공동의 목회를 개발할 기회, 세대 간의 의미 있는 신앙 경험의 기회, 지역사회 특히 영문이 상당한 신용과 힘을 가지고 있어서 필요한 대로 변화를 조장할 수 있는 지역사회 내에서의 선교의 기회 등을 발휘할 수 있다.

때로 우리는 영문의 작은 것 때문에 고심하기도 한다. 물론 우리가 작은 영문의 역할이 보잘것없고 발전 능력이 둔화되고 있는 것은 공정하고 솔직하게 인정해야 한다. 큰 것이 언제나 더 좋다는 의미가 아니듯이 작다는 것이 언제나 좋은 것으로 관철해서는 안 된다. 그러나 구세군 영문의 미래상은 사관들이 큰 교회에 대한 편견과 집착 그리고 그에 상응하는 작은 교회에 대한 경멸과 우월감에 찬 배려의 원인을 극복하고 작은 영문이지만 이것이 바로 그리스도의 "몸 된 교회"이며 한 영혼을 사랑하는 영문으로 애정이 있고 존경을 받으며 사역 활동을 힘 있게 펼쳐 나갈 수 있는 교회란 사실에 자부심을 가져야 한다.

때로 성공한 사관은 작은 영문으로부터 큰 영문으로 옮기는 길을 찾아낸다. 그런 사관에게는 시골 영문에서 도시 영문으로 이주하는 것이 승진으로 간주될지도 모른다. 그러나 오늘날 한국도 전원 도시화되고 있다. 이제는 "시골 영문 운동"이 제시되어 작은 영문에서 신앙생활을 하는 신자들에게 영문이 곧 그리스도의 몸이라는 동일성 안에서 한 지체가 되는 즐거움을 알게 해 주어야 한다. 이것을 위해서 영문은 다음과 같이 힘써야 한다.

영문은 우선적으로 전도(선교)에 관심을 쏟아야 한다.
  영문의 구조가 전도(선교) 체제로 개편되어야 한다. 먼저는 창조적 변화를 위해 영문 분위기를 쇄신시키고, 활동은 담임 사관 중심에서 평신도 체제로 개편되어야 하며, 영문 성장과 발전에 대한 목표가 뚜렷해야 한다. 특히 구세군의 잦은 전근을 고려할 때 목표가 불투명하면 사관이나 평신도 지도자가 바뀔 때마다 새로운 목표를 세우고 과거의 것은 전혀 고려되지 않을 것이기 때문이다. 뿐만 아니라 부담임 사관 임명이 고정되지 않고 있기 때문에 평신도 기능을 더욱 육성시켜 평신도와 함께 하는 협동 목회 또는 팀 목회를 할 수밖에 없다.
  다음은 영문에서 새 신자 양육이 철저하게 실행되어야 한다. 문제는 기성 신자들의 배타적 감정을 없애기 위한 새로운 프로그램 개발에 진력해야 한다.

  세 번째는 병사 교육, 특히 성인 교육이 절대 필요하다. 그들은 영문 중간 지도자로 훈련시켜서 청소년을 지도하도록 해야 한다. 그들은 성서

교육 외에 도덕 및 윤리 교육, 세대 간의 교육, 상담 지도(counseling) 교육 등이 필요하다.

영문은 그 상황에 적응되는 목회 계획과 조직이 수립되어야 한다. 영문은 본영의 기본 정책 방향을 기초로 하여 그 영문이 그 사회적 배경과 사회적 위치, 그리고 그것에 맞는 영문 조직과 목회 계획이 수립되어야 한다. 따라서 사관 자신의 설교나 목회 방법도 다른 지역에서 행하여졌던 것이 이 지역에 맞지 않는다는 것을 발견하고 그 지역의 생활 패턴에 맞는 설교 구성과 목회 프로그램을 개발할 필요가 있다. 프로그램 계획의 수립은 미래 지향적이어야 하며, 창의적이어야 한다. 결코 과거의 타성에 빠져 있거나 안일하거나 담임하는 당대에만 급급해서는 안 된다.

영문의 단점을 극소화시키고 장점을 효율적으로 극대화시켜 나가야 한다.
영문에 대한 부정적 이미지는 그 영문의 단점과 취약성을 극대화하기 때문에 결국 부닥치는 문제는 바로 충분한 자원의 결핍, 부적당한 시설과 비품, 담임 사관의 짧은 임기 등을 들 수 있다. 또한 크기의 차이에서 오는 위축감, 수입 수준의 저조, 교육 수준의 저하, 인구 이동의 변화 등 사회적 요인이 영문 사역을 위축시키는 요인이 되기도 한다. 그럼에도 불구하고 구세군 영문은 다음과 같은 아름다운 장점을 갖고 있음을 사관들은 발견하여야 한다.

첫째, 영문은 가족적인 분위기 속에서 서로 지지하는 긴밀한 유대 관계가 가능하다. 때로 너무 잘 알기 때문에 불화가 생기기도 하지만 문제는 담임 사관이 유대 관계를 극대화하고 분열을 극소화하는 방법을 찾아야 한다.

둘째, 영문은 사관 자신이 병사 각각의 강한 면과 약한 면을 모두 알고 있기 때문에 모든 군우들과 의미 있는 개인적 관계를 진행할 수 있다. 그러므로 관계의 개발은 목회 프로그램 개발만큼이나 중요하다.

셋째, 영문은 개개인의 잠재력을 완전히 개발할 기회와 개개인의 기여를 정확히 인정할 기회를 제공한다. 담임 사관이 병사들의 능력과 신앙 상태를 평가할 수 있고, 교육과 문화에서 비롯된 구속 요인을 감지해 낼 수 있다. 사관이 능력 있는 자를 교사나 조직자로 활용할 수 있도록 병사의 능력을 개발한다면 그는 뜻깊은 목회를 할 수 있는 것은 물론 그의 노력이 결실을 보게 될 것이다(시 126:5~6).

넷째, 영문 특히 시골에 있는 영문은 사관이나 병사들에게 지역사회 지도자가 되는 독특한 기회를 준다. 배경이 시골이면 시골일수록 의미 있는 지역사회 기구로서의 영문의 존재는 점점 더 중요해진다. 시골 영문 사관은 자동적으로 지역사회 지도자가 된다. 문제는 시골 영문의 담임 사관은 주로 젊고 경험이 없는 지도자의 통솔이기 때문에 목회가 건설적이 되고 또한 젊은 사관들이 적극적인 배움의 경험을 얻도록 하기 위해서는 영문이 가능한 한 모든 지원을 해야 한다. 반면 젊은 사관은 시골 영문을 더 나은 것을 위한 디딤돌이나 필요악으로 여길 것이 아니라 자신의 향후 목회의 기회로 보아야 한다. 숙련된 시골 영문의 사관이

도시 목회 사관과 마찬가지로 유능하다는 사실이 인정되도록 더욱 힘써 사역하여야 한다. 뜻있는 시골 영문 사관은 시간을 활용하여 독서, 세미나, 성서 연구 등을 실시하므로 자기 개발에 정진할 수 있다.

영문에는 두 가지 조치가 있어야 한다. 그것은 담임사관의 생활비 기준과 지원이다.

첫째, 사관의 생활비를 위한 사관의 의식화 교육이 필요하다. 구세군 사관의 본연의 사명이 직업의식에 있지 않고 구령의 사명인 것을 잘 알 때 사관됨은 생활비가 많고 적은 것에서 떠나 "한 영혼"이 천하보다 귀하다는 사명의식을 깨달아야 한다. 윌리엄 부스는 "어떤 사람의 야망은 예술이고, 어떤 사람의 야망은 명예이고, 어떤 사람의 야망은 황금이나, 나의 야망은 인간의 영혼이다"라고 말한 바 있다.

그렇다고 사관 개인의 의식화 작업만으로는 불충분하다. 본영의 재정 정책과 제반 운영 절차에 개선이 있어야 한다. 무엇보다도 시골 영문과 도시 영문, 큰 영문과 작은 영문, 자립 영문과 미자립 영문에 있어서 불평등하게 생활비를 지급하는 일이 지양되도록 정책적으로 조치하여야 한다. 구세군 사관은 매년 본영의 봉급 규정에 준하여 생활비를 받고 있다. 이것을 철저하게 이행하여 모든 사관들이 경제 여건에서 불공평하지 않다는 인식을 갖도록 하여야 한다. 이것은 바로 사관의 사기 진작의 문제일 뿐만 아니라 사관의 인격에도 저촉되는 사항이기 때문이다.

현실적으로 주로 도시 영문 사관들이 규정 봉급 이외에 수개월 보너스를 비롯하여 도서비, 자녀 장학금, 휴가비, 주택 운영비, 사관 십일조

비축(전별금), 소형 차량 운영 등에 비하면 시골 영문 사관의 생활비 문제는 심각한 정도를 지나 그 이상이다.

이러한 고질적인 여건을 고려할 때 본영은 생활비 수준 평준화가 어렵다면 적어도 최저 봉급 수준 계획을 세우고 만일 영문 자체가 그 최저선을 지급할 능력이 없을 때는 지방 본영 또는 지방 운영위원회에서 협력하여 보조금을 지급하도록 최선의 조치를 해야 한다. 이 방법은 핵자급 지원이 그친 영문에서 더욱 심각한 문제를 일으키고 있다. 물론 이것을 위해 영문 자체는 자급자족하는 목회를 통해 생활비 충당을 할 수 있어야 한다.

여기서 사관이 갖고 있는 잘못된 의식의 문제는 "사역 = 생활비"라는 등식을 만들어가고 있다는 사실이다. 생활비는 곧 사관에게 주어지는 보수라는 개념이다. 이 같은 사고 개념은 성직을 받은 사관에게 부적절한 의식 개념이다. 물론 "일 = 돈"이라는 노동 개념에서는 이해가 된다. 그렇다면 사관의 사역을 노동의 대가인 일의 수당으로 볼 것인가? 그것은 아니다. 적어도 사관에게 있어서 생활비는 사관직에 주어지는 유일한 보수가 아니라는 사실을 우리 자신이 인식하는 정신적인 개선이 필요하다.

무엇보다 중요한 것은 사관의 능력 개발과 마음의 만족, 즉 사기 진작이 중요하다. 기쁨으로 사역할 수 있는 선교 현장이 보수요 그것 자체가 축복이란 사실을 인식하는 것이 중요하다. 능력은 사관이 활동하는 조직의 정책과 실행을 모색하고 개발해 나가는 데 추진력의 역할을 하기 때문에 중요하다. 그리고 마음의 만족은 공적을 인정받고 필요한 존재로 인정받고 있다는 감정이다. 그러므로 지도자, 특히 지방 장관은 영문

사관에게 정당한 평가에 의하여 공적을 인정받고 비전과 용기와 사기를 북돋아 주며, 혹이나 낙심해 있을 때라도 무엇을 도와주려는 태도로 접촉하면서 칭찬과 격려를 아끼지 않는 것은 생활비 못지않은 더 나은 보수이기도 하다. 그것 때문에 작은 영문의 사관은 한평생을 "그 나라와 그 의를 위해서" 구세군 안에서 자신의 생애를 투신하게 된다.

둘째, 영문 사관에게 지원 계획이 있어야 한다. 아무런 지원이 없을 때는 누구도 효과적으로 기능을 발휘할 수 없다. 그것은 사람이 강한가, 약한가, 혹은 창조성 있게 최선을 다하고 있는가 아니면 심한 곤경에 처해 있는가 하는 것과는 아무런 상관이 없다.

지원은 효과적으로 목회 기능을 다하기 위해 필요불가결한 것이며, 목회에 전념하여 영문을 성장 발전시킬 수 있도록 하기 위한 근본적 요소가 된다. 그것은 결코 지원자의 사치스러운 것도, 그리고 받는 자의 부끄러운 것도 아니다. 이 지원은 떨어질 위험이 있는 사람을 붙잡아주는 의미도 있지만 용이하게 어려운 환경을 이겨내는 주인이 되도록 힘을 키워주는 것이기 때문에 중요한 요소를 갖는다.

먼저는 지원을 위해서 지원자 개발이 필요하다. 현행 실시되고 있는 핵자급 지원 및 미자급 영문 지원이 군국적인 차원에서 그리고 지방 본영 차원에서 보다 더 활성화되어야 한다.

다음은 한 지방에서 지원을 가능케 하는 사관과 평신도 공동의 목회 지원 방법이다. 이것은 경제적 지원보다는 목회 프로그램의 지원이다. 특히 인적 자원이 부족한 시골 영문에 사관 또는 평신도가 적합한 프로그램을 가지고 작은 영문의 목회를 돕는 것이다. 이 같은 지원 방법은 결단코 작은 영문이 가만히 기다린다고 해서 갑자기 나타나는 것이 아니다. 그것은 작은 영문에서 땀 흘리는 노력의 대가로 주어진다.

세 번째는 평상시 조심스럽게 작은 영문 목회에 애정을 쏟아야 한다. 만일 이러한 지원이 없을 때는 본영에서 지원망이 생기도록 도울 책임이 있다. 진정한 지원의 조직망이 있는 곳에는 가장 작은 영문일지라도 효과적이고 활력 있는 목회를 할 가능성이 있다. 작은 영문에서 제시된 이 같은 도전은 모든 영문에 대한 도전이다. "이는 성도를 온전하게 하며 봉사의 일을 하게 하며 그리스도의 몸을 세우려 하심이라"(엡 4:12).

영문을 위한 목회개발이 필요하다.
영문 목회는 무엇보다도 그 환경과 특색에 적응되는 목회로 개발되어야 한다.

첫째, 평신도를 개발하여 지도자로 활용해야 한다. 영문 목회는 담임 시관 단독 목회가 아니라 평신도와 함께하는 공동 목회(Co-ministry)가 이루어져야 한다. 그것은 고린도전서 12장에서 예시하는 것과 같이 목회는 믿는 사람 누구나 갖는 삶의 경험의 일부분인 동시에(고전 12:4~7) 모든 사람의 의무이기 때문이다. 그리스도의 몸 된 교회는 신자 각자가 성령에 응답하고 그가 창조된 목적을 이행할 때 가장 유익하게 기능을 발휘할 수 있다.

영문은 부담임 사관을 임명하여 목회하는 경우가 극히 적음으로 필히 평신도를 훈련시켜 영문 사관을 도와 각 부서를 활성화시켜 나갈 수

밖에 없다. 여기서 효과적인 평신도 훈련이 시급하며 그 훈련은 이론적인 것보다는 실천 교육이 필요하다. 즉 목회하는 것을 경험으로서가 아니라 지식에 의해서만 알고 있다면 영문의 평신도 통솔력 개발은 좌절되고 만다.

목회는 전통적으로 훈련받고 임명받은 사람들의 역할로 간주되어 왔으나 진정한 목회를 하기 위해서는 가슴과 영혼으로 행하고 응답하는 법을 체득하여야 한다. 무엇보다도 영문에서는 평신도 참여를 개발하기 위해 권면이 필요하다. 목회 사역은 사관만의 전유물이 아니라 평신도의 사역인 것을 알아야 한다. 또한 평신도를 지원해 주어야 한다. 평신도 교육 훈련이 필요하다. 평신도들은 목회 전문가가 아니기 때문에 주위 사람들의 지원을 필요로 한다. 이것은 사관도 마찬가지이다. 지원을 위해 정기적인 모임을 갖고 케이스마다 보고하고 토론할 수 있어야 한다. 청년 사역, 주교사 사역, 찬양 사역, 사회봉사 사역 등을 위한 지도자 교육을 위해 지원해야 한다.

둘째, 프로그램을 개발하여 지역사회에 적응시켜야 한다. 영문이 연례 문화 행사를 계속적으로 거행하면서 그 지역 주민들의 경험의 폭을 넓혀 줄 프로그램을 계획해야 한다. 이를 위해서 사관의 심방은 커뮤니케이션의 매개물이 될 수 있고 공동체 의식의 개설자 역할을 할 수 있다.

그러기 때문에 영문이 주는 매력은 다른 교회의 경우에 비해 훨씬 많이 신자들과 절친하고 지역 주민과 밀접하여 거시적인 목회를 할 수 있다. 영문에서는 사관이 방대하고 복잡하고 다양한 국면을 갖춘 프로그램을 관장하느라 많은 시간과 정력을 쏟을 필요가 없기 때문에 일대일 목회가 많이 가능하다. 그러므로 사관은 그 지역 상황에 맞는 적합한 봉사 프로그램을 계획하여 기꺼이 모험도 해보고 새로운 프로그램도 시도해 보아야 한다.

셋째, 신임 사관은 부임 초기부터 부임한 영문의 기존의 계획을 무시해서는 안 된다. 그동안 해왔던 것을 잘 받아들이고 자신이 다른 영문에서 사용하였던 것은 제안 정도로 하고 임기 초기에 고집해서는 안 된다. 사관과 신자가 서로 이해하고 서로의 뜻을 받아들이려면 시간이 지나야 한다는 것을 알아야 한다.

넷째, 병사의 재능을 개발하여 활용해야 한다. 사관은 영문 사역에는 전문가이지만 사회생활의 전문가는 되지 못한다. 그러나 평신도들은 사회생활의 각 분야에서 전문가들이다. 그들이 영문을 중심으로 대내외 활동을 할 수 있도록 활용하여야 한다. 특히 자선봉사단(League of Mercy), 의료친교회, 지역자문위원회, 사회봉사위원회 등에 적극 참여하도록 해야 한다. 이러한 여러 가지의 개발 능력을 통해 사관은 창의력을 발휘하여 영문의 특수한 상황을 극복해 나갈 수 있다.

영문의 단기 목회사역의 개발

구세군의 단기목회를 위한 사역이 개발되어야 한다. 여기서는 영문 단기목회의 배경을 개괄해 보고, 그것의 장점과 단점을 고찰해 보며, 단기목회의 과제를 생각해 보려고 한다.

첫째, 영문 단기목회의 배경

　구세군 사관이 한 영문에서 목회하는 임기는 평균 3년이다. 이것은 단기 목회이다. 구세군에서 5년 이상은 장기 목회에 속한다. 이것은 한국 교회 목회자들의 평균적인 목회 연한 15년에 비하면 12년 또는 10년이나 짧은 단기 목회를 하고 있다. 구세군이 단기 목회를 하게 된 것은 단기 목회를 필요로 해서 된 것이 아니라 구세군의 조직과 체제의 운용에서 비롯된 것이다.

　구세군의 조직 체제가 군대식이기 때문에 사관을 인사 발령하여 영문에 파송한다. 이 같은 중앙 집권 체제 형태로서 사관의 임지를 임명하게 되는 임명제는 개교회적으로 초빙하는 식의 사역자 초빙제와는 그 성격이 전혀 다르다. 파송은 본인의 의사 반영보다는 주로 행정적 필요와 현장의 필요 요건에 의해서 임명을 받게 된다. 파송은 때로 목회적인 측면에서 보다 행정적인 필요에 의해서 되는 경우가 많다.

　구세군의 창립 초기 단계는 사관의 임지에서 목회 임기가 짧았다. 2~3년이면 사관이 이동해야 하기 때문에 영문은 사관이 자주 바뀌는 문제로 애를 태울 가능성이 컸다. 이 같은 짧은 임기는 인력 수급, 사관의 질적 문제, 변동 사항 때문에 그러하였다. 그러나 오늘에 와서는 행정적인 필요에서부터 목회적인 측면으로 관심이 전환되기 시작하면서 목회 연한이 다소 연장되어 약 4~5년이 되고 있다. 그러나 아직까지도 단기 목회는 계속 유지되고 있는 실정이다. 어쩌면 이것은 준 군대식 행정 체제를 갖춘 구세군의 특성 중 하나이기도 하다.

둘째, 영문 단기목회의 장점

구세군 단기목회의 장점은 크게 네 가지를 들 수 있다.

1) 사관들이 영문에 임명되어서 평생토록 목회하는 것이 아니기 때문에 재직 기간 동안에 최선을 다하겠다는 전투력의 기본적인 의욕을 불러일으키고 있다. 즉 한 곳에 집착하여 열심히 목회 할 수 있는 이점이 있다.

2) 목회하는 동안에 어떤 문제가 생겨 날 수 있는 경우, 특히 군우들과의 마찰 등이 생겨날 때 그 문제를 조기에 발견하고 용이하게 진화시킬 수 있다.

3) 사관들이 항상 새로운 목회경험을 하게 되고, 그러다 보면 항상 한 영문에 있는 것보다는 다방면의 경험을 쌓게 된다. 그것은 자신이 가지고 있는 목회의 자질을 개발해 나갈 수 있는 용이한 기회이기도 하다.

4) 크고 작은 영문에 관계없이 목회 할 수 있기 때문에 창의적인 목회계획의 추진을 활성화시킬 수 있다.

셋째, 영문 단기목회의 단점

구세군 단기목회의 단점은 네 가지로 크게 지적해 볼 수 있다.

1) 사관의 잦은 전근으로 인하여 영문은 일관된 목회형태를 유지하기가 힘들다. 따라서 영문 발전을 위한 통일된 체제를 유지하기가 힘들다. 물론 개체 영문이면 목표가 흔들릴 수 있으나 단체가 본영에서 중앙집권적으로 관장하고 있어서 목표에 대한 흔들림은 없다.

2) 사관이 장기목회를 하지 못하기 때문에 다른 교회와 유대관계를

유지하기가 힘들고, 지역사회 속에서 영향력을 이끌어 갈 수 있는 기회를 갖기가 힘들다.

3) 재정의 자립도가 일관성이 없어서 영문운영에 어려움이 있고, 사관의 자녀교육에 곤란을 겪는 경우도 있다. 특히 전후임자 간의 보이지 않는 갈등이 있을 수 있고, 인사에 대한 불만도 누적될 수 있다.

4) 영문 행정적 책임에 대해 소홀할 수 있고, 영문 목회에 소홀할 수 있다. 목회에 적응이 안 될 경우에는 임지를 떠날 생각부터 하게 되므로 목회의 소홀은 물론 영문발전을 둔화시키는 결과를 만들고 있다. 장기계획을 세울 수 없기 때문에 임시방편식의 계획을 세운다. 그것은 결국 영문 목회에 대한 애착심이 결여됨으로 불안한 목회를 하게 된다. 반짝 목회 (Flea ministry) 로 효과를 보려고 하는 의욕 때문에 부실목회를 하게 되고, 양적이고 행사위주의 목회에만 치중하다 보면 질적이고 교육적인 성숙된 목회를 실행할 수 없다.

넷째, 영문 단기목회의 과제

1) 사관, 하사관, 병사에 이르기까지 교육목회가 불가피 요구된다. 교육이 있을 때 군우들의 질이 높아지고, 재정이 성장하고, 자립의식과 책임의식과 주체의식을 갖게 된다. 이러한 것은 교육을 통해서 이루어지기 때문에 교육적인 면을 더욱 강조해야 한다.

2) 장년사역보다 청년사역의 프로그램이 부족하다. 청소년을 육성하여 구세군 정병을 만들어야 한다. 청년들에게 그리스도의 혼을 넣어 줌으로 그리스도의 제자로 양육시켜 나가야 한다. 그런 의미에서 청년병 양육은 중요하다.

3) 청년들을 중간 지도자로 양성해야 한다. 영문 사관들이 목회를 자율적으로 수행해 나갈 수 있도록 길을 터놓아 야 한다. 본영에서는 영문사관의 목회사역을 위한 연장교육 프로그램을 개선하여 목회에 필요한 정보를 지원해 주어야 한다. 청년 지도자 육성을 위해 지원하여야 한다.

4) 영성 운동을 일으켜야 한다. 영문 내면에서부터 자발적으로 목회에 응할 수 있도록 성결한 인격을 배양하여야 한다.

5) 사회봉사면에 전력해 나가야 한다. 구세군은 사회평화를 이룩해 나가는 단체로서 눌린 자와 병든 자와 가 난한자와 소외된 자들을 만나 돌보고 위로하고 치유하고 희망을 주는 목회를 하여야 한다. 이를 위해 예배, 교육, 친교, 봉사, 선교, 구제가 복합적으로 수행되어야 한다.

6) 신자들을 훈련시켜 평신도 지도자를 양성해 나가야 한다. 그리하여 영문 체제를 평신도활동의 협력목회 체제로 구조조직을 개편하여야 한다.

7) 지역사회에 공헌할 수 있는 행사계획에 세심한 관심을 쏟아야 한다. 영문은 지역주민들의 생활정보 센터, 행사모임의 장소 등이 제공 되어 명실 공히 지역사회 센터와 사회봉사 센터로서 인정을 받아야 한다. 지역사회는 선교의 장이다.

8) 영문은 청소년 프로그램을 개발하여 지역 주민들이 자녀들에 대한 새로운 정신교육의 터전이 되게 하여야 한다.

9) 노인복지를 위한 프로그램을 개발하여 노인들에 대한 새로운 활력을 줄 수 있어야 한다. 그들은 가정에서나 지역사회에서 보이지 않

는 비공식 지도자들(informal leader)이다.
10) 영문을 개방하여 지역사회 주민들에게 정신적인 휴식처가 되게 하여야 한다.

무엇보다도 영문은 한 사람의 영혼에 대한 강렬한 구령운동과 가정 중심의 복음화 운동과 사회개혁 운동을 전개해 나가야 한다. 영문은 개인과 가정과 사회를 결속시키는 연결고리로서 존재 가치를 갖고 있다. 영문은 하나님의 선교가 실행되므로 행동하시는 하나님의 현존을 보여 주어야 한다.

마치는 말

오늘날 많은 사람들은 한국 구세군이 변질되어 가고 있다고 말한다. 구세군의 특색을 잃어가고 있다고 우려하고 있다. 구세군 병사들 속에서 구세군 정신이 사라진지 이미 오래라고 걱정하고 있다. 초창기 구세군의 열정이 식어가고 있다고 말하고 있다. 실제로 우리 신자들 속에서 구세군의 역사의식을 찾아 볼 수 없다. 구세군의 전통과 활약상을 찾아 볼 수 없다. 구세군다운 열정과 기질을 찾아보기가 힘들다. 심지어는 사관들 속에서는 목사님이라고 부르면 좋아하고, 정교님 속에서도 장로님이라고 부르기를 좋아한다. 이런 것들은 무엇을 의미하는 것일까? 그것은 구세군이 서야할 위치와 해야 할 사역을 잃어버리고 있다는 말이다. 그것은 '탈구세군' 또는 색 바란 구세군이 되었다는 말이다.

우리에게는 군령군율의 조문은 살아있으나 그 정신을 잃어버린 지 오래다. 규범만 남아있는 현실이다. 구세군교리가 있으나 구원의 확신과 성결의 삶을 등한시 하고 있는 것은 물론 누구도 구원의 진리를 가르치고 있는 "구세군교리"를 읽거나 가르치는 일은 없다. 구세군의 "혈화 정신" 즉 예수 그리스도의 정신을 담은 구세군의 아름다운 정신이 있으나 어언간 인간중심으로 퇴색되어 버렸다. 우리는 모든 것을 대형화된 교회를 따르고 있다. 장로교식으로 따라가려고 한다. 다른 교회의 의식과 형식에 매여서 큰 건물 속에 안주하려고 한다.

이제 우리는 경각심을 갖고 깨어나야 할 시점에 이르렀다. 우리 영문들은 "구세군을 구세군 되게"하는 시대적 사명을 깨달아야할 시점에 이르고 있다. 우리는 잊혀가는 구세군의 정신을 되찾아야 한다. 구세군의 특색을 유지 발전시켜 나가야 한다.

요즈음 한국교회가 구세군을 보는 시각이 매우 긍정적이다. "작은 거인"으로 보고 있다. 작은 교회이지만 사회를 위해 큰일을 하는 교회로 칭찬하고 있다. 존 가완스 대장은 한국구세군은 영적 잠재력이 무한히 잠재 해 있는 "잠자는 거인"으로 보고 있다. 영적으로 깨어나야 할 것을 촉구 하였다. 한국 국민이 왜 자선냄비가 매년 차고 넘치도록 구세군을 좋아하고 후원하는가? 한국의 정부나 단체들이 왜 구세군을 크게 신임하고 인정하는가? 구세군이란 '브랜드'의 가치상승 때문인가? 그 이유는 나변에 있는 것이 아니다. 구세군은 특색이 있기 때문이다. 구세군은 지역사회를 위하여 봉사하고 있다. 사회복지를 위하여 투신하고 있다. 무엇보다도 구세군 사관들이나 병사들이 검소하게 살아가고 있다. 구세군 병사들이 성결한 생활을 영위하고 있다. 선한사업에 힘쓰고 있다. 우리는 결코 홀로 살려고 하지 않고 더불어 살면서 나눔과 돌봄의 사역을 함께 공용하고 있다.

한 마디로 구세군은 돈으로 부패하지 않았기 때문에 공인받고 있다. 구세군이 부패하면 한국교회가 끝장을 보고 말 것이다. 구세군은 작지 않다. 약하지 않다. 사회 속에 우뚝 서있는 교회이다. "구세군은 한국교회의 마지막 보루이다." "구세군의 주일 성결회가 살면 구세군이 살고 구세군이 살면 웨슬리언교회들이 살고, 웨슬리언교회들이 살면 한국교회가 살게 될 것이다." 구세군은 존 웨슬리의 유산을 이어받은 교회로서 사회봉사사역에 투신하는 교회는 감리교회를 비롯한 웨슬리언교회 중에 유일한 교회입니다.

구세군은 교회 안에만 머물러 있지 않는다. 교회 밖의 그늘진 인생, 고통 속에 살아가는 영혼들, 길거리에서 헤매는 잃어버린 영혼들을 찾아 만나고, 상담하고, 위로하고, 도와주고, 돌보면서 그들의 영혼 구원을 위하여 심혈을 기울이고 있다.

그러기에 오늘의 구세군은 현 시점에서 자기를 돌아보고 본연의 위치로 돌아가야 한다. 신자들 속에서 '구세군을 구세군 되게' 하기 위한 운동이 각 영문에서 일어나야 한다. 병사들 속에서는 구세군의 역사의식과 구세군의 사회봉사 정신과 구세군의 특색 있는 선교적 사명이 일어나고, 또한 구세군의 교리신학 교육과 환희에 찬 구세군의 예배가 우리 각 영문에서 살아나야만 한국 구세군이 구세군다워질 것이다. 실제로 이 길만이 한국 구세군이 살 수 있는 길이다.

한국구세군선교100주년을 지낸 우리 영문들이 다른 교회 의식이나 조직이나 운영이나 명칭에 급급해서 우리의 것을 비방하거나 비평하거나 불평하거나 불만하지 말자. 구세군이 작다고 얕보지 말기 바란다. 장형일 부령이 그의 저서 "한국 구세군사"를 결론하면서 말한 것처럼 "아직도 우리는 약소 교파란다. 남북이 하나 되었을 때보다 영문 수는 많이 늘지 못했다!"는 한탄의 소리에 머물러 있어서는 결코 안 된다. 우리는 건강하고 강한 '작은 교회'로 일어나서 복음의 빛을 발해야 한다.

이제 우리의 것을 세우자. 우리의 것을 정립해 나가자. 구세군의 정체성을 영성과 함께 갱신시켜 나가자. 그때만이 우리 각 영문뿐만 아니라 한국교회와 이웃 종교단체, 그리고 한국 사회와 정부와 국민에게서 인정받는 구세군이 될 것을 믿는다. 그때에 윌리엄 부스가 바라보았던 비전, 이사야 58:6~12절의 "구세군 헌장"에 포함된 말씀, "내가 기뻐하는 금식은 흉악의 결박을 풀어주며 멍에의 줄을 끌러주며 압제당하는 자를 자유하게 하며 모든 멍에를 꺾는 것이 아니겠느냐. 또 주린 자에게 네 양식을 나누어주며 유리하는 빈민을 집에 들이며 헐벗은 자를 보면 입히며 또 네 골육을 피하여 스스로 숨지 아니하는 것이 아니겠느냐 그리하면 네 빛이 새벽같이 비칠 것이며…"하신 이사야의 말씀을 이루게 될 것을 믿는다.

이제 우리 각 영문에서는 잊혀져가는 가로전도, 잊혀져가는 자비석, 잊혀져가는 환희의 예배, 잊혀져가는 구령운동, 잊혀져가는 사회봉사 사역, 잊혀져가는 구세군정신, 잊혀져가는 열심을 성령님께서 후원하심으로 한국구세군선교100주년을 지낸 영문들이 활기찬 선교비전을 갖고 하나님 나라 확장과 구세군 발전을 위하여 힘차게 정진하도록 힘쓰자.

구세군 정신과 섬기는 리더십

그리스도를 본받는 구령의 리더십 지향

구세군의 리더십은 구세군 본연의 정체성과 역사적인 전통의 특수성에서 볼 때 민중을 구원해 내어야 할 강력한 구세군 정신에 입각한 리더십을 필요로 한다. 이것은 인간을 구원하기 위해 세상에 오셔서 십자가에 돌아가신 예수 그리스도의 마음과 삶이 닮은(빌 2:5~8) 성결 된 구세군 정신의 리더십 곧 섬기는 리더십(Servant Leadership)이다.

구세군의 리더십이란 무엇인가?

헨리 블랙커비(Henry & Richard Blackaby)는 「영적 리더십」(Spiritual Leadership)에서 "미국교회는 강력한 리더십이 없어 죽어가고 있다. 전례 없이 자원이 풍부한 이 시대에 교회는 사실상 영향력을 잃고 있다. 원인은 리더십 부재이다. 리더십보다 중요한 것은 없다"고 하였다.

구세군의 전망에서 볼 때 20세기 구세군은 "감추인 교회"였다. 그러나 21세기 구세군은 "쓰임 받는 교회"가 될 것이다. 이러한 때 21세기의 구세군은 강력한 영적 리더십이 필요하다. 그러기에 21세기의 구세군인은 구세군의 총체적 목적인 "인간 구원"을 위해 영혼구원과 사회봉사의 복합선교(Integrated Mission)를 지향하고 있는 구세군정신의 리더십을 길러야 한다. 이것은 정치인의 리더십이나 기업인의 리더십이나 이웃 교회의 리더십을 말하려는 것이 아니다. 그렇다고 "히딩크 감독의 리더십"을 말하려는 것은 더욱 아니다.

「삼성경제연구소」는 "히딩크 리더십의 교훈"이란 보고서를 통해 기업경영의 관점에서 6가지 리더십의 덕목을 정리한 바 있다(한국일보, 2002. 6. 12. p.10). 첫째 흔들리지 않는 꿋꿋한 소신 (Hardiness), 둘째 공정성 (Impartiality), 셋째 기본 (Fundamentals)에 대한 강조, 넷째 혁신 (Innovation), 다섯째 가치 공유(Value-sharing), 여섯째 전문성(Expertise)이다.

오늘 우리는 구세군 정신의 리더십을 생각하려고 한다. 구세군 정신의 리더십은 이웃 교회의 관례화된 리더십을 뛰어넘는 구세군 특성의 리더십으로, 그것은 구세군의 역사와 전통과 구세군주의(Salvationism)에서 이해되는 리더십이다. 특히 구세군주의는 "영적 체험을 통해 성질, 기능, 구조 등을 바꾸는 영적 리더십(a spiritual leadership)이다" (Salvationism 301).

폴 레다 대장 당시 국제본영 발행 「사관지」(The Officer, 1997. 7~8. THQ) 에는 4명의 저명한 학자들이 "21세기 구세군의 전망"을 발표하였다.

첫째, 풀러신학교의 톰 사인(Tom Sine) 교수는 말하기를 "오늘날 복음주의적 오순절 그룹 속의 성장시대는 지나갔다"고 보고, 21세기에는 30세 미만의 "젊은 사람이 성장의 열쇠"라고 바라보면서, 구세군은 청소년들을 위한 "새로운 스타일의 구조조직"이 필요하다고 전망하였다.

둘째, 엘.에이 타임즈(LA Times) 편집자이며 「미국종교의 미래」의 저자인 러셀 챈들러(Russell Chandler) 박사는 말하기를 구세군은 "기술 정보 시대의 교량의 역할"을 해야 한다고 전제하면서, 21세기는 사이버 겟토스(Syberghettos)의 시대가 도래할 것이기 때문에 기계와 컴퓨터와 관련된 훈련이 시급히 요구되며, 컴퓨터로 인한 "겟토스"(ghettos) 즉 사이버 특정사회집단의 고립거주지역이 생기므로 "구세군이 이들의 영적 파괴를 예수 그리스도를 통하여 구원시켜야 한다"고 전망하였다.

셋째, 남인도교회의 주교이며 스코틀랜드교회 선교사인 레슬리 뉴비긴 주교(Bishop Lesslie Newbigin)는 말하기를 구세군은 "자본계급에 도전하여 자본가 계급을 감행하라"고 전제하면서, 구세군은 "예언자적 사역(Prophetic ministry)을 위해 부름 받았음을 확인하고, 다수 군중이 있는 잃어버린 영혼을 찾아가야 한다"고 전망하였다.

넷째, 풀러신학교의 교회성장교수인 피터 와그너(Peter Wagner) 교수는 말하기를 21세기는 "목회자의 리더십이 더욱 필요하다"고 전제하면서, 구세군은 "여성사역의 이슈가 타 교회에 앞서가는 등 여러 특징을 갖고 있으므로 구세군의 특성을 살려 타 교회의 타성에서 관례화(routinization)를 뛰어넘어야 한다"고 전망하였다.

이와 같은 21세기 구세군의 새로운 발전을 전망하면서 "구세군 정신과 리더십" 곧 구세군 정신에 입각한 구세군인의 리더십은 무엇인가? 를 생각하고자 한다.

여기서 "구세군 정신"은 "인류의 구원을 위하여 민중과 함께 하시고, 민중을 찾아가시고, 민중을 섬겨 봉사하시다가 마침내 자신을 속죄물로 주신 예수 그리스도의 삶과 희생을 닮는 것"으로서, 이 정신은 구세군 창립자들의 생애와 사상 속에 나타난 정신이다. 「구세군사관의 군령군율」(1999)에 의하면 "구세군 정신은 구세군의 존재 목적인 인간의 구원을 위해 기꺼이 자신을 헌신하는 것이며 구세군 정신의 원천은 성령의 능력을 구하는 모든 사람들에게 사랑과 능력의 은사를 풍성히 주시는 성령이시다"라고 말하고 있다.

리더십(Leadership)이란 말은 원래 리더(Leader, 인도자)와 십(ship, 배)의 합성어로서 그 의미는 "배를 이끌고 목적지에 도달하게 하는 능력"이다. 항해할 때 역경과 순탄의 희비애환이 있어도 목표에 눈을 떼지 않고 계속 달려가야 하는 것이 바로 리더십이다. 미공군사관학교의 리더십 강사인 리처드 휴즈는 말하기를 "리더십이란 한 조직체에 끼치는 영향력으로서, 그 단체로 하여금 하나의 목표에 도달하게 하는 과정이다. 이것은 그 조직체의 모든 구성원들이 공유하는 것으로서, 어떤 특정한 위치에 있는 한 사람만의 독점물이 아니다. 따르는 이(Follower)들도 분명히 리더십의 중요한 일부분이다"라고 하였다. 한스 핀젤(Hans Finzel)박사는 "리더십은 영향력"이라고 하였다. 이 영향력은 위력이 있는 것이기에 엄청난 책임이 뒤따른다.

이런 의미에서 구세군 정신의 리더십은 구세군 정신의 원천인 성령의 능력을 구하는 모든 사람들에게 사랑과 능력의 은사를 풍성히 주시는 성령을 힘입어 예수 그리스도의 정신을 갖고 인간구원에 대한 최선의 방법을 위해 다른 사람이 무엇인가를 하도록 영향을 끼칠 수 있는 능력이 바로 구세군 정신의 리더십이라고 할 수 있다.

오늘 우리의 관심은 구세군 정신과 전통에서 배우는 구세군 정신의 리더십의 원리는 무엇인가? 그리고 어떻게 구세군 정신의 리더십이 구세군 발전을 위해 기여하는데 충분한 역할을 할 수 있는가? 하는 것이다. 우리는 구세군의 기본 원리와 실천과 열정을 배움으로 구세군정신에 입각한 리더십을 찾게 될 것이다. 이것은 특히 윌리엄 부스와 초대 구세군운동에서 그 모범을 발견하게 될 것이다. 그렇다고 21세기를 맞은 우리 시대의 리더십의 모델로 윌리엄 부스나 다른 어떤 지도자를 드러내려고 하는 것은 아니다. 다만 윌리엄 부스는 모든 면에서 효과적인 지도자였고, 그는 구세군의 창립자인 동시에 구세군 단체의 초석으로서 다만 개인적인 모본을 통해서 리더십의 지혜를 공급받고자 하는 것이다.

구세군 정신의 리더십 원리

구세군 정신의 리더십 원리는 민중과 함께 시작한다.

윌리엄 부스의 관심은 처음부터 민중(People)이었다. 그러기에 그는 항상 민중이 필요로 하는 것을 위해 사역하였다. 무엇보다도 창립자 부스의 위대한 역사는 하나님의 자녀와 민중을 위해 전적인 관심을 쏟았고 거기에서 결정하고 행동하는 리더십의 출발점이 되었다. 윌리엄 부스는 그의 저서 「최 암흑의 영국과 그 출로」의 부록에서 구세군을 이렇게 정의하였다.

> "구세군은 무엇인가? 그것은 전 세계에 있는 거대한 수의 민중 (the people)의 영적 상태에 대하여 급격한 혁신을 일으키기 위하여 존재하는 한 조직체이다. 그 목표는 거대한 주민의 의견, 감정, 사상 등에 큰 변화를 일으키기 위한 것뿐만 아니라 그들의 생애의 진로를 변경하고, 여러 가지 악습과 쾌락을 추구하고 있는 그들의 시간을 변경하여 그 시대에 봉사하게 하고, 하나님께 예배하도록 하는 것이다. 구세군은 이들 민중의 압도적 다수가 예수 그리스도를 예배하고 또한 어떤 방법으로든지 그들을 예수의 권위에 순복하게 한다."

이런 의미에서 구세군은 예수님께서 하신 것처럼 처음부터 민중과 함께 시작하였고, 민중과 함께 그리고 민중을 위해서, 민중들 속에서 그들을 영적 혁신을 통해서 변화시키는 것을 리더십의 기본 원리로 출발하였다.

구세군 정신의 리더십 원리는 민중을 찾아간다.

　구세군 정신의 리더십은 민중이 곧 사역 현장이기 때문에 민중을 찾아 간다. 윌리엄 부스는 "최 악한 영혼을 찾아가라"고 하였다. 그가 즐겨 사용한 용어는 민중(The People)이었다. 그래서 그는 "예배당"(a chapel) 이란 말을 사용하지 않고 예배처소로 "민중의 상가"(the people's market), "민중의 선교회관"(the people's mission hall)이라고 했으며, 빈민을 위한 숙박소도 "민중의 궁전"(the people's palace)이라고 하였다.

　윌리엄 부스가 그의 저서 「최 암흑의 영국과 그 출로」에서 지적한 민중이란 개념을 대별해 보면 무숙자, 공장실업자, 타락자, 악덕자, 범죄자, 고아 등을 비롯하여 구체적으로 구빈원에 도움을 받는 자, 가옥이 없는 자, 굶주리는 자, 실업자, 알콜 중독자, 교도소에 수감된 죄수, 전과자, 윤락 여성, 빈민층에 거하는 자, 저임금 노동자 등 도움을 필요로 하는 모든 자들을 민중으로 보았다. 이들은 모두가 권력자로부터, 가진 자로부터, 그리고 교회로부터 소외된 자들이었다. 그럼에도 불구하고 그들은 먹기 위해 생존하는 무리들이 아니라 생존하기 위하여 노동하는 선한 무리였다. 그들이 바로 미래의 영국과 교회를 세워 나가는 위대한 주역들이었다. 구세군은 바로 그 민중을 찾아 구원하기 위해서 생겨난 기독교 교회이다.

　윌리엄 부스는 당시 영국이 최 암흑의 상태에 놓이게 된 원인을 3가지로 말하였다. 첫째는 굶주림과 가정상실이 큰 비중을 차지하고 있다고 보았다. 둘째는 사람들이 사회의 악덕한 삶에 물들어 있었다고 보았다. 셋째는 가난한 민중들의 집단속에는 깊이 병든 범죄 집단이 있었고 그들은 그 속에서 생존을 영위해 가고 있었다고 보았다. 그는 이 세 가지 유형의 상황에 처해있는 선량한 민중을 구원해야 된다는 선교의 사명을 강조하게 되었다. 그에게 있어서 민중은 정직하며 가난한 자들이었다. 그러나 그는 이같은 선량한 민중이 잘못된 사회의 구조와 인간의 내면에 지닌 죄악으로 인하여 죽어가고 있다고 보았다. 그들은 예수 그리스도의 복음으로 구원받아야 했다. 그러므로 윌리엄 부스는 이러한 민중 개념의 정립으로 하나님이 역사하는 기점을 마련하여 교회주의를 극복하고 민중을 찾아 그들과 함께 하는 민중 선교에 초점을 맞추었던 것이다. 이것을 부장 산실군평(山室軍平)은 「평민의 복음」(People's Gospel)이라고 하였다. 그러기에 구세군은 예수님께서 하셨던 것처럼 민중을 찾아 인간을 구원시키는 복음전도의 리더십을 기본 원리로 삼고 있다.

구세군 정신의 리더십 원리는 봉사에 초점을 맞춘다.

구세군정신의 리더십은 민중의 필요와 함께 시작하고, 그들을 위해 그리스도의 이름으로 사역하는 봉사를 통해서 그들이 필요로 하는 것을 함께 나누며 돌보는데 초점을 맞춘다. 거기에는 특별히 가난한 자들을 기억한다. 이것은 민중의 개인적이고, 영적이며, 물질적인 필요 여건들을 포함한다. 그리하여 구세군은 세상 한복판에서 소외와 억압과 눌림과 차별과 가난 등으로 인해 지쳐있는 상한 영혼을 치유하고 먹이고 돌보기 위해 민중 사이에 계신 "행동하시는 하나님"을 발견하고 거기에서 민중과 함께 하나님을 섬기며 인간을 봉사하는 참다운 복음전도 단체로서 사역한다.

하비 콕스가 「세속도시」에서 지적한 것처럼 오늘날 봉사란 말이 너무나 값싼 말로 전락했기 때문에 별로 의미를 가지지 못하게 되었지만 사실 봉사란 말 헬라어 "디아코니아"(diakonia)는 병을 고치거나 화해하는 일, 상처를 꿰매고 갈라진 것에 다리를 놓고, 유기체에 건강을 회복하게 하는 것을 의미한다. 개인의 이념이나 인종과 계층 차별의 장벽을 뛰어넘어 봉사한 선한 사마리아인의 이야기(눅 10:30~37)가 가장 적절한 "디아코니아"이다.

여기서 윌리엄 부스의 봉사 정신을 살펴보면, 그는 우리에게 큰 경각심을 불러일으키고 있다. 그는 말하기를 "봉사는 사랑의 행동이고, 영적 삶의 유일한 표현 방법이며 인간의 고통을 책임지려는 욕망을 행동으로 나타내도록 하는 것"이라고 전제하면서, "사회봉사는 사람들로 하여금 불행에 허덕이게 하거나 구원을 방해하는 일시적인 마귀의 역사나 윤리를 경감시키거나 제거하기 위해서 구세군이 꼭 해야 할 기능"이라고 정의 내렸다. 윌리엄 부스는 그러한 마귀들을 "극심한 빈곤, 질병, 욕정, 범죄, 전쟁, 절망, 무신론"등이라고 열거하였다(사회봉사신학, p.180).

마태복음 25:31~46절에 보면 예수님은 섬기는 종의 역할에 대한 말씀을 하시면서, 특히 봉사에 대한 질문을 하셨다.

"너는 주린 자를 먹였는가? 목마른 자에게 물을 주었는가? 나그네를 영접하였는가? 헐벗은 자에게 옷을 주었는가? 병든 자를 만나 보았는가? 옥에 갇힌 자를 만나 보았는가?"

여기서 중요한 관점은 예수님은 가난한 백성, 병든 백성, 종교적으로도 곤란한 백성, 이방인, 죄인, 소외된 여인, 인종차별, 세리 등에까지 관심을 두었다. 그리하여 예수님은 이사야 선지자의 글을 인용하여 자신의 사명을 분명히 밝혔다.

> "주의 성령이 내게 임하셨으니 이는 가난한 자에게 복음을 전하게 하시려고 내게 기름을 부으시고 나를 보내사 포로 된 자에게 자유를, 눈먼 자에게 다시 보게 함을 전파하며 눌린 자를 자유롭게 하고 주의 은혜의 해를 전파하게 하려 하심이라 하였더라"(눅 4:18~19, 사 61:1-3).

이와 같은 예수님의 섬김의 사역으로부터 구세군은 사회봉사를 위한 영적인 리더십의 원리를 발견하게 된다. 우리는 섬김의 정신을 갖고 "모든 백성에게 하나님의 사랑을 전파하기 위해 하나님이 나를 선택하여 보낸다"는 의식을 가져야 한다. 이것은 민중만을 위한 편애가 아니다. 성서에서 예수님이 백 마리 양 중에서 잃은 양 한 마리를 보시는 이유에서처럼(눅 15:2~7) 구세군 정신의 리더십은 "선한 목자"의 의식을 갖고 99마리의 양을 생각하며 잃은 한 마리 양을 위해 찾아 가야 한다.

성서에서 민중(오클로스)은 목자 없는 양(막 6:34), 지도자 없는 군중, 동시에 지도층에게 소외된 가난한 계층이었다. 그러나 그들은 실제로 예수님을 따른 자들이었으며, 그들은 구체적으로 죄인(범죄자), 세리, 병자들이었다. 그들이 당시 사회에서 소외당하게 된 것은 죄인은 유대교 전통에서 구체적으로 율법의 의무를 수행하지 못하는 자에게 대한 총칭이었다. 세리는 민족감정에서 소외된 자들로서 자주 이방인과 동일하게 지칭 되었다(마 5:46~48). 병자가 사회적으로 소외된 것은 일반적으로 가난 때문이기는 하지만 실제로 병은 정결법에 저촉됨으로 종교적으로 소외된 것이었다. 그리하여 이들의 불행은 처음부터 유대인의 종교적인 규범에 의해서 죄 값이라는 관념 때문에 그들을 공동체에서 배제하는 행위가 정당화 되었다.

바울 사도에게 있어서 민중은 정치적 권력에 있어서나, 경제적으로나, 문화적으로 밑바닥 사람들이었다. 바울은 이들을 문화적으로 어리석은 자들이라고 하였고, 정치적으로 약한 자라고 하였으며, 신분적으로 멸시 받는 자라고 하였으며, 그들을 통칭하여 존재 없는 자라고 하였다(고전 1:26~29). 이들 민중은 정치, 경제, 문화적으로 소외된 자들이었고, 무명의 계층들이었다.

구약에서 민중은 "암 하아레츠"라고 해서 땅의 백성, 일반백성, 평민, 서민층의 사람들을 의미하고 있다. 이들은 예수님 시대에는 가난하고 힘없는 계층을 의미하였다. 이러한 민중은 새로운 세계를 기대하기 마련이고, "지금 그리고 여기"에서 고통 중에 있는 고난의 현장을 넘어서려는 의지가 싹트기 때문에 메시야 대망을 하게 된 것이다. 이에 예수님은 하나님 나라와 그 의를 위해 민중과 더불어 살아가야 했고 그들을 섬겨 봉사하면서 그들을 구원하기 위하여 십자가에 돌아가시게 되었다. 성서의 민중은 바로 오늘의 우리들이다.

이와 같은 성서적 배경 속에서 창립자 윌리엄 부스는 당시 정치적으로 억압받고 경제적으로 착취당하고 사회적으로 소외당하고 문화적으로 멸시 당하고 무시당하는 사람들을 바라보면서 가난하고 소외 당한 약한 자의 인권과 생활권을 회복시키는 길을 성서에서 찾았다(사 58:6~12). 이러한 성서적 민중에 대하여 윌리엄 부스는 오늘이라는 현실 상황 속에서 재해석하였고, 그 민중은 역사의 주최자로써 존중시해야 하는 하나님의 백성으로 간주하게 되었다.

문제는 오늘에 있어서 구세군 정신의 리더십이 낮은 곳에 처해있는 민중을 어떻게 관심 두고 책임 화시킬 것이냐 하는 것이다. 결코 다른 교회의 교리나 예전이 우리의 특색 있는 사역을 책임지지 못 한다. 우리에게는 구세군 사역의 발전을 위해 구세군 리더십에 변환을 일으켜 대형화 시대에 걸맞는 부한 사람들을 전도관심의 대상으로 삼을 수 있겠으나, 무엇보다도 중요한 것은 우리는 구세군 본연의 정체성과 역사적인 전통의 특수성에서 볼 때 민중을 구원해 내어야 할 강력한 구세군 정신에 입각한 리더십을 필요로 한다. 이것이 곧 인간을 구원하기 위해 세상에 오셔서 십자가에 돌아가신 예수 그리스도의 마음과 삶이 닮은(빌 2:5~8) 구세군 정신의 리더십이다.

로베트 H. 윔스(Lovett H. Weems) 교수는 「웨슬리안 정신 안에 있는 리더십」에서 구세군 창립자 윌리엄 부스와 캐서린 부스를 들어 웨슬리안 정신의 리더십에 대하여 다음과 같이 말하였다.

"윌리엄 부스는 그의 부인 캐서린 부스와 함께 가난한 자들의 필요를 만나기 위해 당시 교회의 태만과 실패를 안타깝게 여기고 찾아 나선 상징적인 인물이었다. 이것이 오늘날 우리를 위한 하나님의 부르심이다. 웨슬리신학과 역사유산에 있어서, 만일 복음전도와 사회봉사와 신학적 자세가 이데올로기적 쟁점이 된다면 그것은 오직 가난한자들에 대한 것이다. 이것들은 성서적이고 역사적이며 웨슬리안의 전망이다. 진실로 웨슬리안 전통에 있었던 두 목사(윌리엄 부스와 그의 부인 캐서린 부스)가 다른 신학의 길로 떠나갔으나 그것은 다른 여행을 나타내는 것이고, 다른 임무를 위해 떠난 것이다. 진실로 이들 두 목사는 웨슬리안 신학사상과 사회봉사 사상에 있어서 양극의 조화를 하나로 만든 전형적인 표본이다. 만일 그들이 동일한 지역사회에서 봉사하고 있다고 하더라도 그들은 정상적으로 서로 만났을 것이다. 만일 그들이 서로 다르게 한 사람은 신학을 위해 도서실에 있고 한 사람은 성직자로 교회에 있었다면 그들은 서로 만날 수 없었을 것이다. 그러나 웨슬리안 전통에 따른 이들 두 목사는 정상적으로 서로 지역사회의 가난한 자들 중에 최 가난한 자들 사이에서 복음 전파를 추진해 나갔다. 이것이 바로 웨슬리안 정신의 리더십이다."

구세군 창립자들(구세군 창립자는 윌리엄 부스와 캐서린 부스이다.)의 리더십 원리는 복음전도와 사회봉사의 이중적 리더십을 갖고 사회악과 죄에 찌든 민중과 함께하면서 그들을 영적인 "작은 혁명"으로 변화시키고, 민중을 찾아가서 복음을 전파하고, 그들을 돌보며 섬기는 일에 최선을 다하므로 인간 구원을 위해 기꺼이 자신을 헌신하였다. 그리하여 로버트 왓슨 부장은 그의 저서 「구세군 리더십의 비밀」에서 구세군 리더십의 비밀은 "봉사신학"이라고 전제하면서 "봉사신학의 근거는 두 가지 곧 전도와 사회봉사"라고 하였다. 그리고 "실제에 있어서 이 두 가지 사명은 두 가지 측면으로 분리되어있지 않고 구세군 전체의 통합적 사역인 동시에 성서에 기초를 두고 있다(마 28:19~20, 25:40)"고 하였다. 이처럼 구세군 창립자들의 구령사역과 사회사역이 통합된 리더십의 임무 수행은 오늘날의 정보화 시대에도 여전히 남다른 특징을 보여주고 있는 리더십이다.

구세군 정신의 리더십 실천

구세군 정신의 리더십은 복합적 리더십을 실천한다.

 구세군 정신의 리더십이 복합적 리더십을 실천하는 것은 구세군 사역의 특징은 인간의 구원이란 한 가지 총체적인 목적을 위해 복음 전도와 사회봉사의 통합적 선교사역을 지향하고 있기 때문이다. 이것은 구세군 특유의 강점이다. 그러기에 구세군 정신의 리더십은 개인의 독점물이 아니라 팀 사역(Team Ministry)으로서 협력하므로 최선의 목적을 이루어 나가야 한다.

 때로 리더십은 "지배자"로서 감독하고 모든 것을 규정하고 속박하므로 개인의 "힘"(권력)을 과시하는 것으로 오인되기 쉽다. 그러나 구세군 정신의 리더십은 개인적인 권세를 치부하는 지배자로서가 아니라 다만 하나의 "지도자"로서 "구세군 단체의 조직, 방침, 정책 등을 결정하고, 구세군의 본래의 목적을 향하여 통솔하며 인도하는 일"을 하는 것이다. 그러기에 구세군 정신의 리더십은 개인이 홀로 서서 명령하는 것이 아니라 오히려 참여자(Followers)인 구세군인과 함께 참여해서 하나님의 사역을 가르치고 이끌어 나간다.

 신약성서에서는 많은 사람들의 역할과 지위가 개인 독점적인 소유물로 되지 않았다. 오히려 리더십의 책임은 개인의 전유물로 된 자산이 아니라 항상 전체 신앙공동체와 더불어 공유하였다. 여러 시대가 바뀌고 환경이 변화되어도 성서적 리더십의 지위는 보다 큰 공동체로부터 성실하게 유지 발전되었다.

 성서에서는 어떤 직책이나 지위를 말할 때 신앙공동체 운영을 위한 권위가 주어졌고, 거기에는 신앙공동체 유지를 위해 반드시 책임 이행이 수반되었다. 이러한 신앙공동체는 특별하게 책임을 위한 신실한 청지기직(stewardship)이 요청되었다(마 25:14~30). 그것은 주님 안에서, 그리고 주님을 위해서 자신을 순종시키고 복종시키는 헌신의 지위이다. 그러기 때문에 신앙공동체인 영문에서의 리더십의 권위는 결코 청지기직 리더십의 책임성과 효율성으로부터 분리될 수 없다.

이사야 6:1~13절에서 하나님께서 이사야를 선지자로 부르실 때의 성전 체험을 보면 "나는"이라고 하는 매우 개인적인 언급이 자주 나온다. "그 때에 내가 말하되 화로다 나여 망하게 되었도다. 나는 입술이 부정한 사람이요 나는 입술이 부정한 백성 중에 거주하면서 만군의 여호와이신 왕을 뵈었음이로다 하였더라"(사 6:5). 거기에는 확실히 영적인 사건 안에서 능력 있는 개인의 확신과 고백과 용서가 나온다. 그러나 곧이어 이사야는 하나님의 성결에 직면하게 된다. 그 때에 스랍중의 하나가 부젓가락으로 제단에서 집은 핀 숯을 손에 가지고 이사야에게로 와서 그것을 입술에 대며 말하였다. "보라 이것이 네 입에 닿았으니 네 악이 제하여졌고 네 죄가 사하여졌느니라"(사 6:6~7). 거기에서 그는 백성을 봉사하기 위해 자신을 부르시는 하나님의 음성을 들었다. 물론 이것은 리더십을 위한 하나님의 개인적 부르심이었다. 그러나 이사야가 응답한 리더십은 개인적인 리더십과는 거리가 멀었다. 그 부르심은 지역사회 공동체를 위해 나아가기 위한 하나님의 부르심이었다. 그것은 하나님의 말씀을 깨닫지 못하는 백성, 성읍 주민을 위한 부르심이었던 것이다. 그리하여 하나님은 이사야에게 강조하는 질문을 한다. "내가 누구를 보내며 누가 우리를 위하여 갈꼬"(사 6:8). 이사야는 대답한다. "내가 여기 있나이다. 나를 보내소서." 이때부터 이사야는 선지자적 부르심을 받고 성결된 영적 리더십으로서 백성을 향하여 담대히 외칠 수 있었다.

생각건대 복합적 리더십은 민중을 향한 역동적인 리더십이며, 그것은 오늘날 다른 방법으로 다른 시대, 다른 백성에게도 나타난다.

구세군 창립을 볼 때 민중을 향한 복합적 리더십의 기능은 하나님의 사랑의 운동으로서 사회적 필요를 돕는데 나타났다. 물론 구세군의 초기 전통에서 보면 복합적 리더십은 완전한 것이 아니었고, 일관성 있는 것도 아니었다. 윌리엄 부스는 처음 기독교선교회(Christian Mission) 시대에는 총회장(the General Superintendent)으로 알려졌다. 그러나 1878년에 군대식 명칭으로 변경되어 정식「구세군」으로 공식화 되면서 그의 칭호는 대장(General)으로 바뀌었고, 이때로부터 남여 계급이 주어졌으며 권위 있는 직위가 임명되었다.

구세군의 복합적 리더십의 특징은 두 가지를 들 수 있다. 먼저, 구세군의 남여평신도는 강단에서 설교자로 설 수 있다. 이 사실은 영문정교의 정의에서도 잘 나타나고 있다. "정교는 영문의 공적 업무를 위해 하사관을 대표하는 자로서, 영문의 집회들을 위해 영문 담임사관을 조력하는 자이고, 통례적으로 남여영문담임사관 부재 시에 영문담임사관의 임무를 대행하는 자이다"(국제본영 2002년 연감).「구세군 병사군령군율」("그리스도의 좋은 군사", p.95)에 의하면 병사는 "간증과 설교"를 위해 영적으로 잘 준비하도록 되어있다.

여기서 평신도 리더십의 개념은 임관된 사관의 방법으로가 아니라 영문 안에서 적용되는 복합적 리더십의 방법을 말한다. 구세군의 복합적 리더십의 형태는 평신도 설교자들에 의하여 나타난다. 특히 캐서린 부스는 그의 저서 「여성 사역」(Female Ministry)에서 여성들의 권위와 여성들의 지위에 대하여 강력히 말하기를 "여성의 권리는 복음을 설교할 수 있다." 즉 여성은 설교할 수 있는 권리가 있다고 천명하였다. 구세군 정신의 리더십은 하나님의 말씀을 "때를 얻든지 못 얻든지"(딤후 4:2) 영혼 구원을 위해 뜨겁게 외쳐야 하는 영적 리더십을 발휘하여야 한다.

다음, 구세군인 모두가 리더십을 갖고 있다.
란 베이미(Ron Boehme)는 말하기를 "리더십은 하나님께서 짜임새 및 능력의 일부로서 소수의 사람들에게 발휘하라고 주신 하나의 선물이다"라고 전제하면서 "이미 그 사람을 하나님께서 권위와 리더십을 발휘할 수 있도록 설계하신 것이다"라고 하였다. 그러나 리더십은 선택된 소수에게 태어나는 것이 아니라 모든 구세군 병사들에게 강한 훈련을 통하여 만들어지는 것이다. 그러기에 마이클 유셉(Michael Youssef)은 말하기를 "리더십은 새롭게 만들어지는 존재"라고 하면서, "예수님께 훈련 받은 제자들은 모두 지도자가 되었다"고 하였다.

구세군의 복합적 리더십의 중심은 우리 모두가 지도자들이고 사역자들이란 것이다. 그러므로 구세군인들은 모두가 하나님의 사역을 하고 그 사역은 선택된 개인에게 주어진 것이 아니라 하나님의 전 백성 "누구나"에게든지 함께 사역할 수 있는 리더십에 속한 것이다. 그것은 영문에만 국한된 것이 아니라 지역사회사역과 사회봉사사역에까지 이어진다. 이러한 특징을 잘 나타내고 있는 것이 「구세군 국제 선교선언문」(International Mission Statement)이다.

"구세군은 국제적으로 활동하는 보편적인 기독교교회에 속한 복음주의 교단이다. 그 메시지는 성서에 기반을 두고 있다. 구세군의 사역은 하나님을 향한 사랑에서 시작한다. 구세군의 사명은 예수 그리스도의 복음을 전파하며 그분의 이름으로 차별 대우 없이 인간의 필요를 충족시키는데 있다."

그러기에 구세군인들은 구세군에 속한 일원으로서 성서 메시지를 충분히 교육받고 가르치며, 구세군 봉사사역을 위해 하나님의 사랑으로서 사회봉사에 힘쓰며, 무엇보다도 선교적 사명을 갖고 예수 그리스도를 전하는데 최선을 다하며, 인종, 계층, 성별 등의 차별 없이 백성이 필요로 하는 것들을 위해 그 백성을 찾아 만나야 한다. 이것이 구세군 정신의 복합적 리더십 실천의 특징이다.

구세군 정신의 리더십은 섬기는 리더십을 실천한다.

구세군 정신의 리더십은 섬기는 리더십(Servant Leadership)을 실행 하여야 한다. 구세군에서 리더십은 섬긴다는 뜻이며, 섬긴다는 것은 리더십을 뜻한다. 섬기는 리더십은 종(Servant)의 리더십으로서 절대적인 진리와 정직성에 기초하고 있다. 란 베이미에 의하면 "지도자가 된다는 것은 다른 사람들의 종이 된다는 것을 뜻한다. 종의 리더십은 예수 그리스도의 자비와 변화의 능력에 자기의 삶을 내 맡기는 것"을 말한다. 따라서 제대로 된 리더십의 본질은 다름 아닌 섬기는 자로서의 동기 바로 그것이다. 그러기에 리더십은 종의 도 또는 노예와 같은 섬김의 도를 통하여 구축될 수 있는 것이다. 사도 바울은 다음과 같이 권하고 있다. "내가 모든 사람에게서 자유로우나 스스로 모든 사람에게 종이 된 것은 더 많은 사람을 얻고자 함이라"(고전 9:19).

"섬긴다" 또는 "섬기는 자"라는 단어는 성경에서 1,452회나 언급되고 있는데, 이것은 예수님의 태도였으며 그분의 리더십에 대한 가장 분명한 그림이었다. 리더십은 주인이 되는 것이 아니고 섬기는 것이며, 부리는 자가 아니라 충실한 종이 되는 것이다(Leadership is a Servantship, 막 10:42~45). 예수님이 강조하신 것은 지배자로서의 권위가 아니고 섬기는 자로서의 겸손이었으며, 지도자에게 필요한 것은 권세보다는 사랑이, 명령보다는 모범이, 억압보다는 타당성 있는 설득의 힘이었다.

우리 시대의 희망적인 징조 중의 하나는 구세군의 모든 지도자들은 남자나 여자나 반드시 성결한 인격과 성서적 진리를 겸비한 자라야 한다는 확신이 점차 확대되고 있다. 이 "섬기는 리더십"은 사랑의 동기로부터 시작된다. 사랑에 기초한 리더십은 개개인에 있어서나 전체의 영역에 있어서나를 막론하고 자기의 규칙을 백성에게 강요하지 않고 백성의 마음과 정신에 호소한다. 그렇게 해 가는 중에 백성들의 사랑과 존경을 받는다.

마태복음 20:25~28절에 보면 예수님은 섬기는 리더십에 대하여 이방인의 "집권자"와 그리스도인의 "제자들"을 대비하여 말씀하셨다. 이방인의 집권자들은 지배자, 통치자가 되어 이방인을 임의로 주관하고 스스로 주인노릇을 하므로 지배하고 정복하며 권세를 부리는데 세도를 부리며 압제하며 독재를 행한다고 경고하였다. 그러나 제자들에게 권면하시기를 "너희 중에 큰 자(지도자)는 너희를 섬기는 자가 되어야 하리라 누구든지 자기를 높이는 자는 낮아지고 누구든지 자기를 낮추는 자는 높아지리라"라고 말씀하셨다(마 23:11-12). 예수님은 자신이 세상에 온 것은 섬김을 받으려함이 아니라, 즉 지배자로서 살기 위해서 온 것이 아니라 섬기려하고 자기 목숨을 많은 사람의 대속물로 주기 위하여, 즉 십자가에 죽기 위하여 오셨다는 사실을 분명히 하셨다(마 20:28).

우리는 구세군국제본영에서 가르치는 '리더십 과정'인 「섬기는 리더십」(Servant Leadership)의 성서적 전거에서 보면 누가복음 22:24~27절은 섬기는 리더십에 관한 예수님의 핵심 교훈 중의 하나이다. 이 말씀은 "섬기는 자"가 되는 것에 관하여 가르치고 있는 중요한 의미가 무엇인지 우리에게 분명히 하고 있다. 그것은 섬기는 리더십은 이방인의 집권자와 같이 지배자로 군림하는 것이 아니라 백성을 섬기는 자가 되어야 할 것을 천명하고 있다. 주님은 말씀하기를 "나는 섬기는 자로 너희 중에 있노라" 고 하시므로 자신이 섬기는 자의 모범이 됨을 시사 하셨다.

구세군의 섬기는 리더십의 실행은 요한복음 13:1~17절에 있는 예수님이 제자들의 발을 씻기시는 장면에서 구체화시키고 있다. 이 말씀은 "섬기는 리더십"에 대한 기독교 리더십 이론에 가장 큰 영향을 미쳤다.

제자들은 3년 동안 예수님과 함께 있었다. 그들은 수차례 예수님으로부터 섬기는 리더십에 관한 가르침을 들었다. 그러나 제자들은 그 누구도 발을 씻는 일에 자발적으로 나서지 않았다. 그것은 다만 예수님의 행위에 불복하기 때문이 아니라 어쩌면 예수님의 섬김의 도를 깨닫지 못하기 때문이었다. 실제로 제자들은 예수님이 말씀하신 것과 같이 "종이 주인보다 크지 못하고 보냄을 받은 자가 보낸 자 보다 크지 못하다"(요 13:16). 또한 "너희 중에 큰 자는 너희를 섬기는 자가 되어야 하리라"(마 23:11)는 사실을 깨닫지 못하고 자신들의 종의 위치를 망각하고 있었다. 오히려 제자들은 생각지도 않는 예수님의 왕권에 부합하려는 높은 지위에만 탐욕하고 있었다. 그러나 예수님은 제자들의 발을 씻기신 후에 제자들에게 말씀하셨다. "내가 너희에게 행한 것 같이 너희도 행하게 하려 하여 본을 보였노라. 너희가 이것을 알고 행하면 복이 있으리라"(요 13:15, 17). 그리하여 대야에 물을 떠놓고 수건을 두르시고 제자들의 발을 씻겨주신 예수님의 모습은 리더십의 최고 롤 모델이시다.

여기서 섬기는 리더십의 핵심은 헨리 블랙커비에 의하면 "자기 사람들을 향한 '리더'의 사랑에서 오고(요 13:1), 자신을 아는 것이고, 예수님처럼 섬김의 대상을 아는 것이다." 우리는 예수님의 섬기는 리더십을 배워 자신을 낮추는 훈련을 해야 한다. 내가 낮아질 때 하나님은 나를 높여주신다. "주 앞에서 낮추라 그리하면 주께서 너희를 높이시리라"(약 4:10).

구세군은 준군대식 조직체와 계급이 있는 단체이기는 하지만, 하이어라키적 리더십(Hierarchic leadership)이나 카리스마적 리더십(Charismatic leadership)이 아니라 보다 구세군인들에게 효과적인 구세군 정신의 리더십을 위해 주님께서 본을 보여 실천하신 섬기는 리더십(Servant Leadership)을 실행해야한다.

성서에 의하면 섬기는 리더십의 특성은 여러 가지 자세로 나타내고 있다. 그것은 겸손한 자세이다(빌 2:3~4). 주인의 권세 아래 자신의 신분을 둔다(마 10:24). 믿음성이 있다(골 4:7). 자신의 일에 열심을 다한다(고후 9:2). 충실성이 있다(시 101:5~6). 한 팀의 구성원으로 일하기를 좋아 한다. 타인의 잠재 능력을 계발하는데 초점을 맞춘다. 지위 또는 신분에 신경을 곤두세우지 않는다.

구세군 정신의 리더십은 영적이고 행정적인 리더십을 실천한다.

구세군 정신의 리더십은 영적이고 행정적인 리더십을 실천하여야한다. 구세군은 "보편적 교회의 일원"으로서 조직화된 "신앙공동체"이다. 신앙공동체는 반드시 두 가지 요소로 유지 발전되어야 한다. 그것은 영적인 면과 행정적인 면이다. 전자는 군우들의 영적인 복지를 위한 것이고, 후자는 그들을 섬겨 봉사하기 위한 것이다. 그러기에 구세군인은 영적이고 행정적인 리더십을 겸비하여야 한다.

먼저, 구세군사관은 군우들을 위해 영적인 책임을 갖고 있다.

「구세군사관 군령군율」에는 "영문담임사관 뿐만 아니라 다른 시설에서 일하는 사관들도 그들의 영향력 아래에 있는 사람들의 도덕적, 영적인 발전을 위해 지도력을 제공해야 하는 동일한 책임을 갖는다. 지도하는 사관들은 함께 일하는 사람들의 영적인 복지를 위한 특별한 책임을 갖는다"고 규정하고 있다. 영적인 복지는 성령에 의하여 이루어진다.

교회 리더십의 교수인 로베트 H. 웝스는 말하기를 "교회의 리더십의 위기는 적어도 우리의 지도자들 중에, 그보다도 지도자인 우리 자신들 중에 성령의 능력이 없는 위기에서 온다"고 하였다. 그리고 그는 리더십과 영성에 대한 필연의 관계에 대하여 말하기를 "리더십과 영성(Spirituality)은 필연적으로 연결되어있다. 리더십은 오직 우리가 강력하고 추진력 있는 하나님의 미래에 대한 비전을 발견할 수 있는 만큼 가능하다. 아무도 비전이 없이는 지도자가 될 수 없다. 그러한 비전은 오직 하나님께 대한 친밀성과 신자들의 신앙공동체에 대한 친밀성에서 온다"고 하였다.

사관은 영적인 지도자로서 영성생활을 해야 한다. 영성생활의 목적 또는 목표는 자신의 성화(sanctification)이다. 성화는 모든 그리스도인이 성서의 가르침에 따라 자신의 영성생활의 완성을 위해 노력해야하는 것을 뜻한다. 영성생활은 결국 예수 그리스도를 본받는 삶이다. 나아가서는 그리스도 안에 사는 것을 말한다(갈 2:10). 그러므로 사관의 리더십은 사관의 인격성장의 토대 위에 이루어져야하는 것이고, 그러기 때문에 사관의 영적 리더십은 외면적인 수행보다는 내면적인 성격에 더 관계되고 있다. 그러나 사관의 영적 리더십은 일반적인 리더십과는 달리 자신의 인격의 힘으로서만 다른 사람에게 영향을 주는 것이 아니고 성령에 의해 능력을 받은 인격으로서 다른 사람에게 영향력을 주게 되는 리더십이다.

한편 구세군 사관은 영적 리더십과 함께 행정적 리더십을 갖추어야한다. 「구세군사관 군령군율」에는 모든 사관이 "행정능력"을 가져야함을 규정하고 있다. "모든 구세군의 임명은 상당한 양의 행정업무도 포함한다"고 전제 하면서 사관은 "행정능력에 있어서 청지기직에 입각하여 능률적이고 정직하며 성실함으로 신중하고도 신속한 처리를 하여야 한다"고 하였다. 뿐만 아니라 "행정업무를 능률적으로 수행하기 위해 사무행정연수교육을 위한 특별과정을 이수할 기회를 찾아야 한다"고 규정하였다. 지도자는 행정능력을 위한 연수과정을 받아야 할 것을 말하고 있다. 이것을 위해 현재 군국본영 또는 국제본영에서는 행정지도자 훈련을 위해 해외 군국 및 지역 군국연합 또는 국제사관대학(ICO, 런던)에서 "행정지도자 과정"을 교육하고 있다.

영어에서 행정이란 말 "Administration"의 어원은 라틴어 "Administrare"

와 헬라어 "디아코니아"(Diakonia)의 번역에서 왔는데, 그 뜻은 섬김 또는 봉사(to serve)이다. 이같이 행정은 섬김이나 봉사를 의미하고 있다. 따라서 행정가는 하나님을 섬기는 자, 사람들에게 봉사하는 자란 뜻에서, 사람들에게 하나님을 선포하고 신앙의 증진을 명하는 자이다(고전 12:5, 고후 8:19, 9:12).

행정의 역사는 초기에는 섬김과 봉사의 의미로 사용되었으나 시대가 바뀜에 따라 정치, 사회뿐만 아니라 종교에도 관료제도가 유입되어 섬김과 봉사의 행정보다 군림이나 권위의 행정이 나타나게 되었다. 그러나 구세군 행정에서만은 권위나 군림보다는 본연의 의미에서 섬김과 봉사의 자세로 행정이 이루어져야 한다.

위에서 살펴본 대로 구세군을 성장 발전시키기 위해서는 영적 리더십과 행정적 리더십을 겸비한 구세군 정신의 리더십을 수행함으로서 구원의 목적을 이룰 수 있다. 여기서 구세군사관의 리더십은 세 가지 필수 요소가 규정되어있다. 그것은 "구세군의 리더십은 하나님의 영감을 받고(God~inspired), 영향력이 강력하고(Strong), 타당성 있는(Relevant) 리더십을 필요로 한다"고 하였다(구세군사관군령군율. p. 88).

구세군 정신의 리더십은 세 가지를 배워야 한다

첫째, 하나님을 사랑하므로 사람을 사랑하는 법을 배워야 한다.

데이비드 호킹은 고린도전서 13장을 들어 말하기를 "하나님의 사랑이 없는 리더십은 비극이라"고 단언하였다. 리더십에 있어서 사랑이 없는 능숙한 언어는 아무것도 아니다. 사랑이 없는 지식은 교만하다. 사랑이 없는 믿음과 자선은 유익이 없다. 사랑이 없는 순교는 헛된 것이다.

리더십에 있어서 사랑은 인내이다. 온유이다. 투기하지 않는 것이다. 자랑하지 않는다. 교만하지 않는다. 무례히 행치 않는다. 자기의 유익을 구치 않는다. 성내지 않는다. 잘못을 용서해 준다. 진리를 기뻐하고 불의를 기뻐하지 않는다. 모든 사람을 보호해 준다. 모든 것을 믿는다. 낙천적이다. 괴로운 환경에서도 잘 견디어낸다(고전 13:1-13).

마태복음 22: 37~40절에서 예수님은 사랑에 대하여 말씀하셨다. "예수께서 이르시되 네 마음을 다하고 목숨을 다하고 뜻을 다하여 주 너의 하나님을 사랑하라 하셨으니 이것이 크고 첫째 되는 계명이요 둘째도 그와 같으니 네 이웃을 네 자신 같이 사랑하라 하셨으니 이 두 계명이 온 율법과 선지자의 강령이니라."

여기서 우리는 세 가지 사랑의 방법을 배울 수 있다.

1) 하나님을 사랑하는 법을 배워야 한다. 그것은 "네 마음을 다하고 목숨을 다하고 뜻을 다하여 주 너희 하나님을 사랑하라"는 명령이다.

2) 사람을 사랑하는 법을 배워야 한다. 그것은 "네 이웃을 네 자신같이 사랑하라"는 명령이다. 전자는 하나님과의 인격적인 사랑을 나타내고 후자는 인간과의 희생적인 사랑을 나타낸다. 인격적인 사랑은 마음과 목숨과 뜻을 전적으로 하나님께 내어 맡기는 헌신이고, 희생적인 사랑은 자기 몸을 사랑을 위해 초개같이 내어던지는 사랑이다. 예수님의 십자가는 바로 이 두 요소의 사랑을 모두 완성한 사랑의 절정이다.

3) 자기를 사랑하는 법을 배워야 한다. 그것은 "네 자신같이 사랑하라"는 말씀 속에서 찾을 수 있다. 자기 사랑(「自己愛」, 하천풍언 저 참

고)은 자기 교만이나 자기중심주의를 말하는 것이 아니다. 그것은 자기를 학대하지 않고, 자신을 하나님의 영광을 위해 지음을 받았다는 새로운 자기 발견을 통해서 하나님 사랑과 이웃 사랑의 주체가 되는 것을 말한다. 자기 사랑은 자기 몸인 "하나님의 성전"(나오스, Naos, 지성소. 고전 3:16~17)을 관리할 책임이 있음으로 자기 자신의 삶을 거룩하게 보전할 사명이 있다(롬 12:1). 바울 사도는 몸을 하나님의 거룩한 성전 즉 지성소 로 보고 항상 성령으로 거룩하게 보전 되어야 할 것을 말씀하였다. "평강의 하나님이 친히 너희를 온전히 거룩하게 하시고 또 너희의 온 영과 혼과 몸이 우리 주 예수 그리스도께서 강림하실 때에 흠 없게 보전되기를 원하노라"(살전 5:23).

윌리엄 부스는 말하기를 "사랑은 모든 것"이라고 하였다. 성결의 교사로 알려진 사무엘 로간 브렝글 부장이 말한 것과 같이 구세군 정신의 리더십은 "사랑의 노예"이다. 브렝글 부장은 그의 저서 「사랑의 노예」(Love-Slaves)에서 야고보의 "하나님과 주 예수 그리스도의 종"(1:1), 유다의 "예수 그리스도의 종"(1:1), 베드로의 "예수 그리스도의 종"(벧후 1:1), 바울과 디모데의 "그리스도 예수의 종"(빌 1:1)이라고 한 서신들의 서두 말씀은 "사랑의 종을 의미한다"고 전제하면서 "사랑의 노예는 전적으로 주님을 섬기고, 주님을 섬김에서 참다운 자유를 얻게 되고, 종의 생명은 주님에게 속해있다"고 하였다. 바울 사도는 갈라디아서 5:13절에서 "오직 사랑으로 서로 종노릇하라"고 말씀하였다.

지도자가 사랑을 나타내는 법을 배우면 사람들은 어려운 시기에 사랑이 많은 지도자를 의지할 것이고, 사랑을 나타내는 지도자라면 반드시 다른 사람들의 고통에 관심을 가지게 되며(요일서 3:17), 그 지도자는 신뢰를 받을 수 있다. 만일 지도자가 신임을 받을 수 없다면 그는 지도자의 영향력을 잃을 수도 있다(잠 11:13).

둘째, 하나님을 섬김으로 사람을 섬기는 법을 배워야 한다.

브람웰 부스 대장은 말하기를 구세군 사관은 "모든 사람의 종"(Servants of All)이라고 하였다. 「사관군령군율」에서는 "사관은 모든 사람의 종인 동시에 모든 종의 첫째이다"(An officer is first of all a servant of all.)라고 하였다. 프레드릭 쿠츠 대장은 「성결의 초대」에서 말하기를 "하나님의 종은 소문의 좋고 나쁨에 관계없이 하나님을 위해 일한다"고 하였다.

리더십에 이르는 궁극적인 열쇠는 '종의 도'에 대한 완전한 표명이다. 예수님은 말씀하셨다. "너희 중에 큰 자는 너희를 섬기는 자가 되어야 하리라"(마 23:11). 리더십의 위대성은 남을 섬기는 일을 통해서 온다(눅 22:25-27). 가장 잘 섬기는 자들이 지도자가 될 자격이 있는 자들이다. 모든 구세군인은 모든 사람의 종이 됨으로써 예수 그리스도를 따라야 한다. 여기서 구세군인은 사관과 평신도 모두를 포괄한다.

가장 훌륭한 지도자는 종의 마음을 가진 자이다. 이런 지도자는 편애하지 않으며 "모든 사람의 종"이 되는 법을 배운다. 거기에는 최고 권세에 대한 욕망, 다른 사람을 지배하고자 하는 욕망, 찬사를 받으려는 욕망은 없다. 그런 욕망은 주님이 싫어하시는 교만에 그 뿌리를 내리고 있기 때문에(잠 6:17) 대적하여야 한다(벧전 5:5). 거기에는 오직 주님의 겸손의 삶 속에서 배운(빌 2:1-11) 사랑과 희생과 나눔과 돌봄의 자세가 있을 뿐이다.

셋째, 제자의 길을 걸어감으로 자기 자신을 포기하는 법을 배워야 한다.

지도자는 자기 자신을 조심하여야 한다. 자기 자신이 바로 큰 대적일 수도 있다. 자기를 다스리지 못하는 사람은 다른 사람을 다스릴 자격이 없다. 그러므로 예수님은 말씀하신다. "누구든지 나를 따라 오려거든 자기를 부인하고 자기 십자가를 지고 나를 따를 것이니라"(마 16:24). "자기를 부인하는 것"은 '자기를 포기하는 것'을 뜻한다. 성서학자 윌리엄 바클리에 의하면 자기포기는 "궁극적으로 자기를 왕좌에서 내리고 그 자리에 하나님을 앉히는 것이다. 자기포기는 자기중심의 생활을 버리고 하나님을 생활의 지배 원칙으로 살아가는 것이다." 본회퍼는 자기포기를 가리켜 "제자의 길" 이라고 하였다.

진정한 자기포기는 자기와의 싸움에서 승리할 때에만 가능하다. 윌리엄 부스 대장께서 돌아가시기 3개월 전이었다. 여러 군우가 그의 병상에 모였다. 부스 대장의 입에서 이런 말씀이 새어나왔다. "거리에 우는 여인들이 있습니다. 함께 우시오. 배고픈 아이들이 있습니다. 그대의 주머니를 터시오. 감옥들이 넘칩니까? 그대의 사랑의 손을 펴시오. 우리 구세군은 사회의 악과 싸우는 주님의 군대입니다. 그러나 보다 앞에서 여러분은 자기 자신과의 싸움에서 이겨야 합니다." 그는 예수 그리스도를 따름으로 자기 자신을 포기하였기 때문에 구세군정신의 리더십을 가질 수 있었다.

구세군인의 생활은 생각이나 감정이나 말이나 행위에서 우리의 지도자인 예수 그리스도에 대하여 언제나 순종하고 따르는 삶이다. 우리는 버린 만큼 얻게 되고 포기한 만큼 채워지게 된다. 그러므로 구세군 정신의 리더십은 항상 자기의 욕망을 포기하고 자신의 마음을 비워야 한다.

마치는 말 : 섬기며 봉사하는 구령의 리더십

구세군 정신의 리더십은 항상 예수 그리스도의 선포를 나타낸다. 그리스도의 복음을 선포하는 것은 창립자 윌리엄 부스의 리더십에 있어서 처음이요, 중간이요, 마지막이었다. 그가 말하기를 "내가 구원받은 것은 다른 사람을 구원하기 위함이라"(Saved to save.)고 한 것은 바로 그러한 전도자 곧 구령자의 삶을 살아온 것을 말한다.

윌리엄 부스의 위대한 모본은 하나의 모델 지도자(a model leader)로서가 아니다. 그의 최후의 모본은 자신의 생애를 다하여 영혼구원을 위해 마지막 순간까지 "나는 싸우겠다!"고 외친 그의 구령의 열정에 불탔던 영적인 유산(a spiritual legacy)이다. 그는 생애 마지막 연설에서 말하기를 "하나님의 빛을 받지 못한 영혼이 한 사람이라도 어두움에 남아있는 한 나는 싸울 것입니다. 나는 최후까지 싸울 것입니다"라고 외쳤다. 그의 구령의 열정은 구세군 정신의 리더십을 훈련받는 우리 모두의 삶 속에 계속 넘치게 될 것을 믿는다.

구세군 정신의 리더십은 한마디로 구세군의 총체적 목적인 영혼구원을 위해 영적으로 실패를 모르는 강력하고 추진력 있는 영향력을 갖고 섬기며 봉사하는 구령의 리더십이다. 이와 같은 구세군 정신의 리더십이 21세기 평신도 시대에 접한 하사관들과 그리고 영문과 시설 등지에서 그들을 영적 지도자로 키우기에 수고하는 영문 사관들과 시설사관들과 특별히 행정사관들에게 새로운 리더십의 비전과 섬기는 종의 삶이 결실되기를 바란다.

주님께서 두아디라 교회에 보낸 말씀이 현 시대에서 구세군을 되돌아 보는데 적당한 묘사의 말씀이 되기를 바란다.

"내가 네 사업과 사랑과 믿음과 섬김과 인내를 아노니 네 나중 행위가 처음 것보다 많도다"(계 2:19).

구세군의 성례전 입장

성례전적 생활과 영적 의미 지향

구세군은 성례전 의식 자체보다는 성례전적 생활을 강조한다. 구세군은 신학적으로 성령론적 관심을 갖고 비예전적 성례전을 발전시켜 나감으로 비성례전적 신학을 지향하면서 성례전적 실제와 실행에 대하여 영적 의미와 삶의 실천으로 해석한다. 그러므로 구세군은 성례전에 있어서 주의 만찬에 대하여 그리스도와의 영적교제를, 그리고 물세례에 대하여 성령의 세례를 강조한다.

구세군은 성례전 없는 교회인가?

한국기독교교회협의회(KNCC)에서는 총회를 마치면서 교회연합의 표상으로 성만찬을 거행하였다. 총회에 참석한 구세군사관 몇 분이 기독교 TV에 비쳤다. 이를 본 어느 정교님이 "어떻게 구세군사관이 성만찬에 참여할 수 있나? 구세군은 전통적으로 성만찬이 없기에 우리는 참여하지 말아야 하는 것이 아닌가?"라고 생각해서 정교연합회장 이름으로 구세군 성만찬 견해에 대한 입장을 알려달라는 서신이 본영에 접수되기까지 하였다. 물론 구세군인들의 성례전 의식 참여에 관해서는 이미 국제본영 "국제영적생활위원회"에서 연합집회의 성례전 예식에 참여할 수 있도록 결정되었다. 이것은 로버트 스트리트(Robert Street)의 "하나님의 백성"에서 '성찬식에 관한 성명'을 참고 하기 바란다("하나님의 백성," Robert Street, 1999, IHQ.'성찬식에 관한 성명', pp.137~183). 여기에서 우리는 구세군의 성례전적 입장을 말하기 전에 무엇보다도 먼저 몇 가지 정리하고 넘어가야 할 전제가 있다.

첫째, "구세군에는 성례전이 없다"고 하는 생각이다.
흔히들 구세군에는 성례전이 없다고 한다. 그러나 구세군에는 성례전이 없다고 말하는 것보다는 구세군에서는 성례전의 예전적인 의식보다는 비예전적인 실천 곧 성례전적 생활을 강조하고 있다는 사실을 아는 것이 중요하다. 따라서 구세군은 이웃 교회의 성례전을 부인하거나 부당하다고 비판하지 않고 성례전에 관한 기독교의 역사적 전통을 인정한다. 구세군은 비예전적 성만찬을 실행하고 있다. 그것은 곧 구세군인의 생활이다. 이것을 우리는 "성례전적 생활"(Sacramental Life)이라고 한다.

둘째, "구세군인은 성만찬 예식에 참여할 수 없다"고 하는 생각이다. 구세군인은 성만찬에 참여할 수 없다는 미온적 태도보다는 구세군에서는 적극적으로 성만찬에 대한 그리스도의 고난에 참여하는 의미성을 강조하여 매일의 먹고 마시는 식생활 속에서 예수 그리스도의 살과 피를 기념하는 즉 경험하는 실천적 삶을 살아가야 한다는 것을 아는 것이 더 중요하다. 구세군인은 예수님이 나누셨던 유월절 식탁을 보유하여 세상 한 복판에서 불우한 이웃과 함께 사랑의 교제와 봉사를 갖고 있다. 구세군인은 의식 만으로서의 성만찬이 아니라 그리스도 안에서 하나가 된 신앙공동체 곧 친교공동체로서의 그리스도인들이 그리스도의 고난에 동참하는 뜻에서 일용할 양식을 통하여 성만찬에 참여한다. 이것을 우리는 애찬(Agapaise)이라고 하며, 매일의 식탁은 친교의 만찬이 된다.

셋째, "성례전이 없는 구세군은 교회가 아니다"라고 하는 생각이다.
「웨스트민스터 신앙고백해설서」에는 교회됨의 4가지규정을 정해놓고 마지막에 "성례전이 없는 교회는 교회가 아니다"라고 규정하고 있고, 따라서 "구세군은 교회가 아니다"라고 단정해 놓고 있다. 그러나 교회는 어느 교단의 교리나 도그마 해설서나 신앙고백적 신조가 교회를 한정할 자격은 없다. 교회는 건물이나 조직이 아니라 "그리스도의 몸"이요 따라서 유기체이기 때문에 성령에 의해 하나님 나라의 확장을 위해 선교가 이루어지는 그 곳에 하나님의 백성 곧 교회가 생성된다. 구세군은 「국제선교선언문」에 명시된 대로 "구세군은 국제적으로 활동하는 보편적인 기독교 교회에 속한 복음주의 교단이다"(an evangelical part of the universal Christian Church)는 것을 자부한다.

성례전의 신학적 오해성

첫째, 종교개혁자들이 가톨릭교회에 의한 복음정신으로부터의 이탈과 제도적 폐쇄를 쇄신하였음에도 불구하고 그들의 교회론은 본질적으로 가톨릭의 교회론을 완전히 대치하지 못하였다. 마틴 루터는 교회는 "복음이 올바로 선포되고 성례전이 올바로 집행되는 성도들의 공동체"라고 정의하였다. 이것은 가톨릭교회의 교회론과 대동소이할 뿐만 아니라 개신교의 대부분의 교파가 공유하고 있다. 그렇다면 교회의 모형을 규정함에 있어서 교회의 예전성에 의해 참 교회를 규정하려는 것은 하나의 도그마적 규정 그 이상의 것이 아니다. 그러나 어떠한 교파 도그마가 참 교회를 규정할 수는 없다.

둘째, 성례전의 의미가 가톨릭교회에서는 7개의 예전이 구원의 근본적 성례전이고 개신교에서는 2개의 예전이 구원의 방편이다. 문제는 개신교에서는 구원의 방편이라는 표제 하에서 말씀의 선포, 세례, 주의 만찬이 동일선상에서 취급되면서도 유독 세례와 성만찬만 성례전으로 간주되고 있다는 사실이다. 이것은 말씀의 선포가 성례전 없이 행하여 질 수 있으나 성례전은 말씀의 선포 없이는 행하여질 수 없다는 것을 의미한다. 결국 성례전의 수효문제를 위한 출로는 기독론적으로 해석되어 그리스도의 현존하심이 성례전으로써 간주된다.

셋째, 세례와 주의 만찬을 위하여 성례전(Sacraments)이란 표현이 신약성서에는 나타나지 않고 있다. 다만 희랍어의 신비를 나타내는 말 "뮤스테리온"이 라틴어의 서약을 뜻하는 "사크라멘툼"(Sacramentun)으로 번역된 것이다. 어원적 뜻은 특히 군대에서 충성을 맹세하는 "서약"을 의미하고 있다. 여기서 "뮤스테리온"이 "사크라멘툼"에 의하여 번역되는 경우 그것이 의미하는 것은 세례와 주의 만찬이 아니라 종말론적인 하나님의 비밀이다. 그 비밀은 메시아로서의 예수 그리스도의 출현 안에 놓여있기 때문에 그리스도는 하나님의 비밀이다.

구세군의 비예전적 성례전 입장의 역사적 발전

첫째, 역사적으로 볼 때 구세군의 비예전적 성례전 입장은 윌리엄 부스에게 중대한 갈등이었다. 그것은 구세군의 교파적 주체성을 어떻게 발전시킬 것인가? 즉 구세군은 하나의 교파 교회로서 간주될 것인가? 하는 것이다. 부스는 결론하기를 구세군은 하나의 교파교회가 아니라 전도단체라고 간주하였다. 그것은 성례전이 구세군의 선교에 적용할 필요가 없었기 때문이다. 즉 성례전이 은혜의 외적인 수단이라 할지라도 그것은 구원의 본질이 아닐 뿐만 아니라 다른 종교적 봉사를 실천하는 데 있어서 어떠한 특별한 은혜로 행해지는 것이 아니기 때문이다.

둘째, 영국교회가 성례전을 내적 은혜의 외적 표징으로 보는 대신 존 웨슬리는 그것은 은혜의 외적 표현은 되지만 내적 은혜는 아니라고 하였다. 구세군은 웨슬리의 감리교회의 유산을 계승하였음에도 불구하고 그의 성례전적 신학은 따르지 않고 있다. 그러나 구세군은 웨슬리적인 유산을 이어받아 전통적으로 성결이란 말을 성례전적 생활을 묘사하는 데 사용하고 성화란 말은 성결을 가능케 한 하나님의 자비로운 행위를 지칭하게 되었다. 그러기에 성결은 사회적 성결(Social Holiness)로 이어지는 것이고, 이것은 곧 사랑으로 실천되는 것이다.

셋째, 윌리엄 부스는 어떤 교파의 교리에 얽매이지 않고 자신의 실천적 종교 곧 그의 실용주의(Pragmatism)와 퀘커파의 성결과 성령의 임재를 강조하는 신령주의적 기초에서 중지한 것이다. 역사적으로 볼 때 부스 운동 안에서 성례전 의식 거행을 단념하게 된 것은 신학적 실용주의가 동기가 된 것이다. 그리하여 "기독교 선교회"(Christian Mission)가 "구세군"이 된 후에도 얼마동안(1878~1881)은 매월 영문 내에서 성례전을 거행하였다. 그러나 그 후 1883년 구세군의 비예전적 성례전의 입장이 공식적으로 체계화되었다. 윌리엄 부스는 말하였다.

"우리의 성례전 입장은 문제가 해결된 것은 아니다. 우리는 결코 성례전을 비난하지 않는다. 우리는 결코 우리 자신의 입장을 고집하는 것도 아니다. 우리는 사회사업시설에서 도움을 받고 있는 자들에게, 신자들에게 대한 신용을 파괴하고 싶지 않다."

성례전의 실천적 의미

본제목은 구세군의 성례전 입장을 여러 가지 입증으로 변호하려고 하는 것보다는 총체적으로 구세군이 갖고 있는 성례전적 의미성이 무엇인지를 함께 이해해 보려고 하는 것이다. 그렇게 해서 보다 우리의 입장을 곤고히 하여 구세군인들이 그리스도를 섬기는 일이나, 영혼 구원하는 일이나, 자신의 성결 된 신앙생활을 영위하는데 있어서 큰 활력을 갖고자 한다.

흔히들 "구세군에는 성례전이 없다"고 단언해 버린다. 물론 우리가 교회의 가치표준을 가시적 혹은 어떤 교회의 도그마적 표준에만 둔다면 구세군은 교회(a church)가 아니고 따라서 성례전이 없는 것같이 보일지도 모른다. 그리하여 구세군은 선교사업이나 하는 선교단체로서 준교회(Para church)로 보일지도 모른다. 더욱이 사회사업이나 하는 사회봉사단체로 밖에 보이지 않아서 마치 개신교와 다른 종교단체인 것처럼 오인될지도 모른다. 그러나 구세군은 "그리스도의 몸 된" 교회(the church, 골 1:18, 엡 1:23)의 한 지체요, 그리스도를 섬기는 "성례전적 생활"을 강조하는 교회로서 구세군만큼 교회답고 성례전적 의미를 실천하는 단체도 드물 것이다.

분명히 현재의 구세군은 성례전을 의식으로서 집행하는 교회는 아니다. 그러나 분명한 것은 성례전(Sacraments)을 생활로서 실천하는 교회라는 사실을 분명히 해둔다. 이 말은 구세군에 성례전이 있느냐 없느냐 하는 말과는 다르다. 그것은 마치 성경이 하나님이 존재하느냐 존재하지 않느냐 하는 하나님 존재유무로부터 시작하지 않고 다만 존재하고 있는 하나님이 어떻게 인류의 삶 속에서 구원사역을 실천하고 있는가 하는 구원의 역사를 보여주고 있는 것과 같다.

구세군에서는 교회의식으로서, 더욱이 "예배의 중심"으로서의 성례전 의식을 시행하지는 않는다. 구세군이 영문 안에서 예배를 위한 성례전 의식을 시행하지 않는다고 해서 성례전적 의미를 망각하거나 성례전적 형식을 부인하거나, 그것에 대해 비판적이고 배타적 입장을 고수하는 것은 결코 아니다. 다만 우리가 성례전을 시행치 않는 것은 다른 교회와 격리 내지는 분립하려는 의도에서가 아니라 그리스도의 복음을 증거하기 위한 선교 상황에 의하여 교회내의 예전적 성례전을 세상 속에서 실천적 성례전으로 성육신 시킨 것임을 천명하고자 한다.

구세군은 성례전 시행에 관하여 성서적인 구절과 사도적 계승에 의한 역사적, 정확히 교회사적인 인식의 전통을 존중시한다. 그러나 성서의 문자적 또는 축자적 해석이나 전통적 의식의 형식(Forms)보다는 그것에 대한 영적 의미와 실천적 삶을 더 강조한다. 즉 구세군은 외부적 의식자체에 어떤 효력이 있다고 말하는 형식적 신앙을 위험시하는 것이다. 우리가 강조하는 점은 의식에는 반드시 내적 응답이 수반되어야 한다는 것과 의식은 더 깊은 자각과 행위의 적극성을 자극하며 촉진하는 요소가 되어야 한다는데 있다.

구세군은 교회론(Ecclesiology)부터가 가시적 교회보다는 불가시적 교회를 추구하면서 "성령에 의해 창조된 구원의 친교공동체" 곧 "선교공동체"(Community in mission)로 표명하고 있기 때문에 성례전도 교회 내에 감금시켜 정적인 의식 행위로서만 동결시키지 않고 보다 보편화시켜 세상 속에서(in), 세상을 위하여(for), 세상과 더불어(With), 그러나 세상에 속하지(of) 않고 그리스도인의 삶의 현장에서 실천하는 "성례전적 삶"을 강조한다. 즉 구세군은 성례전(Sacraments) 의식자체를 강조하는 것 보다는 성례전적 생활(Sacramental life)을 더욱 강조한다. 그러기에 구세군은 신학적으로 성령론적 관심(the pneunatological concern)의 한 교회로서 비성례론적 실천(a non-sacramental practice)을 발전시켜 나감 으로 "비성례론적 신학"(non-sacramental theology)을 지향하면서 성례 전적 실제와 실천에 대하여 영적 의의와 삶의 실천으로 해석하는 것을 강조하고 있다.

이러한 관점에서 구세군은 의식의 준수를 마땅한 것으로 본다. 즉 의 식 속에 담긴 산 진리가 신자들의 생활 가운데 우위를 차지하고 있는 동안 성례전의 준수는 타당하다고 할 수 있다. 그러나 한편 성례전과 같 은 의식을 지키지 않아도 그의 체험 가운데 계속 성령의 은사를 받으며 주를 섬기며 신령한 결실을 맺는 성결의 생활을 지속하는 사람을 도외 시하는 것은 더욱 우스운 일이다. 그러므로 성례전 없이 계속 성결의 생 활을 지속하는 구세군의 신조도 정당한 수단이라고 할 것이다.

이와 같은 의미에서 보면 구세군의 성례전은 정적인 의미보다는 동적 의미를 갖고 있는 것이고, 제한된 형식보다는 보편적 실천을 추구하고 있기 때문에, 그것을 어떤 교파 교회의 「틀」에(그것이 어떤 교리, 도그마, 신 학사상, 주의 주장이든 간에) 표준해서 구세군의 성례전적 삶을 몰이해 한 다면 그것은 이미 그 타당성을 잃어버리고 있는 것이다.

사도 요한은 이 사실에 대하여 말하기를 "아버지께 참되게 예배하는 자들은 영과 진리로 예배할 때가 오나니 곧 이때라 아버지께서는 자기 에게 이렇게 예배하는 자들을 찾으시느니라 하나님은 영이시니 예배하는 자가 영과 진리로 예배할지니라"(요 4:23~24)고 하였다. 그리고 사도 바울은 "그러므로 형제들아 내가 하나님의 모든 자비하심으로 너희를 권하노니 너희 몸을 하나님이 기뻐하시는 거룩한 산 제물로 드리라 이는 너희의 드릴 영적 예배니라"(롬 12:1)고 말하였다.

세례에 관하여 : 물세례인가? 성령세례인가?

윌리엄 부스의 결단

창립자 윌리엄 부스는 영국 국교 성공회에서 세례를 받았고 감리교회에서 목사로서 세례의식을 집례 하였다. 그러나 그에게 물세례에 대하여 여러 가지 문제가 제기되었다.

"성경에서 그리스도의 본성을 참고해 볼 때 철없는 어린아이에게 물을 뿌리는 유아세례가 천국에 들어가는데 필요한 것인가? 오히려 예수께서는 '어린아이들이 내게 오는 것을 용납하고 금하지 말라. 하나님의 나라가 이런 자의 것이니라'… 하시고 그 어린아이들을 안고 그들 위에 안수하시고 축복하셨다"(막 10:13~16).

천국에 들어가려면 세례를 받아야 한다고 말씀한 일은 없다. 교회에서 수많은 어린아이들에게 세례를 주었으나 장성한 후에 죄악의 생활을 하는 것은 웬일일까? 그것은 물을 뿌리는 예식으로 영적 은혜에 필요한 것을 채워주지 못했기 때문이다. 그러면 장년세례는 어떠한가? 무수한 남녀들이 교회에서 세례를 받았지만 하나님의 능력으로 신생했다는 증거를 몇 사람이나 보여주고 있는가? 오히려 목사들이 축복하고 단순히 물을 뿌려준다고 해서 죄에서 깨끗하게 하여 주지는 못한다. 신생의 기적은 다만 세상의 죄를 대속하기 위해 돌아가신 그리스도를 믿음에서 성령의 변화케 하시는 은혜로 온다. 그러기 때문에 세례의식 없이도 신생의 기적은 일어난다. 신약시대에 그랬고, 기독교 역사에서도 그랬으며, 새로 일어난 구세군에서도 그러하였다. 또한 영적 체험을 추구하는 퀘이커 교도도 그러 하였다.

부스는 결론을 내렸다. 구세군에 의해 성령은 비천한자들, 술주정꾼, 매춘부, 도적, 살인자들의 죄를 깨우쳐 회개하게 하고 믿게 하여 예수 안에서 새로운 피조물이 되게 하신다. 그렇다면 세례는 받았으나 완전히 구원 받지 못한 것을 깨달은 사람들을 위해서 무엇을 해야 하는가? 그것은 어린아이나 장년에게 물세례 보다는 성령이 주시는 세례 즉 성령의 세례만이 필요하다는 것을 깨닫게 해야 한다고 확신하였다.

성령세례에 관한 성서적 전거

실제로 우리가 신약성경을 고찰해 볼 때 세례는 성령의 세례를 여러 곳에서 강조하고 있는 것을 볼 수 있다.

첫째, 공관복음서에서 보면, 예수는 세례 요한의 세례를 받았다(마 3:13~17).

이 의식은 성령에 의한 특별한 축복의 표징을 동반하였다. 세례 요한은 처음에 예수의 세례참여를 거절하였으나 예수는 "이제 허락하라. 우리가 이와 같이 하여 모든 의를 이루는 것이 합당하다"고 하였다. 그러나 세례 요한은 자신의 세례가 불충분하다는 것과 보다 영적 세례로 바꾸어야 된다는 것을 암시하였다. "그는 성령과 불로 너희에게 세례를 베푸실 것이요"(마 3:11, 막 1:8, 눅 3:16). 세례 요한의 세례는 현대교회의 세례의식을 대신하지 못하며(행 19:1~6, 18:24~26), 성서는 세례의 형식보다는 그 내용에 중점을 두고 신자들에게 그 진정한 뜻을 자각하도록 촉구하고 있다. 실제로 세례는 예수에 의해서 상징적 의미로 사용되었다. "내가 받는 세례를 너희가 받을 수 있느냐"(막 10:38~39). 예수는 열두제자들을 내어 보내고(마 10:1~11:1), 70인을 내어 보냈을 때(눅 10:1~11) 세례에 관한 지시를 하지 않았다. 다만 두 곳에서 예수께서 세례를 요구한 것처럼 언급하였다(막 16:16, 마 28:19). 그러나 마가복음 16:16절의 "믿고 세례를 받는 사람은 구원을 얻을 것이요"라는 말씀은 후에 첨가된 부분으로 초기 사본에는 발견되지 않는다. 그리고 마태복음 28:19절의 "아버지와 아들과 성령"이란 말에 대하여 많은 학자들은 이 말 이후에 개작된 것으로서 예수는 그때 사용하지 않았다는 것을 믿고 있다. 사도행전 10:48절에서 그 말은 "예수 그리스도의 이름으로 세례를 베풀고"라는 말을 사용하고 있다. 아마도 위의 두 구절은 초기 교회에 의해서 추후 예수의 본원적 말씀이라고 하더라도 그것은 물세례를 언급하는 것은 아니다.

둘째, 요한복음에서 보면(요 1:32~34) 예수는 사역의 초에 물로 세례를 받았다.

그러나 요한복음 4:2절에는 세례 사실을 부인하면서 분명히 밝히는 것은 "예수께서 친히 세례를 베푸신 것이 아니요 제자들이 베푼 것이라"고 하였다. 이것을 보면 세례의식은 예수에 의해서 소개된 것도 아니며 예수께서 직접 집례하신 바도 없다. 이와 같이 물세례는 그리스도의 나라에 들어가기 위한 본질적 요소가 될 수 없다. 예수의 세례는 요한복음에 언급하지 않았다. 또한 요한복음 3:5절의 "물과 성령으로 난다"는 말씀에서 "물로"란 말에는 아마도 앞뒤절의 언급을 연관시켜보면 육체적 탄생을 언급하는 것이다. 요한복음 3:8절에는 "물"이란 말이 없고 "성령으로 난 사람"이 있을 뿐이다. 다른 곳에서 물은 영적생활의 비유이다.

셋째, 사도행전에서 보면, 물세례는 신약시대의 교회에서 실행되었다. 그러나 새 입교자들이 세례를 받기 위한 요구를 받았다는 증거는 없다.

다만 두 곳 사도행전 8:36~38절과 10:47~48절(행 11:16~17 비교)에 명시되었는데, 그것도 후자의 경우는 물세례에 의존하지 않는 성령의 세례 후에 실시되었다(행 10:44). 마술사 시몬은 비록 세례를 받았을 지라도 베드로에 의해 비난을 받았고(행 8:9~24), 세례 요한의 세례는 불충분한 것으로 여겨졌으며(행 11:15~16, 18:24~26, 19:1~7), 성령의 세례가 온전한 그리스도인 생활의 본질로 나타났다. 아마도 사도행전에서 물세례는 입교의 목적을 갖고 있다(행 2:41, 9:18, 16:13~33, 18:8, 22:16). 그러나 여러 곳에서 세례와 성령은 병행하여 언급되었고(행 1:5, 2:38, 8:15~17), 그 둘은 같은 것으로 여겨지거나 아니면 성령의 세례가 분명히 중요한 것으로 여겨지고 있다.

넷째, 바울서신에서 보면, 물세례에 대하여 아주 적게 언급되었다.
즉 바울은 "그리스도 예수와 합한 세례"(롬 6:3, 갈 3:27), "성령으로 받는 세례"(고전 12:13), "그리스도와 함께 장사된 세례"(골 2:12)를 말하므로 세례는 외적인 의식보다는 내적인 경험이다. 오히려 세례는 이따금 분열시키는 의식이었고(고전 1:10~16), 분명히 그것은 바울의 사역에 있어서 중요한 특징은 아니었다. 바울은 대리세례를 배제하였다(고전 15:29). 바울에게 있어서 "세례도 하나"라면 그것은 기독교의 참다운 특징을 표시하는(롬 8:9, 엡 1:13, 4:4~5) 성령의 세례가 되지 않으면 안 된다.

다섯째, 그 외에 히브리서에 보면, 아마도 세례는 "정결례"이다(히 6:1~3).

세례가 정결례라면 그것은 기독교의 기본중의 하나이다. 히브리서 저자는 여러 가지 변론을 그치고 "완전한데로 나아가라"고 그의 독자들에게 요청하였다. 또한 베드로전서에도 보면, 세례의 내적 경험을 말하여 물세례가 육체의 더러운 것을 제하여 버리지 못하는 것을 말하고 있다(벧전 3:21~22).

세례에 관한 구세군의 입장

세계교회협의회(WCC)의 「신앙과 직제위원회」에서 교회일치를 위해 발표한 「리마문서」(1982)의 "세례"에 대한 구세군의 답변을 보면, 리마문서가 "세례는 예수 그리스도로 말미암은 새로운 생명의 표징이다"라는 것에 대해서 구세군은 세례는 "하나님의 은사"로서의 상징이라기보다는 체험을 더욱 중요시 하고 있다. 그래서 예수께서 베푸신 성령세례(막 1:8)는 물세례를 능가할 것이라는 세례 요한의 예언자적 증언을 강조하며, 마가복음 10:38절의 주님의 질문에 "내가 받는 세례를 너희가 받을 수 있느냐"한 것은 그리스도와의 결합이 희생적 임무를 포함하고 있는 값진 일이라는 사실을 상기시킨다.

세례에 대한 구세군의 입장은 아주 독특하고 유일한 기독교 세례는 성령의 세례라는 신앙에 기초한다. "우리가 유대인이나 헬라인이나 종이나 자유인이나 다 한 성령으로 세례를 받아 한 몸이 되었고 또 다 한 성령을 마시게 하셨느니라"(고전 12:13). "주도 한 분이시요 믿음도 하나요 세례도 하나요"(엡 4:5).

성령의 세례는 어떤 다른 종교에 의해서 복사될 수 없다. 그것은 특히 그리스도의 세례이다. 마태복음 3:11절에 "그는 성령과 불로 너희에게 세례를 베푸실 것이요"라고 말하였다.

리마문서에 대한 구세군의 응답을 살펴보면 다음과 같다.

첫째, "세례는 그리스도의 죽음과 부활에의 동참이다"라는 것에 대하여:
구세군은 그리스도의 구원사역에 최고의 강조점을 두기 때문에 이러한 체험들이 그리스도의 구원사역 안에서 믿음으로 그리스도의 죽음과 부활에 동참하게 한다는 사실은 부인하지 않는다. 그러나 세례가 곧 "동참"을 의미한다고 보지는 않는다. 그것은 세례의식을 체험의 수준으로 끌어올리는 것이기 때문이다. 의식의 "의미"는 논쟁해서 될 것도 아니며 신생을 경험한 어떤 신자들의 외적행위를 동반했다고 해서 그 사실을 우리가 부인해서도 안 될 것이다. 그러나 신생이 어떤 특별한 외적 표현을 조건으로 하여 주어지는 것은 결코 아니라는 것을 강조한다.

둘째, "세례는 회개, 용서, 깨끗케 함이다"라는 것에 대하여 :
구세군은 "세례 받은 자가 그리스도에 의해 용서받고 정결케 되고 성화된다"고 믿지 않는다. 구세군은 외적인 행위들이 내적 그리고 개인적 체험의 필요를 무색하게 하지 않아야 한다는 것을 항상 염두에 두어 왔기 때문에 세례는 죄의 고백과 믿음의 변개를 내포하고 있는 것으로 간주한다. 그러나 구세군은 세례 요한이 죄의 용서를 위해 공적 회개를 요청한 것처럼(막 1:4)「자비석」(출 25:21~22)에서 무릎을 꿇고 죄의 용서를 받도록 구도자를 초청하는 것을 강조한다. 그곳에서 겸손과 인내로서 그리스도에게 나아가 개인적으로 구원의 은혜를 간구하며 예수님을 개인의 구세주로 만나 구원의 응답을 받는다. 그러나 자비석에 어떤 특수한 효능이나 능력이 있는 것은 아니다.

구세군 교리문 10조에는 "우리는 온전히 거룩하게 되는 것은 모든 신자의 특전이며 저들의 심령과 영혼과 육체를 우리 주 예수 그리스도께서 다시 오시는 날까지 완전하고 흠 없게 지켜주실 것을 믿는다"(살전 5:23)고 하였다. 성화케 하는 것은 성령의 역사이다(눅 1:74~75, 엡 4:22~24). 구세군이 성화 및 성결을 강조하는 것은 구세군의 기본자세이다. 우리는 성령께서 선택하여 사용하시는 것은 어떤 매개체이든지 즉 그것이 성례전이든, 다른 어떤 것이든 간에 기뻐한다. 많은 그리스도인들에게는 이러한 가시적 상징들이 하나의 은혜의 수단으로 보여 질지 모른다. 그러나 구세군인은 이러한 가시적인 상징들 없이도 그리스도 안에서 개인적인 명상을 통해 하나님의 구원의 은혜와 성령의 성화케 하시는 능력에 대한 그들의 굳건한 신앙과 체험에 대하여 증거하고 있다.

셋째, "세례는 성령의 은사이다"라는 것에 대하여 :

우리는 "하나님은 모든 세례 받은 자들에게 기름을 부으시고 성령의 약속을 부여하시며, 그들에게 인을 치시고, 그들의 마음속에 하나님의 아들과 딸들로서의 유산 가운데 첫 번째 몫을 불어넣어 주신다"고 보지 않는다. 즉 우리는 세례를 통해서 하나님의 은사를 상징적 의식에 참여하는 것을 요구하지 않고 믿는 자의 신앙에 의해서 전유되는 것이다. 구세군인들은 오순절 날에 사도들에게 나타난 권능은 순종과 신앙과 기도 외에 다른 어떤 행위와도 관련이 없다는 신약의 기록에 용기를 갖는다. 고넬료와 그의 식구들은 성령으로 먼저 귀의하는 표식으로서 물세례의식을 가졌던 것이다(행 1:4~14, 2:1~4, 10:43~48).

넷째, "세례는 그리스도의 몸 안으로의 결합이다"라는 것에 대하여 : 성례전을 진지하게 준수하는 자들에게 있어서 세례는 그리스도의 몸 안으로의 받아들임을 말하나 에베소서 4:4~6절에 있는 "세례는 하나"라는 말씀에서 그리스도인들 사이에 세례의 불일치가 진통을 겪게 된다. 구세군은 구원에 이르게 하시고 성화케 하시는 하나님의 은혜란 어떤 특별한 중재에 의존하지 않는다는 것을 주장한다. 누가복음 9:49절에서 모든 다른 이름들 위에 예수의 이름이 뛰어난 최고의 이름이며 그 이름으로 악령이 떠나갔다. 구세군인들은 다른 사람과의 일치가 그리스도와의 일치에 의하여 이루어진다는 것을 천명한다.

다섯째, "세례는 그 나라의 표징이다"라는 것에 대하여 :
우리는 세례가 제2의적인 의미에서 "하나님 나라의 표징"임을 부인하지 않는다. 그러나 세례가 신생을 가져오는 능력으로, 또는 "성령의 공동체"에 참여하도록 하는 능력으로 보지는 않는다. 구세군은 고린도전서 1:30절의 "너희는 하나님께로부터 나서 그리스도 예수 안에 있다"는 말씀을 믿는다.

여섯째, 구세군인은 병사입대나 세례와 같은 상징적 행위를 하나님께서 은사로 제공해주시는 것에 대한 인간의 응답으로 본다.

구세군인은 개심이란 "그리스도 안으로"(into Christ) 들어가는 과정이라기보다 다만 "그리스도 안에서"(in Christ) 인생이 새롭게 자라가는 그 시작이라고 믿으며, 성화를 가리켜 우리가 그리스도를 닮아가도록 변화시키는 성령의 지속적인 사역으로 본다. 그러기에 구세군은 세례 받은 사람을 참 그리스도인으로 보는 것이 아니라 성령으로 성화된 사람을 참 그리스도인으로 본다(롬 8:9).

구세군은 하나의 예식이 하나의 영적 체험을 의미하는 것으로 받아들여질 수 있다. 그러나 그것은 세례 받은 사람 혹은 병사로 입대한 구세군인의 개인 신앙의 결과로서 성령에 의해서만 효능을 말할 수 있다고 믿는다. 우리가 사도행전 15:8~11절에서 보면 이방인들이 그들의 마음을 깨끗하게 하고 성령을 받았던 것은 믿음에서였고 의식에 의해서가 아니었다.

그러므로 구세군인들은 가시적인 수단 없이도 행위 하시는 성령의 자유에 대해서 증거해야 한다. 우리는 영접하는 자, 믿는 자의 삶 속에서 성령의 "표시"또는 확증하는 인침을 찾는다(엡 1:13). 우리는 바울이 말한바 "거룩함에 이르는 열매"(롬 6:22) 즉 성화를 삶의 기본자세로 믿고 있다.

「리마문서」의 세례 항목 마지막 부분에서 "물 없이 받는 성령의 세례"에 관하여 언급한 것은 흥미 있는 일이다. "일부 아프리카 교회들은 세례 시에 물을 사용하지 않고 안수를 행함으로서 성령의 세례를 행한다. 그렇지만 다른 교회들의 세례를 인정한다. 이러한 관습에 대하여 그리고 이러한 세례와 물을 사용하는 세례와의 관계에 관하여 연구가 필요하다." 이것은 "여러 아프리카 교회들에 관한" 우연한 관찰에서 나온 것이긴 하나 세계도처에는 구세군처럼 수많은 신실한 그리스도인들이 가시적 형태와는 상관없이 믿는 자의 삶 속에서 실제로 성령의 능력으로 복음을 증거하고 있다는 사실을 알 수 있다.

성만찬에 관하여 : 의식인가? 거룩한 교제인가?

윌리엄 부스의 결단

「기독교 선교회」가 「구세군」이 된 후에도 얼마동안(1878~1881)은 매월 영문 내에서 성만찬을 시행하였다. 그러나 최초로 성만찬에 대하여 강한 의혹을 가진 것은 윌리엄 부스의 부인 캐서린 부스였다. 그는 어떠한 물질도 사람의 마음속에 외적인 행위나 예전을 통하여 실제적으로 성결의 내용이 될 수 없다는 것을 통절히 느꼈다. 그리고 윌리엄 부스도 실제적으로 생각할 때에 그것은 구원에 필요한 근본 조건이 아니었음을 알았다. 창립자 부스는 말하기를 "중생함이 없이 천국에 갈수 있다는 헛된 희망으로서 사람을 속이는 세례식이 있어서는 안 된다. 또 모든 구원받은 사람이 하나님에 대하여 제사장이라고 해서 누군가가 타인에 대한 제사적 우월성을 보여주는 방법을 가지고 집행하는 주의 만찬이 되어서는 안 된다"고 하였다. 브람웰 부스도 말하기를 "성만찬 예식에 참여해서 받는 자 각자가 신앙을 일으키는 일 외에는 하등의 이익도 이 의식 중에는 없다"고 단언하면서 "이 같은 신앙은 매회 식사를 성찬식과 다르다고 생각할 이유는 아무것도 없다. 큰 은혜는 속죄의 결과로써 어떤 종류의 의식적인 식사라는 것도 아니고 속죄자의 업적 자체에게 있다. 또한 그렇게 되어야만 한다. 생명은 예전에 있는 것이 아니고 또한 예전의 물질에 의해서 유지되는 것도 아니다. 하나님의 아들이 현재 속죄와 생명을 부여하는 구주로서 우리들의 중심에 의식하는데 큰 의미가 있다"고 하였다(Bramwell Booth, Echoes and Memories, "Concerning Sacraments," 1925, pp. 201-210).

여기서 창립자 부스는 성만찬에 대해서 더욱 면밀히 검토하였다. 그는 처음에 성만찬예식을 거행하였다. 그러나 이 예식을 단념하는데 몇 가지 이유가 있었다.

첫째, 구원을 받은 자들 중에는 아직도 과거의 죄에서 완전히 벗어나려고 애쓰는 영혼이 많았다. 둘째, 많은 신자들이 음주생활을 계속하고 있던 때였다. 그래서 성만찬 때에 돌리는 포도주 잔은 수난 당하신 예수의 보혈 보다는 그 냄새 때문에 다른 유혹을 받기 쉬웠다. 술 끊은 자들이 다시 술을 마시는 동기가 유발되었다. 셋째, 더욱이 성만찬 예식이 여성들에 의해서 시행된다는 것은 생각할 수 없었다. 교회안의 모든 분야에서 남녀가 동등하게 일한다는 원리를 찬성하지 않았다. 넷째, 성만찬은 여러 세기를 두고 격렬한 논쟁과 비방의 대상이 되기도 하였다. 창립자는 이러한 일 때문에 오는 분열을 회피해야 된다고 생각하였다.

윌리엄 부스는 이러한 이유들 때문에 결론 내리기를 성서적으로나 성령의 지시함으로 보나 성도들이 경험으로나 구세군에서의 하나님의 역사에 대한 개인적 경험으로 보나 성례전은 영적 진리와 경험의 상징에 지나지 않는다는 것이었다. 그리하여 부스는 그림자보다 실물을 찾을 필요가 있다고 생각하여 구세군의 의식적인 규칙을 경험하기에 이르렀다. 그것은 유아세례 대신에 헌아식, 장년 세례대신에 병사서약식, 성만찬 대신에 식사 때마다 우리를 구원하기 위해 수난 당하신 주님을 기억하도록 하므로 매일의 식탁에서 그리스도의 고난에 동참하도록 하였다.

윌리엄 부스는 성만찬 단념에 대하여 1883년 1월2일 사관들에게 보내는 성명서에서 다음과 같이 말하였다.

"나는 내 양심이나 여러분의 양심을 묶어놓고 하나님의 말씀에 권위를 두지 않는 일은 어떤 것이나 여러분으로 하여금 행하게 할 수도 없고 믿게 하거나 가르칠 수도 없는 일이다. 성령을 통하여 하나님이 자신을 계시하지 않은 것을 우리의 현 의무로 받아들일 수 없다." "만일 나의 일상생활에 그렇게 많은 빵 조각과 많은 양의 포도주를 마시는 것이 진정 주 예수 그리스도께서 나에게 요구하시는 일이라고 믿는다면 나는 주저하지 않고 그의 계명을 따를 것이다. 그러나 주께서 반드시 나에게 하도록 요구하시는 것이 아니기 때문에 나는 이 의식을 행하지 않는 것이다."

공동식사 및 교제에 관한 성서적 전거

실제로 성서에서 볼 수 있는 성만찬은 "공동식사"였고, 중요한 것은 음식이 아니라 친교였다.

첫째, 공관복음에서 주의 만찬은 유월절 공동식사였다(마 26:17~29, 막 14:22~25, 눅 22:15~20).

이런 식사는 제자들이 예수와 같이 돌아다니며 회식할 때 있었던 행위였고, 그런 공동식사는 서로 동료라는 인식을 깨달아 알 수 있게 하였다. 따라서 이런 행위의 의미는 예수께서 제자들과 함께 있든지 없든지 간에 제자들은 예수님의 동료로서 언제나 하나가 되어야 한다. 마틴 디벨리우스는 이 행위를 "새로운 공동체의 창설"이라고 하였다. 윌리엄 바클리는 그의 저서 「예수의 사상과 생애」에서 언급하기를 "주님의 만찬 행위는 어떤 상징적인 식사를 제정하시려고 의도한 것이 아니라 오히려 언제나 빵을 떼어먹고 포도주를 부어 마실 때, 말하자면 각 가정에서 언제나 드는 식사에서 그분도 기억되어져야 한다"고 하였다. 즉 "주님이 뜻하신 바는 모든 식사가 성만찬이요 어떤 그리스도인이든지 예수를 기억하지 않고는 떡을 뗄 수 없다는 것이고, 그래서 그리스도를 성찬식에서만 주님으로 모시는 것이 아니라 매일 매일의 식탁에서 주님으로 모시지 않고는 완전한 그리스도인이 되었다고 할 수 없다"고 한다.

진정 다락방에서 예수님은 특별한 식사를 제정하려고 생각지 않고 모든 식사에서 그의 임재를 경험할 수 있도록 하시려고 모든 식사를 거룩하게 하시고 깨끗하게 하신 것이다. 결국 예수는 성만찬으로서 우리에게 언제나 그를 마음에 두게 하여 모든 식사가 그를 기념하고 경험하는 성만찬이 되게 하려는 것이 예수님의 뜻이었다. 그러기에 바클리는 현대교회에서 최후의 만찬을 식사로서가 아니라 식사의 상징으로서 취급함을 부당하게 생각하여 "이 같은 현대교회의 성만찬에 대한 태도는 적어도 부분적으로 예수님의 의도하심을 오해하고 있는 것이 아닐까?"라고 반문하고 있다.

둘째, 요한복음에서 보면, 공관복음에서와의 차이는 아마도 떡과 포도주에 관한 예전의 집중이 이미 교회 내에서 보였기 때문에 신중히 상징주의의 단조로움을 깨뜨리는 것처럼 보인다. 공관복음서에는 유월절 떡에 관하여 말하고 있으나 요한복음에는 군중을 먹이는 것과 관련하여 "생명의 떡"(요 6:22~59)에 관하여 말하고 있다. 그리고 예수는 포도주 대신으로 "실제 포도"를 말하고 있다(요 15:1~8). 발을 씻기는 상징적 행위에 대하여 말하고 있고(요 13:3~17), 가롯 유다에게만 떡을 주었다고 언급하고 있다. 만일 사도 요한처럼 사람들이 상징의 도움을 인정한다면 많은 상징의 사용은 한두 가지에 기초를 둔 예전은 피하라고 말한다. 그러나 문자적으로 취하지 않는다. 영적의미가 더욱 중요하다(요 6:63). 만일 요한복음 6장과 7:37~38절을 문자적으로 해석한다면 요점을 빗맞추는 것이다. 예수는 분명히 "발 씻김"을 말하고 있다(요 13:14, 15, 17). 그런데 명령으로서 이것을 준수하지 않는 이유는 예수의 근본 말씀인 것 같지 않기 때문이다.

셋째, 사도행전에서 보면, 기독교공동체는 "떡을 떼며," "음식을 먹으면서 친교하며," "소유의 얼마를 나누기 위하여" 개인집에서 만났다(행 2:42~46, 4:32).

거기에는 예전의 암시가 없다(행 20:7, 11, 27:33~38). 베드로 시대의 교회의 기록에도 없고, 바울의 여행설화에도 없다. 사도행전 20:7절은 가능한 예외이다. 그러나 그것은 토요일 저녁이었고 은혜가 선행된 단순한 공동식사였다. 성만찬은 초대교회의 신자들이 그들의 생활에서 때맞추어 모여서 나눈 공동식사였다. 제례적인 예배행위가 아니었다. 그들의 공동식사에 있어서 중요한 것은 음식이 아니라 친교였다. 친교의 공동식사는 보다 적극적인 성례전 의미를 안겨준다. 누가는 동일한 저자로서 사도행전에는 기념의 암시가 없는 반면 누가복음에는 "이를 행하여 나를 기념하라"(눅 22:19)고 하였다.

넷째, 바울서신에서 보면, 하나님의 백성과 관련된 성례전의 내용은 아직 "그들의 다수를 하나님이 기뻐하지 아니하셨다"(고전 10:1~5).

바울은 "우상 숭배하는 일을 피하라"(고전 10:14~17, 10:7)는 경고로서 주의 만찬에 관한 언급을 시작한다. 이 같은 의식은 영적 교만과 거짓 신뢰로 인도할지도 모른다. 고린도전서 11:17~34절에는 11:24절을 기초로 "이것을 행하여 나를 기념하라"고 명령하고 있다. 바울은 성만찬 예식이 예배드리는 것보다 오히려 먹는 기회를 삼게 된다고 그 위험성을 지적하고 있다. 주의 만찬을 먹을 때(고전 11:20) "어떤 사람은 시장하고 어떤 사람은 취하였다" (고전 11:21). 그래서 공동식사의 평판을 떨어뜨리었다. 당시 바울의 제안은 물질적인데서 영적으로, 공동식사에서 성례전적 의식으로 옮겨지고 있다. 고린도전서 11:23절의 "주께 받은 것이니"란 말은 다른 경우에 "그리스도의 몸의 교훈을 수락한 것"을 의미한다(고전 7:10, 25, 9:14, 살전 4:15). 또한 고린도전서 11:23절에서 성만찬은 주의 죽으심을 "전하는 것"이다(고전 11:23~34). 우리는 중심이 되는 중요한 의식으로 여겨지는 성만찬에 관하여 신약의 중요 서책인 로마서, 갈라디아서, 골로새서, 디모데전후서, 디도서, 히브리서 등에 언급하고 있지 않은 것을 주의해야 할 것이다. 이 서신들은 고린도서에 인용한 구절보다 중요한 가치가 있다.

성만찬에 관한 구세군의 입장

「리마문서」의 "성만찬"에 관한 구세군의 입장표명을 한 답변을 보면, 구세군은 상징이나 성례전 없이 하나님의 은혜에 대한 중재의 체험을 강조한다. 구세군은 성령에 의한 성화 또는 성결의 삶을 강조한다.

바울은 고린도전서 11:23~25절에서 포도주와 빵을 나누었던 예수의 최후의 만찬을 상기시키고 있다. "주 예수께서 잡히시던 밤에 떡을 가지사 축사하시고 떼어 이르시되 이것은 너희를 위하는 내 몸이니 이것을 행하여 나를 기념하라 하시고 식후에 또한 그와 같이 잔을 가지시고 이르시되 이 잔은 내 피로 세운 언약이니 이것을 향하여 마실 때마다 나를 기념 하라 하셨으니." 이 말씀은 누가복음 22:19~20절에만 나타나는 것으로 "성만찬 제정의 말씀"에 대한 확실성 여부는 오랫동안 도전 받아 왔다. 특히 웨스트 코트와 홀트의 희랍어성서 본문에 의하면 "누가복음의 원본에는 그 말씀이 없다." 그러나 바울의 고린도교회에게 상기시킨 것은 특별한 예식으로서 "공동식사"(The common meal)의 의미로 격상시킨 것 같다. 당시 그 식사는 축연으로만 전락해 가고 있었고, 주님을 기억하는 영적 요소는 결핍되고 있었다. 공관복음서는 주의 만찬을 "상징적 말과 행동을 나타내는 예전의 수단"으로 나타난다. 요한복음에는 소위 "성만찬 제정"에 관한 것이 영생의 자료로서 나타났고 식사 후에 "제정"에 대한 어떤 언급이 없다(요 20:30). 이렇게 볼 때 복음서에는 어떤 의식행사보다는 연합과 친교를 위해 함께 빵을 나누고 잔을 들어 공동식사의 나눔을 가졌다고 볼 수 있다.

J.H. 조웰 박사는 "매일 우리의 일용할 양식이 하나의 성례전이 될 때 영광의 표징이 된다"고 하였다. 이것은 "모든 식사는 물질과 영적인 필

요를 공급하는 자를 기억하는 자들에게 성례전적이다"라는 구세군의 성례전 입장에 관한 성명서의 반영이다. 알버트 오스본 대장(1886~1967)은 이 사상을 찬송가에서 이렇게 표현하였다. "내 삶은 주가 떼신 떡, 내 사랑 그의 잔, 주 이름으로 만찬 상 베풀어 주셨네. 다 와서 함께 배불리 그 생명 받으라"(찬송가 649장). 구세군은 "의식을 수행하는 것이 교회예배의 중심적 행위"라고 보지 않고 보다 나아가 "부활하신 주님과 함께 하는 회합(Meeting)이 예배의 중심적 행위"라고 믿는다. 여기에는 말씀의 설교, 찬양의 노래, 영적인 기도, 체험의 간증이 있다. 이 같은 회합에는 성만찬의 위치가 문제시 되지 않는다. 모임은 의식행위에 제한될 수 없다.

첫째, "성만찬은 아버지께 대한 감사이다." :
요한복음 6:11절에 사용된 "유카리스테오"(eucharisteo)는 예수께서 떡을 가져 "축사하신" 후에 나눠 주신 것을 말한다. 공관복음서의 언급에도 동일하다(마 14:19, 막 6:41, 눅 9:16).

둘째, "성만찬은 그리스도에 대한 기념이다." :
구세군은 비예전적 찬송과 성서봉독과 기도 등 예배를 통하여 예수 그리스도의 인격과 구원의 사역을 직접적으로 기억하게 한다. 그러므로 구세군은 성만찬으로 만의 독자성을 부인한다. 우리도 성례전 사용 없이도 예배와 사역 속에서 그리스도의 현존과 구원시키는 자비를 선포할 수 있다. 구세군은 그리스도의 희생은 어떤 예식을 통해서 실체화 되는 것이 아니라 오직 믿는 자 자신의 신앙 안에서, 자신의 구원의 확신

안에서, 성령께서 역사하시는 성례전적 삶 안에서(롬 8:11, 16, 26) 즉 계속적인 성례전적 생활 안에서만 실체화 될 수 있다고 믿는다. 우리는 성령께서 정상적인 그리스도인의 삶을 위한 영적 양육의 요소로서의 성만찬을 제정하지 않는다는 것을 안다. 구세군은 최후의 만찬에 대한 "그리스도의 말씀과 행위"와 그리스도의 살과 피의 성례전으로서의 성만찬 식사의식을 글자적으로 해석하는 자들을 이해한다. 그러나 살과 피로 변한다는 화체설(천주교) 등은 부인한다.

구세군은 그리스도인들이 그리스도의 이름으로 모여 있는 그곳에 성만찬과는 별도로 그리스도가 "임재하심"을 믿는다. 예수님은 "두 세 사람이 내 이름으로 모인 곳에는 나도 그들 중에 있느니라"(마 18:20)고 약속 하셨다. 그리스도의 현존에 관해서 프레드릭 쿠츠 대장은 쓰기를 "구세군인들은 은혜 받는데 어떤 물질적 요소를 사용함 없이, 그리스도의 부활의 현존을 실체화시키므로 하나님의 은혜를 자유롭게 받는다. 구세군은 가장 확실하게 그리스도의 실체적 현존을 믿는다"고 하였다. 구세군인들에게 있어서 십자가상의 예수의 희생을 "기념"하는 것은 개인의 신앙과 예배와 전도와 매일의 삶 속에서 중요하다.

셋째, "성만찬은 성령의 초대이다." :
구세군은 성만찬을 과거의 그리스도와의 최후의 만찬을 기억하는 일이라고 생각한다. 구세군은 믿음과 그리스도의 이름으로 접근시키는 의식이 영적 갱신의 요인이 될 수 있다는 것을 부인하지 않는다. 그러나 그 의식 자체에서 내적인 의미와 능력을 찾는 것은 부인한다. 주님의 성령에 대한 약속은 더욱 직접적이고 개인적이었다. 요한복음 14:16~17, 26

절에 "내가 아버지께 구하겠으니 그가 또 다른 보혜사를 너희에게 주사 영원토록 너희와 함께 있게 하리니 그는 진리의 영이라." "보혜사 곧 아버지께서 내 이름으로 보내실 성령 그가 너희에게 모든 것을 가르치고 내가 너희에게 말한 모든 것을 생각나게 하리라"고 하셨다.

구세군은 하나님이 어떤 제도 위에가 아니라 백성에게 성령의 선물을 주신다고 믿는다(비교, 행 2:2~3). 구세군은 성화케 하시고 이끄시며 세계선교의 능력을 주시는 성령께 간원하는 새 계약 공동체로서 교회의 한 지체이다.

넷째, "성만찬은 성도의 교제이다." :

구세군은 영적 의미에서 좋은 신앙의 형제애를 나눈다. 그리스도인의 행복한 친교관계는 모든 교회가 갖는 특성이기도 하다. 그러나 성만찬 예식을 통한 교회내의 친교관계는 제한된 것이기에 곤란한 것이며 영적 일치에서 가능할 것이다. 예수님은 그의 제자 모두에게 그리스도를 닮기를 원하셨고 하나님은 그를 세상에 보내셨다(요 17:20~23).

구세군은 "성만찬은 삶의 모든 양상들을 포괄한다. 성만찬은 전 세계를 대신하여 감사와 봉헌을 드리는 대리적 행위이다. 그것은 하나님의 한 가족 안에서 화해와 참여를 요청하며, 사회적, 경제적, 정치적 삶에 있어서 적절한 관계를 추구하기 위한 하나의 계속적인 도전이다. 모든 불의와 인종차별과 분리와 자율의 결핍 등은 우리가 그리스도의 몸과 피에 참여할 때 철저하게 도전받게 된다"고 말한다. 그러나 그것은 그리스도와의 연합이요 "우리가 그에게 가서 거처를 그와 함께 하리라"(요 14:23) 말씀하신 예수님 자신의 약속을 이루는 세계선교를 믿는다. 그것은 그리스도를 닮는 성결의 삶 곧 '성례전적 삶'에로 인도하는 것이다.

스웨덴의 신학자 에밀 부룬너의 말은 구세군의 생각을 잘 대변하고 있다. "두세 사람이 내 이름으로 모인 곳에는 나도 그들 중에 있느니라 (마 18:20) 고 하신 주님의 말씀은 거기에 어떤 주님의 만찬이라는 예식이 없이도 실제로 타당 하다. 그리스도에게 속한 자의 결정적인 테스트는 세례 받는 것과 성만찬에 참여하는 것에 있는 것이 아니라 다만 사랑의 행동으로 보여주는 실천 적인 신앙을 통하여 그리스도와 함께 결합하는데 있다."

다섯째, "성만찬은 하나님 나라의 식사이다."

구세군은 "성만찬이 갱신의 표증으로서, 하나님의 은혜가 표현되며 인간들이 정의와 사랑과 평화를 위하여 일하는 곳이면 어디든지 이 세상 안에 존재하는 것"을 용인한다. 그 세상은 "교회가 피조물을 대신하며, 대제사장이며 중재자가 되시는 그리스도와 함께 연합한 교회는 세상을 위하여 기도하고, 성령의 은사를 구하는 기도에서 성화와 새 창조를 기원하는" 그러한 세상이다. 그러나 이것은 성만찬이 있던지 또는 없던지 간에 예배의 형태를 영적으로 북돋아준다. 성만찬 안에서 화해한 그리스도의 몸의 지체되는 자들은 남자들과 여자들 사이에서 화해의 종이 되도록, 그리고 부활의 기쁨을 증거 하는 종이 되도록 부름 받는다. 구세군은 이 화해가 성만찬이 아니라 그리스도 안에 있음을 주장한다. 그리고 화해의 종으로 부름 받는 그리스도의 몸 된 지체들은 그 나라와 교회밖에 있는 자들을 섬기기 위한 사랑과 헌신의 삶에도 도전해야 할 것을 명심해야 한다.

구세군인은 외적인 매일의 삶을 통하여 내적인 하나님의 은혜의 체험을 기쁨으로 전도해야 할 것을 위임받았다. 구세군은 성만찬의 참여는 "복음의 선포, 이웃에 대한 봉사, 이 세상 안에서의 신실한 존재 등과 같은 일상적 형태를 취하는 것"을 말한다. 그러나 구세군은 성만찬은 기독교인들을 현세에서 그리스도의 형상으로 변화시키며, 그러함으로서 그의 힘 있는 증거자들로 만드는 새로운 한 실재를 가져다준다는 것은 전적으로 성서적이라고 생각한다. 그것은 외적인 의식거행에 관계없이 성결한 삶 속에서 그리스도의 형상을 조성하는 것은 성령의 역사뿐이기 때문이다. 구세군은 눈에 보이는 한계를 넘어서 현존하는 자들을 모으는데 관심을 기울여야만 한다. 왜냐하면 그리스도께서는 모든 사람들 즉 자신이 목숨을 버려서 구원하시고자 했던 모든 사람들을 자신의 잔치에 초대하셨기 때문이다. 우리는 매일의 식탁에서 성만찬은 선교를 위한 귀중한 음식이며, 사도의 역할을 지니고 증명할 자에게 빵과 포도주가 된다. 매일의 식탁은 "세상의 구원을 위하여 자신의 생명을 주신 주 예수 그리스도를 말과 행동으로 전파하도록 양육되고 강화된다."

창립자의 예전적 성례전 시행에 대한 단념 결정

「리마문서」의 "성만찬" 마지막 부분에서 "우리의 공통된 성만찬 신앙에 모순되지 않는 특정한 예전의 다양성은 건전한 것이며, 예전을 풍요롭게 해준다는 사실로 인정 된다"고 한 말은 매우 고무적이다. 이것은 예배의 전통적 형식 안에 영적인 실재와 영감을 체험하는 수많은 그리스도인들을 인정하는 것으로 생각한다.

구세군인은 세례에서와 같이 성만찬에서도 성례전에 관한 기본적

해석은 하나님의 은혜와 사랑 그리고 성령의 역사를 강조한다. 구세군인이 성만찬 의미와 이해와 구세군의 성화와 교리와의 선포를 연결시키는 것은 구세군인이 매일의 삶 속에서 성결의 체험을 창출해 가는 것이다. 왜냐하면 "그리스도 안에서 우리는 매일 매일의 생활에서 우리 자신을 살아있는 산 제물로 바쳐야 되기 때문이다"(롬 12:1, 벧전 2:5). 여기서 "성결의 생활은 곧 성례전적 생활이며, 성화는 하나님의 은혜의 사역으로서 삶 전체가 거룩한 것이 되어 매순간이 성례전의 가능성을 지니게 된 것이다."

창립자 윌리엄 부스는 1883년 「구세군」의 성례전 시행을 단념하기로 결정하고, 1883년 1월 7일자 「구세공보」(The War Cry)에 다음과 같이 기록하였다. "우리는 우리를 위하여 돌아가신 그분(예수)을 항상 기억합시다. 우리는 우리의 삶 속에서 매 시간마다 그분의 사랑을 기억하며, 주일에만 기억하고 온 주간동안 그분을 잊어버리는 일이 없도록 계속하여 그분과 함께 살아갑시다. 우리는 신앙으로 계속해서 그분의 살을 먹고 그분의 피를 마십니다. 성서는 '그런즉 너희가 먹든지 마시든지 무엇을 하든지 다 하나님의 영광을 위하여 하라'(고전 10:31)고 했습니다."

J.C 호켄다이크는 「흩어지는 교회」에서 "이제 하나의 예배의식으로 되어버린 주의 만찬은 우리가 그것을 평범한 식사의 성격으로 되돌려 놓으려 하지 않는 한 현대사회에서 대중에게 의미 있는 것으로 재강조될 수 있겠는가?" 라고 문제를 제기하면서 "성만찬이 공동체 식사의 의미로 행해지고 또 주의 만찬의 의미가 새로워져야 한다. 공동체의 회복 없이는 아무리 성만찬이 예배의식의 관점에서 옳게 행하여진다 해도 그것은 하나의 조소거리가 되어버리고 마는 것이다"라고 강조하였다. 그

리하여 그는 결론짓기를 "성찬식을 개방하자. 그리고 아무런 조건도 요구하지 말자! '원하는 사람은 그에게 나아올 수 있습니다'라고 우리는 구세군과 함께 노래하자. 이것은 참으로 자비석 뿐만 아니라, 더욱이 주님의 식탁에도 마찬가지이다"라고 하였다.

이렇게 볼 때 구세군의 성만찬 개념은 의식이 아니라 성결한 생활이요, 물질이 아니라 일용할 양식에 강조점이 있다. 그러기에 구세군인들은 매일의 식탁에서 예수 그리스도의 살과 피를 반향(echoes)하고 추억(memories)하는 것이고, 본 훼퍼가 "이 세계에서의 하나님의 고난"이라고 말한 그 일에 참여하는 일이고, 그 자리가 곧 감사와 예배의 장소이며, 친교의 공동체가 형성하게 되는 "삶의 자리"인 것이다. 그러므로 "구세군이 주님의 만찬을 계속하지 않았다고 말하기 보다는 성만찬이 높은 제단에서 낮은 식탁으로 옮겨졌다고 말하는 것이 옳을 것이다. 성만찬은 성소의 제단으로부터 사회 안으로 옮겨진 것이다." 성찬용 빵이나 포도주 없이도 조그만 좁쌀들과 몇 모금의 물을 앞에 놓고 하나님과 만날 수 있는 것이다.

마치는 말 : 구세군의 성례전적 생활

구세군은 성례전적 실제와 실천에 대하여 영적 의미로 해석한다. 구세군은 성례전에 있어서 주의 만찬(영적 교제)과 세례(성령 세례)에 대하여 영적 의미를 강조한다. 즉 그리스도와의 영적 교제와 성령의 세례를 강조한다. 이것은 온전한 성화 안에서 성령의 세례를 통한 그리스도와의 영적 교제를 말한다. 구세군인은 자신의 삶의 현장에서 성례전적 삶 곧 성결한 생활을 살아가야 한다. 필립 니드햄의 「선교공동체」에 의하면, 성령은 교회로 하여금 성례전적 생활을 소유하도록 힘을 준다. 우리는 형식적인 성례전이 구원의 수단이라는 주장은 배격하지만 그리스도를 통한 성례전적 삶을 살 수 있게 한다고 주장한다.

성례전적 생활(Sacramental Life)이란 인간의 생활과 역사 속에 하나님의 '성육하신' 현존이 계속될 때에만 가능하다. 성례전적 생활은 하나님의 현존을 들어내며 이에 대한 증거의 생활이다. 그러기에 일상생활을 떠난 성례전이란 있을 수 없다. 일상생활의 매순간이 성례전적인 가능성으로 차있을 뿐이다. 구세군에서는 존 웨슬리적인 유산을 이어받아 전통적으로 성결(Holiness)이란 말을 '성례전적 삶'을 묘사하는 데 쓰고, 성화(Sanctification)란 말은 성결을 가능케 할 하나님의 자비로운 행위를 지칭하게 되었다. 또한 성례전적 삶이란 그리스도와 성령의 힘을 통하여 하나님이 원래 인류를 위해 뜻하신 바를 다시 소유하는 것이라고 본다. 성례전적 삶은 막힌 담이 십자가에서 완전히 깨어졌으며, 이제 모든 삶은 다 거룩한 것이며, 거룩함이란 매 순간을 하나님의 현존과 더불어 사는 것이다. 성례전적 삶은 성령의 힘에 의해서 가능해 진다. 성령에 따라 사는 이들은 매 순간 거룩함을 찾는다. 즉 모든 사람의 영혼 속에 영적인 가능성이 있고 모든 체험이 성례전이 되는 것이다. 그들은 여기는 거룩하고 저기는 세속적이라고 구분하는 것을 거부하고 모든 곳에서 다 하나님을 찾는다. 그래서 그들은 더 기도하고 하나님의 성육신을 믿는다.

구세군인은 성례전을 반대하지 않는다. 다만 성례전 예식을 실행하지 않을 뿐이다. 성례전 의식을 지키지 않기로 결정을 내린 다음 윌리엄 부스는 아래와 같은 질문을 제기한다. "그 문제를 먼 훗날 우리가 좀 더 분명히 알 때까지 연기하는 것이 현명한 일이 아니겠는가?"(「구세공보」 런던, 1883년 1월17일). 성만찬의 길이 완전히 폐기된 것은 아니다. 우리의 과제는 구세군이 오늘날 성례전을 지키느냐, 지키지 않느냐, 하는 문제를 논할 때에는 신학적인 관심과 성서해설을 토대로 해야 한다. 초창기의 실질적인 문제점은 이제는 더 이상 논의의 여지가 없다.

구세군은 삶의 모든 부분이 성례전적인 삶이기 때문에 삶 자체가 예배라는 견해를 유지한다("구세군 교리," 국제본영).

참고

- ONE FAITH, ONE CHURCH: The Salvation Army's Response to Baptism. Eucharist and Ministry, IHQ, 1990. pp. 11~23. pp. 24~37.
- William Metcalf, The Salvationist And Sacraments, Challenge Books, 1981.
- R. David Rightmire, Sacraments and Salvation Army : Pneumatological Foundations, The Scarecrow Press, Inc. Metuchen, N.J., & London, 1990.
- Bramwell Booth, Echoes and Memories, Hodder and Stoughton, London Sydney Auckland Toronto, 1925.
- 구세군 교리, 국제본영발행, 구세군출판부, 2016.

혁신적인 윌리엄 부스와 한국 구세군의 영적 갱신

한국구세군의 영적 갱신을 위하여

영적 갱신의 당위성은 한국교회뿐만 아니라 한국구세군에도 시급한 현실로 다가왔다. 그 방법은 새로운 무엇을 만들어 내는 것이 아니라 창립자 윌리엄 부스의 정신과 이념과 실천을 되새기며 구세군의 근본 뿌리로 돌아가는 운동이 필요하다. 구세군은 세상에서 성결의 삶으로 누룩의 사명을 다하여 전도(선교)하는 교회의 열정을 다시 불러일으켜야 한다. 윌리엄 부스의 "작은 혁명"이 시급히 요구되고 있다.

왜 한국 구세군의 영적 갱신인가?

우리는 요즈음 혁신적인 기독교, 혁신적인 교회갱신에 대한 이야기를 많이 듣는다. 이것은 무엇을 의미하는가? 그러한 관심은 왜 생겨났을까? 교회갱신은 항상 근본적으로 돌아가려는 새로운 열정, 즉 근원과 뿌리, 특별히 기독교 운동의 진수를 찾아내려는 새로운 열정에 불을 붙여왔다. 특히 죄악과 근심이 가득한 환멸의 시대에는 이러한 생각이 더 일어났다. 교회에서 이러한 말을 할 때 종종 이차적이고 파생적인 의미에서 혁신적(Radical)이라고 말한다. 이것은 교회가 하나님의 백성 공동체로서의 유일한 본질과 기독교회(Christian Church)라는 이름 아래 무기력해지고 전통화 되며 제도화될 뿐만 아니라 때로는 세속화 되어버리는 교회현실과 충돌이 있기 때문이다. 한국교회는 지난 종교개혁 500주년이 된 2017년, "개혁교회는 항상 개혁되어야한다"는 명제 앞에서 마음을 찢는 통회의 외침을 갖고 '탈성직, 탈성장, 탈성별'의 결단으로 생명과 평화를 일구는 한국적 작은 교회로의 길을 제시하고 있다("한국적 작은 교회론," 생명평화마당 엮음, 대한기독교서회, 2017, '발간사'에서).

이러한 차원에서 선교100주년(1908-2008)을 지낸 한국 구세군이 새로워져야할 것을 갈망하며 혁신적인 윌리엄 부스와 한국 구세군을 말하게 된 것이다.

지난 한국 구세군은 한국교회와 함께 내적 성장(Internal Growth)은 물론 양적성장(Expansion Growth)과 연장성장(Extension Growth)에로 나아갔으나 이제는 '탈성장'의 길에서 선교100주년을 지낸 한국 구세군은 "구세군을 구세군되게 하자"는 새로워지는 갱신운동이 시급히 요청되고 있다. 그것은 갱신(Renewal) 없는 성장은 타락을 격화시키기 때문이다. 역사 속에 있는 교회들은 때로 커지고 부요한 위치에 있게 됨에 따라 여러 면에서 고착화되고, 의식화되고, 구조화 내지는 제도화되어 타락해 가고 있었다. 이같이 교회가 자기 몸만 살찌운다면, 이것은 분명히 교회의 타락이라고 말할 수밖에 없다.

그러므로 오늘의 구세군은 성장 발전을 말하기 전에 본연의 자세로 돌아가는 운동이 있어야 한다. 이것은 스나이더(Howard A. Snyder) 박사가 말했듯이 "우리가 20세기 동안의 경험에서 믿는 가장 뚜렷한 교훈 중의 하나는 교회는 항상 성서적이고 영적인 뿌리로 돌아 갈 때 가장 충실했기 때문이다." 이를 위해 선교100주년을 지낸 한국 구세군은 교회갱신의 한 패턴으로서의 혁신적인 윌리엄 부스(The Radical William Booth)를 필요로 하고 있다.

여기서 우리는 19세기의 영국 교회와 사회를 새롭게 하였던 윌리엄 부스의 갱신운동, 즉 하나의 작은 변혁운동을 기억하게 된다. 윌리엄 부스의 운동은 참으로 무기력 해진 당시의 교회를 부흥시켰을 뿐만 아니라, 사회의 각 방면에 새로워지는 혁신을 가져왔다. 여기서 우리는 윌리엄 부스를 통한 갱신의 한 패턴을 살펴봄으로서 한국 구세군에 있어서 내일의 좌표를 모색해 보려고 한다.

윌리엄 부스의 사회평화운동

19세기 후반기 영국에 있어서 빅토리아여왕 시대의 사회(Victorian

Society)는 사회적으로, 정신적으로 병들어 있었고, 특히 동부런던의 슬럼가는 인간고와 착취와 멸시와 부도덕성이 난무하고 있었다. 당시 교회들(The Victorian Churches)은 가난한 자들과 노동자 계층의 민중들에게 그리스도의 지상명령인(마 28:18~20) 하나님의 사랑의 복음(행 20:24)을 전파할 힘을 상실하고 있었다.

당시 도시교회(Urban Church)가 선교적 소명(Missionary calling)을 도외시 하고 있을 때 하나님은 윌리엄 부스와 캐서린 부스 동부인을 인도하여 동부런던 슬럼가에 기독교 전도운동(a Christian missionary movement)을 일으켰고, 이 운동은 복음전도 단체(an evangelistic organization)로서의 구세군을 형성하기에 이르렀다.

구세군은 신약교회의 현저한 선교의 사명을 재발견하고, 사회적 경제적 정신적으로 소외된 가난한 민중들에게 무관심한 당시 교회를 향하여 대응책이 있기를 소리 높여 항의 하였다. 구세군은 당시 나쁜 인식과 차별대우와 사회적 반감을 받고 있는 소외 교회가 되기를 원치 않고 '교회를 교회되게 하기 위하여' "교회 아닌 교회"(a very unchurchly church)가 되기를 원하였다. 여기서 구세군은 교회적 우월권(Ecclesiastical superiority), 영적인 바리새파, 형식론의 고립주의자와 분파주의자 정신, 제도화(Institutionalization)를 지양하고 가난한 자에게 복음을 선포하는(마 11:5) "선교하는 공동체"(Community in Mission)가 되기를 원한 것이다. 이런 의미에서 구세군은 어떤 "특수종교나 교파"가 아니었으며, 교회 내에 분명한 신앙공동체를 이루고 있는 "단체"(Society)로서 "같은 뜻을 가진 사람들이 모인 작은 모임"의 뜻을 가진 에클레시올라(ecclesiola) 즉 전도하는 단체였다. 부스는 구세군의 위치가 비록 영국교회 내에서 독보적이었지만 정상적이고 건전하다고 보았다. 부스는 구세군이 자신만을 위해 생존하는 분리된 종파가 되는 것을 원치 않았다. 구세군은 전체 교회를 건강하게 하고 새롭게 하기 위해 존속하였다. 부스는 당시에 주로 퇴폐적이었던 보다 큰 교회 안에서 구세군은 진정한 기독교 (Authentic Christianity)로 돌아가려는 운동으로 간주하였다.

당시 윌리엄 부스의 운동을 집약해 본다면 거기에는 뚜렷한 한 가지 목적을 위하여 두 가지 운동을 실천해 나간 것을 볼 수 있다. 그것은 그의 생애의 근본적인 '영혼구원'이라는 대전제 아래 그것을 실천하기 위하여 한편으로는 영혼구원의 수단으로서 '구령운동'에 진력하였고, 다른 한편으로는 사회봉사의 수단으로서 가난한자들, 소외된 자들을 위하여 자선사업, 즉 '사회봉사운동'을 전개시켜 나갔다. 부스에게 있어서 죄인에 대한 구령운동과 가난한 계층에 대한 사회봉사운동은 동일선상에서 두 수레바퀴와 같았다. 이것은 마치 예수의 선교가 인간의 개인영혼에만 국한시킨 것이 아니라 사회 속에 있는 민중의 육신의 문제까지 해결시키는 전인 구원의 방법과 전인 치유의 방법을 구사한 것처럼 부스도 이런 양면을 잘 조화시켜 실천해 나갔다. 그러기 때문에 부스의 구령운동과 사회봉사운동은 각각 별개의 것이 아니라 그것은 곧 영혼구원이라는 한 목적을 위한 두 가지 운동을 시도한 것이다.

당시 윌리엄 부스의 선교운동은 사회를 변혁시킬 수 있는 큰 위력이 있었다. 이러한 그의 운동은 때로 지나치게 열정적이어서 "악랄한 무리들"이란 비판도 받기도 하였고, 반대파인 "해골단"의 기습을 받기도 했지만 그는 "최 암흑한 영국의 살길"을 마련한 당시 영국의 위대한 영적 선구자요 선각자였다. 당시 영국이 산업혁명(1760~1830) 이후 사회적 불안, 빈민과 부유층의 격차, 과격한 법질서 등으로 혼란한 시기에 칼 마르크스 (Karl Marx)가 1848년 유물사관에 기초한 "공산당 선언"을 하였을 때 윌리엄 부스는 복음에 의한 "사회평화"를 부르짖어 "죄 암흑의 영국과 그 출로"(1890)를 저작하였다. 당시 사회의 부패상은 그 나라와 그 시대의 정신적 지주가 되는 종교, 특히 당시 교회가 예언자적 사명을 다하지 못하고 영적 능력을 잃어버린 채 세속화의 탁류에 휩쓸려 있었기 때문에 부스는 혼신을 다하여 이 일을 시작하였다.

당시 영국사회에 있어서 절망과 죄악에 허덕이는 민중을 해방시킬 방법은 물질이나 철학이나 어떤 "이즘"(주의)이나 과학이 아니었다. 그렇다고 윌리엄 제임스가 말한 대로 당시 무기력한 "고물의 종교, 전통의 종교"도 아니었다. 백성에게 필요한 것은 다만 생명력 있는 체험의 종교, 신앙운동, 무엇보다도 영적인 혁명이 필요하였다.

이러한 때 하나님은 성령의 감동과 굳센 신앙과 영혼을 사랑하는 열정과 가난한자들을 관심 갖는 인류애로 가득 찬 윌리엄 부스를 인도하여 구세군을 통한 구령운동을 일으키셨다. 그리고 하나님은 윌리엄 부스를 도구로 사용하시어 구령사역운동을 추진해 가면서 구령운동을 동인체로 하여 사회참여, 사회개혁, 사회봉사사역운동에로 추진력을 확산시켜 나가도록하셨다.

19세기 말에 일어난 윌리엄 부스의 구령운동은 정확히 말해서 기독교화 운동이었다. 그것은 교회내의 세속화와 정치화에 대한 반대운동이었다. 부스 운동의 특이한 점은 사람들에게 전투적이며, 도덕적 용기를 북돋아 주어 사람들로 하여금 복음을 그들의 전 생활 경험에 적용시켜 생활화하는데 있었다. 부스의 이 커다란 목적을 수행하기 위하여 구세군이 생겨났으며 이 목적을 달성시키는 것이 구세군의 주안점이었다.

이렇듯 윌리엄 부스의 구령운동은 사회개혁과 인간개조운동에 커다란 자극을 주었다. 부스의 구령운동에 따르는 사회개혁 사상이 일반 민중의 가슴속에서 물결칠 때 그 사회에서 부와 높은 지위와 세습적 특권에 연연한 자들은 부스에 대한 좋지 않은 감정을 가졌다. 그것은 기성 종교인들, 특히 당시 영국교회의 주교들도 마찬가지였다. 그들은 부스가 바람직하지 않은 행위를 하고 있으며, 교회와 사회를 소란케 하는 자들이며, 또한 바람직하지 않은 도리를 전하며 윗사람들에 대해 불손하여 이 사회의 모든 계층과 지위와 고하를 무시하고 평등사상을 고취시키고 있다고 비난 하였다. 그 결과 부스는 그의 사역의 초기에 감리교 목사로서의 사명을 다하려고 하였지만 그가 어느 교회에 가서 설교를 하든지 그것이 처음이자 마지막이었으며, 교회들은 그에게 다시 설교의 기회, 복음사역의 기회를 주지 않았다. 부스가 "모든 사람은 다 죄인이기 때문에 누구나 구주를 필요로 하며 누구나 아무 공로나 차별 없이 하나님의 은혜를 힘입지 않으면 안 된다."고 외친 것이 그 사회의 특권계급의 귀에 몹시 거슬렸던 것이다.

그러나 한편 부스는 죄악의 탁류 속에 흘러가고 있는 민중들로 하여금 천하에 무엇보다도 귀중한 생명의 가치를 되찾게 하여(마 16:26) 자신들이 하나님의 영혼 구원의 대상이란 사실을 인식하게 하였고, 자신들에 대한 재평가를 하게 함으로써 당시 교회나 사회의 특권층이 자기들에 대해 생각하는 것보다 훨씬 높이 생각하게 만들었다. 그렇게 함으로서 당시 교회의 제도화로 인하여 교회들이 그 사회의 부패상을 방관하고 있을 때 부스로 하여금 도리어 일반 빈민층에 대해 더 큰 관심을 갖도록 하였다. 따라서 부스는 그의 사역의 전폭을 그들 빈민층의 민중에게 있다고 예견하였던 것이다.

사실 윌리엄 부스의 운동은 시초로부터 주로 가난한 사람들을 위해서, 그리고 가난한 사람들 사이에서 일어난 운동이었다. 그들은 당시 영국의 두 정치가 디즈레일리(Benjamin Disraeli,1804~1881)와 글래드스턴 수상(William Gladstone,1809~1898)이 당시 빈민굴을 묘사하여 "우리들의 버섯을 배양하는 한 넓고 큰 거름더미"라고 말했듯이 가난한 사람들은 한낱 거름더미처럼 여겨졌던 사람들이었다. 윌리엄 부스는 바로 그들에게 복음전파의 초점을 맞추었던 것이다.

윌리엄 부스는 그의 사역의 초기에 "사회적이 아닌 것은 종교가 아니다"라고 말한 존 웨슬리의 사상을 갖고 기독교는 본질적으로 사회적 종교라는 신념이 확고하였으며, 기독교가 세상으로부터 고립될 때 이것은 멸망할 것이라고 강조하였다. 그래서 윌리엄 부스는 삶의 최고의 영적 발전소는 사막이 아니라 도시이며, 혼자 사는 것이 아니라 사회 속에서 가난한 이들과 더불어 사는 것이었다. 그리하여 부스는 교회 안에 머물러 예전을 집행하는 목사로 서만 머물러 있을 수가 없었기 때문에 교회 밖으로 뛰어나가 가난한 자들이 살고 있는 삶의 현장 속에서 마귀와 싸우는 공격적이고 적극적인 신앙의 양태로써 전투적 투사인 구세군의 "대장"으로서 사역하였던 것이다. 부스가 이렇게 현실 세계의 활동에 종교적 의의와 평가를 부여한 것은 사회발전에 지대한 공헌을 이룩한 것이었다. 당시 역사가들은 이를 두고 "윌리엄 부스의 영도아래 구세군이 사회발전에 지대한 공헌을 하였다"고 평가하였다.

윌리엄 부스가 종교의 부패성과 사회악을 발견한 것은 사회학적 연구에 의해서가 아니었다. 윌리엄 부스가 「죄 암흑의 영국과 그 출로」를 저술하였지만 자기스스로 경제주의자나 사회주의자라고 주장한 적은 없다. 그는 처음이나 나중이나 '복음전도자'(Evangelist)라고 하였다. 그는 오직 영혼구원을 위해 성실히 전도하고 통속적인 교회의 기능을 갱신해서 진지하게 영혼에 대한 관심을 다시 찾게 하려는 정신적인 영적 개혁 운동을 벌리는 것이 그의 최상의 목적이었다. 그의 성공의 교훈은 구령이었고, 그는 오직 영혼을 구원하기 위한 선교만을 원하였다. 윌리엄 부스는 말하기를 "나는 오직 영혼 구원을 위한 설교만을 하기 원하였다. 내가 먹고 마시고 기도 하고 설교하는 것 곧 오직 내가 산 것은 죄인들을 구원하기 위해서이다"고 하였다. 그리하여 윌리엄 부스는 국왕 에드워드 7세의 초청이 있을 때 왕궁방명록에 이렇게 기록하였다. "어떤 사람의 야망은 황금이고, 어떤 사람의 야망은 기술이고, 어떤 사람의 야망은 명예이다. 그러나 나의 야망은 영혼구원이다."

부스는 당시 교회가 전도할 수 없었던 선교의 차원을 뛰어넘어, 가리어있는 교회 담벼락 안에서 사치와 위선과 안일에 빠져 있는 것이 아니라 여리고 골짜기의 선한 사마리아인적인 성례전을 실행하기 위해(눅 10:30~37) 교회 밖 세상 속에서 죄악과 빈곤과 나태로 인한 "잃은 양"을 찾아 구원하고 그들이 세상 속에서 처해있는 육체적, 물질적 난관을 극복시킴으로서 이들을 인간화시키는데 목적을 두었다. 이와 같이 부스는 구세군을 통하여 "세상속의 교회"로서, 오늘날 흔히 말하는 "민중의 교회"로서, 또는 호켄다이크가 말한 "흩어지는 교회"로서, 요즘 일어나고 있는 "작은 교회"로서 그 사명을 다하고자 준 군대식 조직 체제를 갖고 공격적인 기독교화 운동을 펼쳐나갔던 것이다.

윌리엄 부스의 "작은 혁명"

구세군은 처음부터 어떤 교리를 중심으로 한 모임이 아니라 운동체적 모임(Community of Movement)이었다 (「구세군군령군율」과「국제선교선언문」 참조). 처음 구세군은 예수님의 지상명령인 마태복음 28:19절에 있는 "너희는 가서 모든 민족을 제자로 삼아라"는 말씀과 "구세군의 대헌장"으로 알려진 이사야 58:6~12에 있는 "내가 기뻐하는 금식은 흉악의 결박을 풀어주며 멍에의 줄을 끌러주며 압제 당하는 자를 자유하게 하며 모든 멍에를 꺾는 것이 아니겠느냐 또 주린 자에게 네 양식을 나누어 주며 유리하는 빈민을 집에 들이며 헐벗은 자를 보면 입히며 또 네 골육을 피하여 스스로 숨지 아니하는 것이 아니하겠느냐"는 말씀을 주제어로 삼아 가난한자와 노동자 계층의 사람들에게 그리스도 안에서 하나님의 사랑의 복음 (행 20:24)을 그 시대에 구현시키는 "선교공동체"로 출발하였다.

그것은 백성들에게 영적 각성을 촉구하는 신앙운동, 곧 영적인 갱신운동이었으며, 하나님께 예배드리는 예배공동체임과 동시에 이웃과 함께하는 사랑의 공동체였고, 교회의 사회화 운동의 공동체이기도 하였다. 여기서부터 당시 구세군은 영국의 사회와 역사 속에서 주도권을 잡고 일어서게 되었다. 그러기 때문에 구세군은 교회역사학자 W. 워커가 "기독교는 진공의 세계에 떨어진 것이 아니었고, 이미 형성된 또는 형성되어가는 사회의 발전과정 속에서 형성되어 가고 있는 것"이라고 말하였듯이 그리스도의 몸 된 구세군은 그 시대 상황 속에서 형성되었고, 또한 형성되어가는 사회의 과정 속에서 형성되어 오늘의 구세군이 발전해 나가게 된 것이고, 뿐만 아니라 한국 구세군이 선교 100주년을 지내게 된 것이다.

한국선교100주년을 지낸 한국 구세군은 한국 교회와 함께 21세기에 새로운 선교와 보다 큰 발전을 약속할 만도 하다. 한국 구세군의 발전은 바울사도가 말씀한 "너희의 믿음의 역사와 사랑의 수고와 우리 주 예수 그리스도에 대한 소망의 인내를 우리 하나님 아버지 앞에서 끊임없이 기억함"(살전 1:3)이 되지만 이것만으로는 앞날의 선교 및 구령의 성공을 보장할 수는 없다.

지금은 모름지기 창립자 윌리엄 부스가 말한바 "작은 혁명"(a small revolution)이 일어날 때인 줄 안다. 물론 이 혁명은 정치 사회개혁이 아니다. 우리의 내적이고 영적인 갱신이 선행되어야 할 것을 말하고 있다. 윌리엄 부스는 말하기를 "혁명은 나의 내적인 체험과 외적인 생애에서 작용하였다. 내적으로 나는 유혹자 사탄을 정복하여 곧 승리를 얻었고, 외적으로 하나님은 자비롭게도 나에게 성령을 부여하셨다"라고 하였다. 그는 "개인의 변화", 영적인 변화가 없이는 사회 개혁(socal reformation)도, 구세군의 구조적 변혁도 일어날 수 없다는 것이었다. 하워드 스나이더 박사는 그의 저서 「새 포도주는 새 부대」에서 말하기를 "성경적으로 볼 때 교회는 카리스마적으로 구조되어야 하고, 그런 은사 중심의 구조가 된 교회는 미래의 충격을 이겨낼 것이다. 그러나 엄격한 권위주의적 제도로 굳혀진 교회는 곧 쓸모없는 문화예술의 조직적 형태로 갇혀있는 스스로를 발견하게 될 것이다" 라고 하였다. 그는 또한 「2000년대 세계 동향」에서 "2000년대 교회는 영적 르네상스 시기"를 맞게 될 것을 말하기도 하였다.

내일의 한국 구세군은 예배, 교육, 친교, 봉사, 선교, 구제를 통한 신앙 공동체 생활을 위하여 합당한 구조로서 성경적 실체를 성육신 시켜야 한다. 구세군은 성경적으로 온건하고 경험적으로 본질적이어야 한다. 이것은 한국 구세군이 종교적 기교나 내용 없는 경험에서가 아니라 진정한 영적 각성으로 혁신되며 진정한 교회로 발전하는 것이어야 한다. 그런 의미에서 미래의 한국 구세군은 늘 자성해야 하고(마 24:42, 살전 5:6) 늘 성령 안에서 살고 성령 안에서 걸어가야 한다(갈 5:16~26). 교회사적으로 볼 때 교회는 항상 성서적이고 영적인 뿌리로 돌아갈 때 가장 충실하였다. 그때야 비로소 교회는 새로워져서 그 시대의 영적인 위기에 도전하는데 있어 가장 창의적이었다.

마치는 말 : 한국 구세군의 영적 혁신

우리가 역사적인 시각에서 볼 때 역사 속에서 존재해온 교회는 타락한 면도 있었지만 아직도 그 교회는 거룩한 교회임에는 틀림이 없다. 교회가 많은 면에서 부패하였음에도 불구하고 하나님이 임재하시며 역사하시는 부분이 아직은 소수 교회를 통하여 이루어지고 있다. 구세군은 거룩해지고자 하는 역사의 긴장(tension) 속에 있다. 구세군은 "역동적인 보편적 교회"로서 역사적인 교회의 전통에 대한 존중과 아울러 새롭게 하는 혁신적 단체, 영적 각성을 촉구하는 혁신적 운동(Radical Movement)으로 현존하고 있다. 그런 의미에서 "구세군은 한국교회의 마지막 보루"가 될지도 모른다.

진정한 역사적 신앙의 교회는 늘 자기 혁신을 해야 한다. 지금의 시대정신은 변화와 개혁인데 한국 구세군이 이런 시대의 정신과 거리를 좁히지 못한다면 존립자체가 힘들 것이다. 그 동안 한국 구세군은 사회봉사 사역에 의해 "자선냄비"라는 특수상황에 둘러싸여서 안주하고 있다. 그러나 자기 혁신이 없이는 지금 한국교회가 보여주는 침체기의 약세 현주소가 바로 우리에게 닥쳐오고 있는 것이다.

한국 구세군은 새롭게 하는 힘을 기르기 위해 큰 교회 안에 있는 작은 교회(Ecclesiolae in Ecclesia)로서가 아니라 큰 교회와 더불어 있는 작은 교회(Ecclesiolae with Ecclesia)로서 새롭게 하는 사명을 다하여야 한다. 그것은 세속(Secular) 속에서 성결의 누룩(Leaven of holiness)으로서의 사명을 다해야 할 것을 말한다. 한국 구세군은 필립 D. 니드햄 (Philip D. Needham)이 말한바 "선교하는 공동체"로서 교회의 사명과 지역사회를 섬기는 교회로서의 사명을 다하여야 할 것이다. 이런 의미에서 혁신적인 윌리엄 부스의 "작은 혁명" 정신은 오늘의 한국 구세군이 교회갱신의 한 패턴으로 받아 드려야 할 것이며 그 영향력은 한국 구세군 안에서 재 부흥되어야 한다.

창립자 윌리엄 부스의 성결사상

개인성화와 공동체성화 지향

윌리엄 부스의 성결사상은 개인뿐만 아니라 공동체의 범주에 이르는 이미지로서 넓은 차원의 성화개념으로 해석되고 있다. 이 같은 윌리엄 부스의 성결사상은 선교중심에 적용되었을 뿐만 아니라 사회봉사에 이르기까지 구세군의 생명 유지를 위해 처음부터 끝가지 강조되고 있는 절대 필요 요건이기도하다.

구세군의 삶은 구원과 성결이 중심이다.

구세군의 삶의 패턴은 구원과 성결로 중심되어있다. 구세군 교리에서 보듯이 구세군은 "구원과 성결"을 강조하는 단체이다. 집회성격에서도 보면 미신자의 회개를 위한 "구령회"(Salvation Meeting)가 있고, 병사가 성결의 은혜를 간구하는 "성결회"(Holiness Meeting)가 있다. 따라서 자비석(Mercy Seat)도 두 가지로 나누이게 되는데 구령회 때에 회개인을 위하여 베푸는 회개석 (Penitent Form)이 있고 성결회 때 성결을 위하여 베푸는 "성결단"(Holiness Table)이 있다. 이것은 윌리엄 부스에 의하면 구원받은 자는 "더 높은 신앙생활"인 성결에 이르러야 할 필요가 있기 때문이다. 더 나아가서 성결의 은혜를 체험한 구세군인은 성결한 삶의 실천을 위한 봉사 생활이 이루어지게 되는데 여기에서 사회사역, 지역사회 봉사사역이 실천되고 있다.

구세군의 성결한 삶은 성례전적인 예전에로 이어지는데 구세군은 영문 안에서 행해지는 의식화된 예전이 아니라 세상 속에서 행해지는 "나눔과 돌봄"의 생활화된 성례전을 강조한다. 이것이 바로 "성례전적 삶"(Sacramental Life)이고, 이웃사랑, 지역봉사, 사회봉사, 구제사역, 의료사역 등 사랑의 실천으로써 "하나님을 사랑하고 이웃을 사랑하라"(눅 10 : 27)는 계명에 따라 "마음은 하나님께, 손길은 이웃에게"(Heart to God, Hand to man) 라는 모토로 실천해 나가고 있는 것이다. 이러한 구세군의 실천운동을 복음적 실용주의(Gospel Pragmatism)라고 한다.

또한 구세군(The Salvation Army) 이란 단체 명칭에서도 보면 첫 글 자 "Salvation"은 구원을 목적하고 있는 것이고, "Army"는 구원받은 병사들이 죄악과 싸우는 성결한 삶의 목적을 위해 구체적으로 전도실천 즉 개인구원과 사회구원을 지향하고 있는 것이다.

이러한 차원에서 볼 때 구세군은 모두가 구원과 성결 곧 믿음과 생활이란 기본적 초석위에 구세군의 생태와 구조의 틀을 이해해 나가야 한다. 이 같은 사실은 창립자 윌리엄 부스의 성결사상을 살펴봄으로 더욱 확실 시 될 것이다. 그의 성결사상은 개인의 구원을 뛰어 넘어서 사회에 대한 성결 된 삶의 실천을 강조하기에 이른다.

윌리엄 부스는 어떤 신학적 이론으로 자신의 사상을 정립한 신학자가 아니다. 그는 책상 위에서 신학서적을 쓰기 위해서 시간을 보낸 적이 없다. 그럼에도 불구하고 그는 위대한 실천신학자이다. 그의 신학의 장은 어떤 강의실이나 서재가 있는 도서관이 아니라 사람이 왕래하는 세속 한 복판이었다. 그는 그 속에서 실천하는 신학을 습득하였고 그곳이 곧 그가 신학 하는 현장이었다. 그렇기 때문에 윌리엄 부스에게 신학이 있다면 그 것은 실천하는 신학이고 그 신학은 곧 성결한 삶의 신학이다. 그의 성결의 신학은 성결한 삶의 신학이다. 즉 그것은 이론이 아니라 삶 자체이며 실천적인 사회생활이 곧 그의 성결사상이다.

부스 대장이 쓴 「매일의 경건생활을 위하여 구세군인들에게 보낸 편지」에 보면 "일, 선행, 일의 선택, 하나님을 기쁘게 하는 일, 경건, 사랑, 주종의 관계, 물품구입, 옷차림, 음식, 잠, 청결생활, 대화, 시련, 가난, 연약함, 성경봉독, 주일성수, 의무이행" 등 매일의 삶 속에서 일어나는 모든 것에 성결한 삶이 적용되어야 할 것을 보여 주고 있다.

이러한 실천적인 삶은 영원한 구원을 위해 싸우는 삶이며 선한 성도와 선한 시민이 되게 하는 것이다. 그러므로 성결은 어떤 특정 인물에게 제한된 것이 아니라 평민(common people) 누구나가 행위 해야 할 실천적 생활 자체이다.

카펜터 부장(M.L. Carpenter)은 그의 저서 「구세군의 창립자 윌리엄 부스」에서 말하기를 "윌리암 부스가 각처에서 인도한 집회에서 강조한 최상의 표준은 성결이었고 성결이 모든 신자들의 표준이 되어 줄 것을 바라고 있었다"고 말하였다.

윌리엄 부스의 성결사상 배경

성결론은 윌리엄 부스의 운동에 있어서 항상 중요한 교리였다. 부스는 어린아이로 성공회에 입적되었고 15세 때 노팅함에 있는 감리교회에서 생애의 변혁이라 할 수 있는 회개의 체험을 하였다. 윌리엄 부스는 당시 구원의 체험에 대하여 이렇게 말하였다.

"내 과거의 옳지 못한 행실 때문에 나를 향해 굳게 닫혀 있는 듯 느껴져서 내 죄 값을 치르지 않으면 안 되었다. 나는 친구들에게 곧잘 물건을 팔아 이익을 얻고도 아주 친절히 그냥 주는 척 했다. 그러면 그들은 고맙게 생각하여 은제 필통을 나에게 주기도 했다. 받은 물건을 반환하는 것은 쉬웠으나 내가 저지른 사기행위를 그들에게 고백한다는 것은 진정 어려운 일이었고 창피해서 얼마동안 주저하지 않을 수 없었다. 나는 아직도 교회안의 한 장소를 기억한다. 나는 그 곳에 앉아 기도하던 중 드디어 과거를 청산하기로 하고 결심하고 일어나 밖으로 뛰어나가 친구를 만나 내 잘못을 고하고 그에게 은 필통을 돌려주었다. 그 순간 무거운 죄 짐은 없어지고 내 마음에 평안이 깃들게 되었으며, 이제부터 내 하나님과 이 세 대를 위하여 일하러 갈 것을 결심 할 수 있었다. 그때부터 나는 세상의 향락을 버리고 내 속에 새 사람이 나를 죄에서 끌어내어 주는 것을 알게 되었다. 나는 완전히 세상에 대한 흥미를 잃었다. 나의 새 생활이 시작된 것이었다."

부스는 회개 후에 미국의 감리교회 부흥사인 제임스 코히(James Caughey) 목사의 집회를 통하여 성결의 삶을 강하게 교훈 받았다. 제임스 코히 목사는 의인과 성화의 축복에 대하여 분명히 설교하였다. 그는 주장하기를 "비록 초기 성화가 의인과 더불어 동시에 일어나는 것일지라도 영혼이 죄로부터 완전히 깨끗하게 되는 것은 보통 후속 역사이다"라고 하였다.

그러나 실제로 윌리엄 부스의 성결 사상에 지대한 영향을 준 자는 의심 없이 존 웨슬리이다. 웨슬리는 의인과 성화로 이루어져있는 온전한 구원(Full Salvation)을 가르쳤다. 여기서 의인(義麟) 또는 칭의(稱義, Justification)는 예수 그리스도의 십자가의 고난을 통한 보혈과 의롭게 하심으로 하나님께서 인간의 죄를 용서하시는 것을 의미한다. 의인의 직접적인 결과는 "하나님의 평안과 하나님의 영광의 소망 안에 있는 기쁨이었다." 그러나 이것은 성화의 시작이다. 인간은 의롭게 되기 위해서는 더욱 죄에 대하여는 죽고 하나님에 대하여는 살아야 하는 온전한 성화 또는 온전한 구원(entire sanctification or full salvation)을 향하여 기대해야 한다. 그것은 의인과 마찬가지로 온전한 행위로서가 아니라 회개와 믿음으로서만 온다고 가르쳤다.

왜 웨슬리는 온전한 성화가 필요하다고 강조하고 있는가? 왜 그는 그리스도인의 삶이 자범죄(Actual sins)로부터 자유 함을 얻는 것이 중요하다고 생각하였는가? 여기서 자범 죄(Actual sins)는 무의식의 죄(sins of ignorance) 보다는 오히려 동기의 죄(sins of motive) 곧 고의적인 죄(고범죄)이다.

그 이유는 웨슬리에 의하면 기독교는 고독의 종교(a solitary religion)가 아니라 사회적 종교(a social religion)이고, 그것은 궁극적으로 예수 그리스도 안에서 하나님의 은혜에 의해서 가능케 된 새로운 윤리적 삶(the new ethical life)이라고 확신하기 때문이다. 한편 웨슬리는 "만일 어떤 죄(any sin)가 남아 있다면 우리는 모든 죄(all sin)로부터 깨끗해진 것이 아니다"라고 하였다.

웨슬리는 아무도, 그리고 어떠한 수단으로 범죄로부터 자유 함을 얻을 수 없고 모든 그리스도인들이 그리스도에 의해 이루어진 구원의 믿음(구원에 이르는 믿음, saving faith)을 살지 않는 한은 죄를 짓게 된다고 말하였다. 그러므로 그는 의지와 지식(will and knowledge) 사이의 구분을 중요시 하고 있다.

성화는 모든 욕망을 그리스도의 순종에 굴복시키는 완전(perfect)과 결코 잘못이 없는 의지(infallible will)를 중요시 한다. 그러나 이 완전은 지식(knowledge)의 완전이 아니다. 성화된 사람일지라도 무의식적인 죄(indeliberate sin)를 범할 수 있다. 무의식적인 죄의 특징은 완전한 율법을 파괴한다. 반면 성화에 있어서 고의적인 죄(deliberate)는 완전한 사랑에 대해 전적 반대(contrariness)이다. 실제로 완전한 사랑은 성화의 본질이며, 죄의 문제에 대한 해제이다. "온 마음에 사랑으로 가득 채워져 있다면 어떤 방이 죄로 채워질 수 있겠는가?"

캐서린 부스에 의한 윌리엄 부스의 영향

윌리엄 부스에게 있어서 성결 된 삶(the sanctified life)은 사랑의 삶을 의미한다. 그는 말하기를 "성령의 은사 중 더욱 가치 있는 은사는 예수 그리스도의 심정으로 충만케 된 열정적인 사랑으로 채워지는 것이다"라고 하였다. 그러나 이 사랑은 오직 인간의 심령 속에 있는 죄의 원리(the principle) 또는 죄의 뿌리(root)의 파괴를 통해서만 완전하게 된다. 여기서 부스는 전적으로 웨슬리를 따르고 있다. 그러나 부스는 성화의 조건을 말하게 될 때는 웨슬리의 조건과 달랐다. 윌리엄 부스는 웨슬리의 중심적이고 절대적인 조건인 '믿음'보다는 오히려 다음의 네 가지 조건을 강조하고 있다.

성화의 첫째 조건은, 죄로부터 완전한 구원을 필요로 하는 축복의 확신이다. 하나님은 죄인을 사랑하시어 죄에서 구원시키시므로 온전한 구원에 이루도록 축복하신다는 사실을 믿어야 한다.

성화의 둘째 조건은, 모든 불신과 모든 알려진 죄악을 포기하는 것이다. 하나님을 향한 불신과 자신의 죄 된 행위들을 완전히 단절시켜야 한다.

성화의 셋째 조건은, 전인격을 하나님께 내어주고 십자가를 소유하는 것이다. 자신을 내 것으로 삼지 말고 전적으로 하나님께 헌신하므로 주님의 십자가를 지고 죽도록 충성해야 한다.

성화의 넷째 조건은, 성화케 하는 신앙이다. 하나님은 성령을 통하여 믿음으로 온전히 성화케 하신다.

따라서 부스는 웨슬리가 가졌던 사상보다 더욱 실천적이고 도덕적인 성화론을 수립하였다. 윌리엄 부스가 도덕적 성화론을 수립하게 된 세

가지 주요한 이유가 있다. 부스는 첫째, 웨슬리의 신학적 이론을 더욱 실천 할 수 있는 형태의 교리로 승화시켰다. 둘째, 그의 운동은 대체적이고 고착화된 교리나 기존의 교회 밖에서 환경과 백성에 역행하는 개혁을 실행하였다. 셋째, 거기에는 캐서린 부스(Catherine Booth)의 도덕주의적인 신비주의가 있었다.

여기서 잠시 캐서린 부스의 삶과 사상을 살펴본다면 그는 항상 남편 윌리엄 부스에게 강한 영향력을 발휘하였다. 그녀는 윌리엄 부스보다 지성적이었고 폭넓게 독서를 하였다. 그녀는 어릴 때 어머니에 의해서 청교도적 형태(puritan type)의 가정교육을 받았고, 악한영향을 항상 멀리하였다. 그녀는 어머니 같이 열렬한 감리교 신자였고, 아버지는 전에 알코올 중독자였으나 후에 감리교회에서 회개하고 금주운동의 지도자가 되었다.

캐서린 부스는 신체적으로 고통이 많았다. 어릴 때 모진 척추병을 앓았고, 1889년에는 죽음을 앞두고 수개월 동안 참기 힘든 통증에 시달렸다. 이러한 생애의 고통을 통해서 그녀는 두 가지의 투쟁하는 감정적 경향 (conflicting sentiments)이 생겨나게 되었다. 한편으로는 다른 사람의 고통에 대해서 매우 민감하였다. 그러나 다른 면으로는 자신의 신체적 고통의 혼란을 초래함으로 강한 신비적 경향이 발전하게 되었다. 캐서린의 신비주의는 그녀의 전 생애를 지배하고 있었다. 그녀는 19세 때 하나님 앞에서 성결해야 될 것에 대하여 이렇게 일기에 기록하였다.

"나의 최고의 야망은 마음의 성결입니다. 이것은 내 영혼의 강렬한 울부짖음입니다. 오늘 저녁 당신의 진리로 성결케 하소서. 당신의 말씀은 진리니이다! 주여. 나의 기도에 응답하소서. 온전한 구원은 내가 하나님께 영광 돌리기 위해 가장 필수적인 것이고 내가 하늘나라 길을 찾는데 가장 고상한 것입니다. 성결이 없이는 아무도 주님을 뵙지 못합니다. 나의 영혼은 어느 때나 매우 행복합니다. 나는 용서하시는 긍휼의 확신을 느낍니다. 나는 깨끗한 심령을 원합니다. 오 나의 주여, 나를 취하소서. 구원의 날까지 나를 인치소서."

캐서린 부스가 간구한 성결은 감정적인 성화(sentimental sanctification)라기보다는 오히려 실천적 성결(practical holiness)을 열망하였다. 그녀는 이렇게 말하였다.

"우리는 감정적인 것(sentimentality)을 포기하지 않으면 안 된다. 감정적인 것은 직업에서보다 경건생활에 있어서 더욱 유용하지 않다. 우리는 실질적 의식의 계획과 함께 철저하게 열심히 일해야 한다."

캐서린 부스에게서 매우 중요한 것은 신앙의 자발적인 양상이다. 그에게 있어서 "신앙은 내가 해야 할 것은 하고 하지 말아야 할 것은 하지 않는 것이다." 그것은 의지의 전적인 행동이다. 그는 거룩한 백성이 되기 위해 거듭나야 할 것을 강조하였다. 신앙의 궁극적인 목적은 도덕적 중생이다. 그는 웨슬리의 용어를 답습하였다. 웨슬리는 거듭남을 정결케 된 의지를 통하여 완전한 사랑 안에서 법을 성취하는 능력이라고 했다. 그녀는 말하기를, 법은 "첫째 죄를 알게 하고, 둘째 죄의 행위를 정죄케 하고, 셋째 칭의를 열망케 한다."고 하였다.

스테드(W.T. Stead)는 그의 저서 「대장 윌리엄 부스」(General William Booth,1891)에서 윌리엄 부스는 19세기 조지 폭스(George Fox)의 후계인 퀘커파(Quakers)의 영향이 컸다고 한다. 특히 그들의 인간애 (humanitarianism)

와 예전(ceremonialism)곧 성례전(sacraments)이라고 한다.

이와 같이 부스의 성결사상의 견해는 주로 존 웨슬리와 그의 부인 캐서린 부스와 나아가서는 퀘커 사상에서 왔다고 볼 수 있다. 웨슬리에게서는 온전한 성화론 사상을, 캐서린 부스에게서는 더욱 실천적인 성결사상을, 퀘커파에게서는 영적인 것 곧 영적 생활의 신비적 사상의 경향을 영향 받았다.

윌리엄 부스의 성결한 생활 견해

윌리엄 부스는 웨슬리처럼 죄 없는 완전이나 타락 이전의 아담의 상태로 도달하는 가능성을 믿지 않았다. 완전은 인간에게 불가능하다. 그리고 자비심 많으신 하나님께서 그것을 요구하지 않으신다. 하나님이 요구하는 것은 "우리의 지식과 능력(knowledge and ability)에 의하여 하나님을 사랑하고 섬기도록 요구하신다. 하나님은 그것으로 만족하시게 된다." 물론 이러한 견해가 암시하는 것은 웨슬리의 의지(will)와 지식(knowledge)을 구분하는 사상과 같다.

부스는 그리스도인들을 두 분야로 구분한다. 하나는 "바싹 마른 그룹(Mummy Class)이다. 이것은 신조의 조문만 있고 생명이 없는 신자를 말한다. 다음은 생명그룹(Life Class)이다. 이것은 생명을 가지고 있는 신자를 말한다. 부스는 말하였다.

"만일 그가 살아있는 사람이라면 그는 나를 위한 사람이다. 만일 사람들이 아브라함, 이삭, 야곱, 나아가서는 바울에 대하여 잘못한다면 그는 나에게 아무런 상관이 없다. 그들이 마음과 혼을 다해서 하나님을 사랑한 다고 할 때 나에게 상관이 있다. 우리는 우리를 위해서 돌아가신 그리스도를 위해서 어떻게 하겠는가? 이들이 나를 위한 백성들이다."

생명(Life)을 강조하는 것이 웨슬리안운동(Wesleyan movement)의 특징이다. 부스에게 있어서 성화(Sanctification)는 신자들이 그리스도의 사역에 동참하는 것을 의미한다. 위대한 사역에 협력하려고 노력해야 한다. 부스에게서 성결생활은 곧 사랑의 삶이다. 하나님을 사랑하고 이웃을 사랑하므로 그리스도의 고난에 동참하는 것이다.

윌리엄 부스의 성결사상

로저 그린(Roger J. Green) 박사는 그의 논문 「윌리엄 부스의 구속 신학」(War on Two Fronts : The Redemptive Theology of William Booth, 1989)에서 "1878년 이전의 윌리엄 부스의 신학은 구속론 (Doctrine of Redemption) 에 집중되었으나 1878년 이후의 신학은 믿음에 의한 성화론 (Doctrine of Sanctification by faith) 을 채택하였다"고 하였다(pp. 58~60).

윌리엄 부스의 믿음에 의한 성화사상에 관한 가장 간결하게 나타난 두 저서는 「마음의 정결」(Purity of Heart)과 「성결에 이르는 단계」(A Ladder to Holiness)이다.

「마음의 정결」

　실제로 윌리엄 부스의 성화사상은 1907년에 쓰여진 「마음의 정결」 (Purity of Heart)에 잘 언급되었다. 믿음에 의한 성화는 매우 중요하다. 그것은 개인의 죄와 죄책의 문제에 대한 궁극적인 대답이었다. 그것은 더욱 가르쳐지고 설교되어졌다. 그것은 믿는 자의 마음속에 임하시는 하나님의 두 번째 은혜의 역사였다. 모든 믿는 자들은 믿음에 의해 성화 될 수 있다고 확신할 수 있다. 또한 윌리엄 부스의 성화론은 개인뿐만 아니라 공동체의 범주와 이미지로서 넓은 차원의 성화 개념으로 해석되고 있다.

　첫째, 그의 성화론은 악의 문제에 대한 마지막 대답이었다. 성화에 의하여 세상 죄악이 궁극적으로 정복되는 것 즉 악의 궁극성의 어떤 개념이 파멸되는 것을 말한다.

　둘째, 그의 성화론은 그의 조직에 합법성을 가졌다. 하나님은 개인적으로 성화케 하실 뿐만 아니라 그룹 또는 단체를 성화케 하신다는 것을 확신하였다. 부스에게 있어서 성화는 그의 조직의 성장과 발전에 새로운 차원을 야기했다. 공동의 성화(Corporate sanctification) 또는 단체의 성화(Institutional sanctification)는 구세군이 인류뿐만 아니라 근원적으로 하나님께 속해있다는 중요한 표징이 되었다. 그리하여 윌리엄 부스는 1892년 5월호 「구세공보」(War Cry) "성령의 기독교"(Christianity on Fire)라는 글에서 이렇게 썼다. "하나님께 너희 자신들을 던져버려라. 나를 위하여, 너희 자신들을 위하여, 전 구세군을 위하여, 능력 있는 성령의 세례를 위하여 주시하고 기도하고 믿고 기대하라." 부스는 1909년 그의 80회 생일에 사관들에게 보내는 편지에 그 사실이 다시 반복되고 있는 것을 볼 수 있다. "구세군은 하나님의 영감과의 위대한 관계를 알고 있다. 그 자체는 성령의 창조이다."

셋째, 성화에 대한 부스의 넓은 이해성은 신자들 개인 안에서 뿐만 아니라 교회 공동체 안에서 하나님은 역사하시고, 이 같은 하나님의 최종적인 구원의 목적은 근본적으로 하나님 나라의 성취를 준비하는 것이다.
부스의 성화론 개념의 견해는 구속의 역사가 하나님에 의하여 완성될 때까지 세상의 악으로부터 완전히 분리되는 것이다. 이런 면에서 지구상에 있는 하나님의 거룩한 백성에 의한 구원의 역사로써의 하나님 나라는 자연적으로 구원의 준비 수단으로써의 성화론으로부터 전이되는 것이다. 즉 성화론과 하나님 나라론은 이런 면에서 서로 달리 고찰되는 것이 아니라 서로 하나로 연결해서 이해되어야 한다. 거룩한 백성은 거룩한 세계를 필요로 한다.
부스는 「마음의 정결」에서 말하였다. "만일 당신이 거룩한 남성과 여성이라면 당신은 거룩한 전쟁을 도울 것이다. 그런데 만약 당신이 온전히 구원받았다면 보다 효과적으로 더욱 멀리 그리스도의 성호를 영광돌려 펼칠 것이다. 거룩한 백성은 거룩한 세계를 필요로 한다. 나는 구세군이 거룩한 백성으로 하나란 것을 확신 한다." 여기서 부스의 '구속신학'의 교리적 원리는 단체적 성결 (institutional holiness) 이 본질적이고 성결의 궁극적 구속의 목적은 세상을 정복하여 하나님의 나라를 확장하는 것이다.

「성결에 이르는 7단계」

윌리엄 부스는 "온전한 구원에 이르는 7단계"로서 "성결에 이르는 단계"를 말하였다. 이 단계는 처음에 "어떻게 구원 받게 되는가"(How to be saved) 라는 제목으로 계획되었으나 마음의 성결을 구하는 자들의 사용을 위해 「성결의 단계」를 쓰게 되었다. 이 책을 읽기 전에 우리가 어떻게 이 책을 읽어야하는가 하는 몇 가지 방법을 말하고 있다.

첫째, 하나님과 단독자로 만나기 위해 가능한 장소를 정하고 시간을 구 별되게 하라.
둘째, 처음부터 마지막까지의 내용을 주의 깊게 읽어라.
셋째, 성령의 인도하심을 위하여 열심히 기도하라 .
넷째, 마음에 영접하고 분명히 이해될 때까지 떠나지 말고 한 단계 한 단계 마음을 다하여 하나님 앞에 무릎을 꿇어라.
다섯째, 충실히 이 코스를 따른다면 원했던 깨끗한 마음의 축복을 달성하게 될 것이다.
다음 단계들은 내가 어떻게 변화되어야 하는가를 주의 깊게 읽어나가야 할 것이다.

1단계 : 나는 하나님의 자녀이다.

나는 하나님의 자녀이다. 나는 자신을 갖고 하나님을 나의 아버지라고 부른다. 나는 예수 그리스도가 나의 구세주이심을 안다. 그리고 그분이 나의 모든 죄를 용서하셨음을 안다. 나는 나의 마음과 삶이 하나님의 성령에 의하여 변화될 수 있도록 회개한다. 나는 사망과 심판과 지옥의 두

려움이 사라지기를 원한다. 나는 주님을 사랑하고 그를 따르기를 원한다. 나는 죄를 미워하고 죄로부터 완전히 구원받기를 간절히 바란다. 나는 기도하고 성경을 읽고 모든 주님의 백성을 사랑한다. 나는 지상에서 하나님의 나라가 확장되기 위해서 더욱 힘써 일할 것이다. 나는 죽음에 이를 때 구주께서 나와 함께 계신다는 선한 소망을 가지고 있다. 나는 주께서 심판의 날에 나를 해방시킬 것이며, 영원히 함께 거하기 위해 하늘나라에 나를 영접할 것을 믿는다.

2단계 : 나는 내 마음과 삶에 죄가 여전히 존재하는 한 슬픔이 함께 한다는 것을 안다.

나는 비록 하나님의 자녀라고 확신한다고 할지라도 내 마음과 삶에 악이 여전히 존재하고 있는 한 나는 슬픔 속에 있다는 것을 안다. 나는 내 영혼에 교만, 허영, 나쁜 기질, 악의, 증오, 빈정댐, 복수심, 야심, 욕망, 나태, 쾌락 사랑, 세상보화 사랑, 이기심, 정직성 결핍, 질투 등의 죄악이 여전히 나의 영혼 속에 존재하고 있는 한 나는 슬픔 속에 있다는 것을 안다.

(여러분은 자신의 마음속에 행위의 죄를 짓도록 인도하는 특별한 죄들을 이 악의 목록에서 선택해 보라. 그리고 이 목록에서 특별한 죄를 깨달았을 때 그것들에 대하여 증오를 느낄 때까지, 그리고 그들을 혐오하고 몹시 싫어할 때까지 자신의 마음속에 있는 죄의 목록들을 찾아보라.)

나는 대화 속에서, 가정생활 속에서, 사업을 경영하는 방법 속에서 나의 매일의 삶 전 부분 속에서 이 죄악들이 나타나고 있는 것을 발견한다. 나는 이 죄악들이 구세군인으로서의 모범을 손상시키고 종종 내 주

위에서 나를 방해하고 있는 것을 느낀다. 그러나 나는 내 죄의 짐이 나를 누르게 될 때 의사이신 주님께서 나를 치료하실 것을 안다. 나는 이들 죄악들이 나의 행복을 크게 해치고 있는 것을 느낀다. 나는 이들 죄악 들이 나를 너무 초조하게 하고 속이 상하게 하고 종종 죄악 속으로 인도하기 때문에 구원함을 받고 용서를 구해야 할 것을 느낀다. 나는 이러한 죄악들이 나의 구세주를 슬프게 하고 주님의 뜻을 거역하게 하고 주님의 말씀을 회피하게 한다는 것을 안다. 나는 진정 이 모든 죄들을 미워하고 그 죄들로부터 구원받기를 원한다.

3단계 : 나는 예수 그리스도께서 내 모든 죄에서 나를 구원하실 것을 믿는다.

  나는 성서를 읽으면서 주의 음성을 들을 때 내 마음속에 성령으로 말미암아 하나님의 빛이 비추이므로 밖과 안의 모든 죄로부터 나를 자유하게 하심을 알고 믿는다. 나는 영혼과 육체의 모든 더러움으로부터 주님의 완전하신 성결로 깨끗해질 수 있는 것을 믿는다. 나는 내 스스로 이 세상에서 모든 유혹, 슬픔, 고통, 죄로 타락하는 가능성으로부터 해방된다는 것을 기대하지 못한다. 그렇지만, 나는 하나님이 나의 유혹과 죄 짐에서 내 마음을 변화시키시고, 그의 측량하지 못할 성령으로 말미암아 죄를 범하지 않고 살아가게 하실 것을 믿는다. 나는 이제 예수 그리스도가 세상에 태어나시고 사시고 죽으시고 부활하신 목적이 나의 삶과 마음속에서 작동하고 있는 죄악을 멸하기 위한 것임을 안다. 나는 성경에서 이 성결의 축복이 나에게 제공되고 내가 성령으로 말미암아 나의 잘못이 용서되고 하나님께서는 마음과 생각의 모든 불결로부터 나를 깨끗케 하시려고 지금 나를 기다리고 계심을 믿는다. 바로 지금 내가 주님 앞에 무릎 꿇고 있는 동안에 하나님은 나에게 말씀하신다. "나는 너에게 성령으로 세례를 주노니 너는 지금 깨끗해질지어다. 너의 모든 부정과 우상으로부터 깨끗함을 얻으리라. 내가 너를 깨끗케 하리라. 또한 내가 새로운 마음을 너희에게 주며, 새로운 영을 너희에게 주리라. 그리고 너의 육체에서 완악한 마음을 제거할 것이며 새로운 신선한 마음을 너희에게 주리라. 나의 성령이 너희 안에 있을 것이며 나의 계명이 함께 할지어다. 그러므로 너희는 나의 계명들을 지키고 그것들을 행하라."

오, 복음의 즐거운 소리여! 그리스도께서 내 안에 나타나셨네. 이제 내가 주님의 얼굴을 뵈오리니, 나 여기서 거룩해지리라. 이 마음은 주님이 거하는 영원한 집이 되리니 나는 성령의 외침을 듣는도다. "내가 진실로 속히 오리라"(계 22:20).

4단계 : 나는 지금 성결해지기 위해 내 마음 전폭적으로 결심한다.

나는 내가 주님께 어떻게 해야 하는가를 물었을 때 하나님은 나의 삶과 마음을 깨끗하게 해 주신다고 약속하신 것을 믿는다. 나는 지금 어떤 대가를 치르더라도 성결해 지기 위해 결심하고 이 축복을 구하기로 결정하였다. 나는 분명히 아무런 수고 없이 성결의 은혜를 얻을 수 없다는 것을 잘 알고 있다. 나는 내가 해서는 안 될 것을 좋아하여 행하게 되는 것이나 나를 즐겁게 하는 어떤 것들이 있을지라도 포기할 것을 결심한다. 나는 공포와 불신의 마음으로부터 나를 성결케 되기를 원치 않는 대적과 투쟁하여 약속된 성결의 땅에 들어갈 것을 확신한다. 나는 보물을 얻기 위해서는 어떤 희생의 대가가 있어야 함을 확실히 안다.

5단계 : 나는 알려진 모든 것과 의심스러운 것 모두를 포기한다.

　성결은 죄 없는 삶을 의미한다. "하나님은 나에게 성화케 되라"고 명령 하신다. 나 자신을 성결케 하라고 하신다. 나는 마음과 삶을 깨끗하게 하기 위하여 하나님과 협동 자가 되어야 한다고 하신다. 나 자신이 정결해 질 때 나는 모든 것을 행할 수 있다. 나는 지금 그리고 여기에서 사려 깊고 정중하게 주님의 뜻과 요구에 반대되고 동료의 행복과 성결에 반대되는 것으로 나타나는 모든 것을 포기한다. 나는 나의 사상과 감정과 마음의 상상력 속에 자리 잡고 있는 모든 악을 끊어 버린다. 나는 내 개인의 습관 속에 나타나고 있는 불결 즉 먹든지 마시든지 입든지 말하든지 내게 인간적인 생활 속에 나타나고 있는 모든 악을 포기한다. 나는 가정에서 아내 또는 남편과의 교제(내가 만약 결혼하였다면), 자녀와의 교제(자녀가 있다면), 주인과의 교제(직원이 있다면), 사업에 있어서, 일반적인 매일의 삶에 있어서, 내 자신을 처신하는 방법에 있어서, 나쁘다고 하는 모든 것을 포기하고 버린다. 나는 여기에서 악에 빠지도록 하는 모든 것뿐만 아니라 의심나게 하는 모든 것들과의 관계를 끊어 버린다. 나는 내가 할 수 있는 한 옳고 그른 것에 대하여 삼가 행동할 것이다. 나는 결코 의심스러운 행동으로 말미암아 내 자신을 정죄에 이르게 하지 않을 것이다.

6단계 : 나는 하나님을 봉사하기 위해 내 자신을 온전히 바친다.

나는 하나님의 도우심으로 행동할 뿐만 아니라 모든 악행을 그치도록 약속한다. 나는 주님을 섬기기 위하여 지금 그리고 여기에서 나 자신을 온전히 그리고 아낌없이 바친다. 나는 주님께 나의 손과 발과 눈과 귀와 혀와 나의 몸의 모든 것과 내 모든 능력과 욕망을 주님 보시기에 적당한 곳에 쓰이기 원하여 주님께 바친다. 나는 마음과 기억력과 판단력과 상상력을 주님께 온전히 드린다. 나는 주님께서 나의 마음을 깨끗하게 하시고 주님 오시는 날까지 온전히 지켜주실 것을 믿는다. 나는 주님께서 정결하게 하시고 그의 애정으로 채워주신 사랑과 예배와 소망과 믿음과 함께 나의 마음을 주님께 바친다. 나는 나의 모든 재물을 주님과 주님의 나라를 위하여 사용할 것이다. 나는 또한 그들을 사용함에 있어 주님을 나타내도록 하겠다. 나는 전폭적으로 주님께 나의 삶을 바치며, 하나님 나라를 위하여 일하겠다. 나는 하나님의 기뻐하심을 위해 나의 조건과 입장을 완전히 포기하겠다. 나는 주님께서 내가 가난하거나 부하거나 병들거나 건강하거나 나를 이 세상과 하늘나라에서 지켜주실 것을 믿는다. 나는 오직 주님의 소유이다.

7단계 : 나는 예수 그리스도께서 나를 깨끗이 해 주질 것을 믿는다.

"오 주님, 당신은 나를 성결하게 하시고, 예수 그리스도의 죽으심으로 모든 악으로부터 나를 구원하셨음을 믿습니다. 내가 전심으로 성결의 축복을 구하였을 때 당신은 나를 성결하게 하시기를 약속하셨습니다. 나는 이제 내 모든 악을 포기하고 당신의 원대로 지금 그리고 여기에서 나를 받으시어 정결한 삶을 살아가게 할 것을 믿습니다. 예수 그리스도가 모퉁이의 돌이 되시고 자신의 몸을 희생하시어 나의 지난 삶의 모든 죄를 덮으셨으므로 나는 예수 그리스도의 보혈이 모든 죄로부터 나를 깨끗케 하신 것을 믿습니다. 성부와 성자와 성령께 영광을 돌립니다! 나는 온전히 주님의 것이고 주님은 온전히 나의 것입니다!"

마치는 말

윌리엄 부스의 성결사상은 선교에 적용되었다. 그의 성결사상은 어떤 신학적 논문을 해석하기 위한 관조 높은 명상적인 교리(Contemplative doctrine)가 아니다. 그것은 하나님의 백성을 성결하게 하기 위한 보다 실천적이고 행동적이며 역동적인 교리이다. 우리가 아는 대로 예수님의 궁극적 섬김이 영혼 구원에 있는 것처럼 윌리엄 부스의 성결사상은 근원적으로 선교의 실천적 행동에 중점 두고 있는 것뿐만 아니라 구세군의 생명유지를 위해 처음부터 끝까지 강조하고 있는 절대 필요 요건이다.

구세군의 성결사상 : 사회적 성결론 이해

온전한 성결과 사회적 성결 지향

구세군은 성결한 삶을 강조한다. 특히 개인을 위한 온전한 성결과 사회 봉사를 위한 사회적 성결을 강조하다. 이것은 두 가지 성결론이 따로 있는 것이 아니라 하나의 성결한 삶에 대한 양면성이다. 그러기에 구세군의 성결론은 개인적인 성결에만 머물러있는 것이 아니라 공동체를 지향하는 것이고, 이것은 자기의 공동체만 위해 머물러 있는 것이 아니라 또 다른 공동체인 사회전반에 대한 관심을 갖는다. 구세군은 예식으로서의 성례전(Sacraments)은 실행하지 않지만 사랑과 봉사적 삶의 실천으로서의 성례전적 생활(Sacramental Life)을 강조한다. 이것은 사회적 성결의 기초적 삶이다. 구세군인은 성결의 유지를 위해 주일 "성결회" 때 "성결단" (자비석)에 헌신함으로 성결의 은혜를 간구하며 재 헌신의 기회를 갖는다.

구세군은 성결의 단체이다.

1876년 윌리엄 부스는 아들 브람웰 부스에게 말하기를 "존 웨슬리가 감리교를 창설하는데 성공할 수 있었던 비결은 죄인들로 하여금 회개케 하는데 있지 않고 성도들을 바로 육성하는데 있었다. 우리도 이점에 있어서 그의 발자취를 따라가지 아니하면 우리의 모든 특징과 사역은 모래로 짜인 줄이 될 것이다"라고 하였다. 존 웨슬리는 18세기 복음주의 각성을 불러일으킨 유력한 지도자요 성결운동의 선봉자였다. 그러기 때문에 윌리엄 부스는 존 웨슬리의 성결론 즉 "그리스도인의 완전"(Christian Perfection)을 부활시켜 전파하기 시작하였다.

실용적 부흥방법

구세군은 당시 부흥운동의 불길 속에서 태어났다. 윌리엄 부스는 부흥 운동의 불길 속에서 구세군 운동을 전개하였다. 19세기의 가장 현저한 전도자 찰스 G. 피니(Charles G. Finny, 장로교 목사,1792~1875)는 극단적인 칼빈주의를 거절하고 성결론을 가르쳤다. 그는 성서적 성결론을 부흥을 일으키는데 적당한 수단으로 사용하였다. 피니 목사가 1849

년~1851년과 1858년~1859년 기간에 영국을 순방하며 부흥운동을 일으킬 때 윌리엄 부스와 캐서린 부스는 그 운동의 영향을 받았다. 뿐만 아니라 1841년~1848년까지 영국에서 큰 성과를 거두었던 제임스 코히 (James Caughy, 감리교 목사)의 영향도 컸다. 코히가 1846년 노팅험에서 부흥집회를 갖고 2만2천명의 구도자가 생길 때 윌리엄 부스는 청년시절에 그 광경을 직접 자기 눈으로 보았고 영적 감동을 받았다. 코히 목사는 확실한 결과를 가져오도록 설교하였고, 부흥을 위한 적당한 방법을 양심에 호소하여 죄의 권능으로부터 구원받을 가능성을 선포하였다.

실제적인 구원

마태복음 1:21절에 "이(예수)는 그가 자기 백성을 그들의 죄에서 구원할 자이심이라"고 하였다. 존 웨슬리는 이 성서를 중심으로 많은 사람들에게 "당신은 죄의 권능으로부터 구원을 받을 수 있느냐?"고 물었다. 그같은 질문에 대해서 후에 캐서린 부스는 "아멘"이라고 힘차게 답변하였다. 성결의 은혜를 갈망하는 것은 당연한 일이었다. 부스 대장 동부인의 스승들인 존 웨슬리, 찰스 피니, 제임스 코히는 모두 성결운동자였다.

창립자 동부인은 1852년부터 성결의 은총의 체험을 얻으려고 애썼다. 캐서린은 윌리엄 부스에게 "하나님의 영광은 많은 설교나 가르치는 일이나 또는 다른 봉사에 있지 않고 성결 된 생활에 있다"고 말하였다. 미국의 여성부흥 강사인 피비 파머 (Mrs. Phoebe Palmer) 박사는 "여성사역"의 선구자로서 미국 성결부흥운동의 현저한 인물이었다. 그는 마태복음

23:19절에 말씀한 "예물을 거룩하게 하는 제단"을 들어 말하기를 "즉시 이 말씀이 나의 믿음을 정립하기 위하여 나에게 들려 왔으니 그것은 곧 '너희는 내가 일러준 말로 이미 깨끗하였으니'(요한 15:3) 라는 말씀이었다. 그리하여 나는 그 말씀을 붙잡았다. 그 순간으로부터 내가 '죄에 대하여는 죽은 자요 그리스도 예수 안에서 하나님께 대하여는 살아있는 자'로 여겼다"(롬 6:11)라고 하였다. 캐서린 부스는 "구세군은 성결부흥운동"이라고 말하였다. 윌리엄 부스는 1877년 '기독교선교회'(구세군 전신) 연회에서 말하기를 "주님께 향한 성결은 우리의 근본적인 진리이다. 이는 우리 교리의 중심이 된다. 우리 군기에 수놓았다. 예수님이 우리를 죄에서 구원 할 수 있으며 온전히 거룩하게 할 수 있느냐 하는 것은 우리 가운데 변론 할 수 있는 문제가 절대 아니다"라고 하였다. 죠지 스코트 레일톤 부장 (George Scott Railton, 1849~1913)은 말하기를 "이 성결의 은혜를 누리지 않고서는 구세군 사관으로서 효과적으로 일하기는 불가능하다. 성결이란 우리 구세군의 모든 성공의 뿌리요 비결이다"라고 말하였다.

적극성 있는 기독교

구세군은 진군하는 성결단체이다. 구세군은 거룩한 백성만이 아니라 거룩한 군대이다. 성결의 체험과 성결의 운동은 우리 구세군의 원동력이고 충성과 근면과 희생의 비결이다. 구세군의 성결부흥운동은 인류 구원을 위한 세계 선교운동에 크게 이바지하고 있다. 구세군 세계선교의 선구자로 알려진 프레드릭 부스 터커 (Frederick Booth Tucker)는 말하기를 "이 싸움을 지속하며 싸우는데 우리에게 특별히 요구되는 것은 성결 된 피와 육인 것을 느낀다. 옛날이나 지금이나 하나 밖에 없는 필수 자격은 성령의 충만함이다. 성령으로 충만하지 않으면 받은바 교육이나 재능은 아무 소용이 없다"고 하였다. 성결의 교사로 알려진 사무엘 로간 브랭글(Samuel Logan Brengle) 부장(1913)은 말하기를 "우리의 영광과 권능은 화려한 성전과 광대한 성당에 있지 않고 그리스도와 연합되고 그의 십자가를 나누어지고 그의 짐을 짊어지고 그의 겸손과 사랑과 희생적인 정신을 갖는데 있다. 이 정신을 가지면 능력에서 능력으로 나아가고 믿음과 사랑과 거룩한 모범을 우리 자녀들이 이어받게 될 것이다. 우리가 시들지 않는 생명의 면류관을 쓰고 그리스도와 함께 만족할 것이다. 할렐루야!" 라고 하였다. 성령으로 불타는 사랑이 충만하면 "모든 것을 참으며 모든 것을 믿으며 모든 것을 바라며 모든 것을 견디게 된다"(고전 13:7). 존 롤리 (John Lawley, 1859~1922) 부장은 구세군가 394 장(1979)에서 이렇게 읊었다. "불로 세례 받은 맘과 죄에서 정결한 맘, 가난함과 사랑하고 주 위해 일하려고, 앞서 가신 용사 같이 굳세고 용맹한 맘, 주 은혜 충만히 받고 사랑할 맘 원하네. 기도 용맹히 세울 맘 어려운 전장 나가 직무 밝히 아는 맘과 의행할 맘 원하네."

구세군은 성결의 체험과 성결한 삶의 실천을 강조한다.

캐서린 부스(Catherine Booth)는 말하기를 "사랑하는 영국에 있는 모든 교회들 보다 더 많이 주님께 대한 성결을 강조하는 '기독교선교회'가 존재하는 것에 대하여 나는 하나님께 감사하여도 항상 부족을 느낀다"고 하였다. 프레드릭 쿠츠(Frederick Coutts) 대장은 "구세군교리"(1974) 서문에서 말하기를 "구세군교리 책은 박사학위를 얻으려는 신학생을 위해 쓴 것이 아니다. 오직 우리의 신앙신조에 명시한 구원과 성결의 도리를 잘 알아서 그대로 충실하게 실천하려는데 있다"고 하였다. 일본인 학자 고바야시 마사쓰케(小林政助)는 말하기를 "구세군의 종교는 성결의 종교이다"라고 하였다.

  웨슬리는 온전한 성결의 교리를 역설하였으나 후에 웨슬리안 메소디스트 교회(감리교)에서는 이 교리가 점점 옛날만큼 역설되지 않게 되었다. 그 때 윌리엄 부스는 지금까지는 이 성결교리에 특별한 주의를 기울이거나 천명하지 않았으나 게이스헤드에서 창립자 윌리엄 부스와 캐서린 부스가 성결의 체험을 얻게 된 후부터 부스 부부는 성서적인 성결의 교리를 직접 깨달아 확신할 수 있는 방법으로 백성들에게 성결의 복음을 전파하기로 결심하였다. 그리고 부스는 구세군의 개심자들은 반드시 이 영광스런 유업에 들어가야 하겠다는 것을 갈망하였고, 부인 캐서린 부스는 장남 브람웰이 태어나자 성결의 지도자로 바치었다.

  일본 구세군 지도자 야마무로 군뻬이(山室軍平) 부장의 추모강연회가 1940년 6월 25일 일본기독교 7개 단체 주최로 기독교 청년회관에서 열렸다. 그때 그 석상에서 가가와 토요히코(賀川豊彦)는 말하기를 "오늘 교회에 결핍되고 있는 것은 성결이다. 마틴 루터, 존 웨슬리, 윌리엄 부스 등이 성결교리의 선봉자였다. 성결의 은혜가 없는 일본은 구원을 기대할 수 없다. 오늘날 메소디스트 교회의 어떤 곳에 성결이 있는가?"라고 하였다.

「정화와 성숙」(1879)의 저자 우드 (J.A. Wood)는 말하기를 "장로교, 침례교, 회중교회, 루터교, 성공회, 감리교 등 각 파의 신자 여러분, 피차간 성결하게 되시라. 그래야만 개신교는 하나님에 의해 강해지고 악마의 요새를 함락시키고 온 땅에 그리스도의 왕국을 건설할 수 있을 것이다"라고 하였다.

구세군은 역사적으로 "메소디즘 (Methodism)의 밖에 있는 무수히 많은 웨슬리안 단체 중 최대의 영향을 받은 단체"이다. 윌리엄 부스는 어릴 때 영국 노팅험에 있는 웨슬리안 교회에서 회개하였으며 그 후에 감리교의 목사가 되었다. 그의 신학의 뿌리라고 할 만한 '부흥의 신학,' '구속의 신학,' '성결의 신학,' '구세군 교리'가 모두 감리교에서 나온 것이다. 그 뿐만 아니라 윌리엄 부스의 성결한 생활, 열정적인 전도, 적극적인 그리스도인의 봉사, 금주운동, 가로전도, 자비석 등 모두가 웨슬리 정신 곧 초기 감리교의 유산을 이어받은 것이다. 이와 같이 "윌리엄 부스는 메소디즘의 영향을 받은 것이 크다."

윌리엄 부스는 존 웨슬리를 자신의 선지자로서 말하였다.

"나는 메소디스트의 이름을 지닌 모든 것을 존경한다. 나에게 있어서 하나님은 한 분이시고 존 웨슬리는 그의 선지자이다. 나는 그의 생애 이야기를 탐독하였다. 나에게 있어서는 어떤 사람의 저술도 그의 저술과 동시에 그의 형제 찰스의 찬송가 저술에 대하여 비교가 되지 않는다. 그래서 내가 필요로 한 판단 기준의 모든 것은 세상의 구원을 위하여 그의 가르침의 정신과 그의 글을 충실히 이행하는 것이다."

여기서 윌리엄 부스는 웨슬리로부터 두 가지를 계승하고 있다고 이해된다. 첫째는 자신을 존 웨슬리의 신학적인 계승자로 생각하였다. 특히 은혜로 말미암은 성화론에 있어서 그러하였다. 둘째는 조직의 원칙에 있어서 자신을 존 웨슬리의 제자로 생각한 것이다.

윌리엄 부스는 자신을 웨슬리의 조직력과 리더십 능력의 계승자 (Organizational heir)로 생각하였다. 부스의 야망은 메소디스트의 후예로서 참다운 메소디스트의 구령자 (a Soul-winner)가 되는 것이었다.(참고, 김준철, 구세군 안에 있는 Methodism, 구세군교리 배경연구를 중심으로, 1987년 구세군사관학교론문집, 창간호, "구세군의 성결운동과 Methodism.")

구세군의 사회적 성결론 배경

성결한 삶을 사는 것과 성화케 하시는 성령을 만나는 것은 구세군의 교리와 신앙에 있어서 필수적인 체험이다. 그것은 구세군의 창시부터 존 웨슬리의 교훈과 웨슬리안 운동으로부터 이어받은 매우 소중한 유산이다.

17, 18세기 청교도와 경건주의 전통은 생활의 성결에 초점을 두었으며, 이것은 18세기 웨슬리안 운동(Wesleyan Movement)과 19세기 성결운동 (Holiness Movement)의 토대가 되었다.

구세군이 창시되던 시대(1865)는 대성결부흥운동이 두드러지게 나타난 때였다. 대성결부흥운동은 1858년 미국에서 부흥회 기도모임으로 시작되어, 캐나다와 대서양을 넘어 1859년에 영국에 이르렀다. 당시 영향력있는 부흥사는 찰스 피니(Charles Finny)와 제임스 코히 (James Caughey)였다. 부흥운동은 영국국교의 복음주의자로부터 감리교신자, 회중교회신자, 장로교신자에 이르는 대부분의 교회에 큰 영향을 주었다. 부흥운동은 각 교회 기도모임 운동과 연합기도 모임에서 나타났다.

이러한 부흥운동의 중심인물 가운데는 미국인 월터 파머와 피비 파머 부부 (Walter C. Palmer and Phoebe Palmer) 가 있는데, 이들은 1859~1863년 영국에서 복음을 전파하였다. 이 부부의 가르침과 부흥회, 특히 부인 피비 파머 여사의 성결에 관한 책들은 구세군 창립자의 영감의 자료가 되었다.

무엇보다도 윌리엄 부스는 미국 감리교 부흥사 제임스 코히의 영향을 크게 받았고, 그의 부인 캐서린 부스는 피비 파머 여사에게서 「여성사역」 (Female Ministry)의 영향을 크게 받았다. 코히 목사나 피비 파머 여사는 모두 미국 성결운동의 리더들이었다.

또한 1846년에 창설된 복음주의 연맹(Evangelical Alliance)은 성결 부흥운동과 밀접한 관계를 갖고 있었다. 구세군은 그 특성이 감리교에서 나왔지만 구세군의 11개 교리신조에는 복음주의 연맹의 8개 선언문에서도 구세군의 뿌리를 발견하게 된다. 이러한 부흥운동의 영향을 받은 구세군의 성결의 가르침은 19세기 후반기 동안 계속되었다.

웨슬리의 성결운동은 영적이고 개인적인 성결을 강조하고 그것에서부터 성결운동이 시작된다. 그러나 그의 성결운동은 공동체를 지향하게 되었고, 그 공동체의 성결은 확대되어 사회에까지 영향을 끼치게 되었다. 그것은 웨슬리가 성결을 주장할 당시 타락한 사회를 그대로 줄곧 보고만 있을 수는 없었던 상황에서 기인된다. 웨슬리의 뜨거운 가슴이 불을 일으키기 5년 전에 존 케이 (John Kay)가 직조기의 북을 발명하여 직물혁명의 대전환이 일어났다. 이를 기점으로 크게 본다면 1733년에는 산업혁명 (the Industrial Revolution)이 시작되었고, 1738년에는 복음화 운동 (the Evangelical Revival)이 시작되었다. 이 두 운동이 영적 면에서, 다른 하나는 세속적인 면에서 시작되어 함께 성장해 가는 동안, 산업혁명으로 인한 산업화 사회가 형성되면서 일반대중은 세련화 되었고, 사회주의와 공산주의, 민주주의와 교육수준, 그리고 일반과학, 교통수단, 통신수단, 의학 등이 발달하였다.

그러나 이 가운데에서도 크게 대두된 문제는 극심한 사회적 문제가 대두되어 빈부차이로 인간성이 상실하기 시작하였다. 도시빈민이 출현하였고, 노동력 착취의 현상이 일어났으며, 이러한 사회적 불안 속에서 도덕과 윤리의 타락이 일어났다. 여기서 백성은 사회적 불안을 해결해 줄 수 있는 것을 갈망하게 되었고, 이러한 상황들은 웨슬리로 하여금 새로운 기독교 성결운동을 일으키기에 적절한 조건이 되었다. 그리하여 웨슬리는 성결의 복음으로 그 사회를 구하는 것으로 사회적 성결 운동의 방향이 정해지게 되었다. 그의 사회적 성결운동은 크게 경제적 차원에서 가난한 자에 대한 구제책, 교육적 차원에서 가난한 어린이들을 위한 교육활동, 인권보호적 차원에서 노예제도 반대운동, 소외계층, 죄수들에 대한 관심으로 발전되어 갔다.

웨슬리의 성결운동은 개인의 회심과 개인의 성결을 기본적으로 중요시 하였다. 그러나 이것은 개인적인 성결에만 머물러 있는 것이 아니라 공동체를 지향하는 것이었고 나아가서 이 성결은 자기의 공동체만을 위해 머물러있는 것이 아니라 또 다른 공동체인 사회전반에 대한 관심을 가지는 것이었다. 이것은 여러 가지 사회적 모순에 대해서 구체적인 사회행동 등을 하는 것이었다. 이런 면에서 웨슬리의 성결운동은 개인적 성결이 중요한 만큼 사회적 성결운동이 중요함을 보여 주고 있다.

구세군은 산업혁명(1760~1830) 이후 사회, 정치, 경제가 불안하였던 빅토리아시대(1832~1901)에 감리교 목사인 윌리엄 부스와 부인 캐서린 부스에 의해서 1865년 영국 동부런던에 있는 블라인드 베거(Blind Beggar)라는 술집 앞 길가에서 가로전도로 시작하였다. 당시 동부런던은 술주정꾼만 생겨나는 빈민지역이었고, 그들은 술로 고통을 잊으려고 해서 늘어난 술집이 10만 처소가 되었으며 다섯 집 걸러 한 집이 술집이었다. 화려한 빅토리아 시대는 물질적인 번영을 누리고 있었으나 그 혜택이 동부런던에 미치지 못하였고 그 밑바닥에는 빈궁, 질병, 부도덕과 고통이 깔려 있었다. 주민들은 이 같은 불행에 대하여 체념적이었다. 더욱이 교회는 가난한 자들이 교회를 찾아와서 호소하는 빈곤에 대해서 무관심하였다. 당시 가난한 사람들 중에는 교회에 가는 사람이 몇 명 되지 않았다. 그것은 그들이 교회에 가기 싫어서가 아니라 교회 문턱이 높아서 교회가 그들을 반겨주지 않았기 때문이었다.

메소디스트 교회가 1739년에 창시되어 사회봉사에 큰 공헌을 하였다. 그러나 1세기 후에는 감리교도 역시 영국교회와 같이 타성에 빠져 결국 가난한 사람과 중산계급 사이의 장벽을 방관시하게 되었다. 그리하여 한층 더 웨슬리의 사회적 성결의 정신에 입각하여 사회구원의 관점에 초점을 맞추어 일어난 것이 구세군이었다. 리처드 니버 (H. Richard

Niebuhr) 는 이것을 가리켜 "복음적 사회주의"(Evangelical Socialism)라고 하였다.

사회주의자 프레드릭 엥겔스(Frederick Engels, 1820~1895)가 그의 「사회주의」(Socialism)(영어판) 서론에서 "구세군은 초대교회의 전도활동을 부활시키고, 빈민계급이 하나님의 선택된 백성인 것을 호소하고, 종교적인 방법으로 자본주의를 대항하며, 이를 통해 초대 기독교 계급의 저항주의적 성격의 공동체를 육성하려고 한다"고 서술한 것은 19세기의 사회-역사적 배경(Social-historical context)에서 고무적인 평가라고 이해된다. 그러나 구세군은 유물사관에 의한 사회주의적 개념 (Materialistic Socialism)이 아니라 세상 속에서 죄악과 빈곤과 나태로 인한 "잃어버린 자를 찾아 구원하고"(눅 19:10), 그들이 세상 속에서 처해 있는 육체적, 물질적 난관을 극복시킴으로 이들을 인간화시키는 것 곧 총체적 복음에 의한 전인구원에 그 목적을 두고 있는 사회구원(Social Salvation)이라는 차원에서 그 맥을 달리하고 있다. 실제로 칼 마르크스가 1848년 「공산주의 선언」을 통해 유물사관에 의한 사회주의 혁명을 부르짖을 때 윌리엄 부스는 복음에 의한 가난한 민중을 위한 사회평화를 부르짖음으로서 "사회적 성결운동"을 통하여 "죄 암흑의 영국과 그 출로"를 구축하였다.

이와 같이 웨슬리가 살았던 시기와 1세기 후의 윌리엄 부스가 살았던 시기에 두 분의 하나님의 사람들은 사회의 주위를 돌보는 것에서부터 시작하였다. 그들은 바로 사회적 성결의 길을 열기 시작하였으며 예수님의 삶과 가르침에서 영감을 받아 사람들을 가르치고 나누어주고 돌보아주었다. 그것이 곧 사회적 성결의 접근이었다. 프레드릭 쿠츠 대장은 사회적 성결에 대한 이론을 말하기를 "사회적 성결의 사회봉사 신학에의 접근이야말로 아직 미개발된 부분에 대한 가치 있는 접근"이라고 말한바 있다. 이로 인하여 구세군의 사회적 성결은 "사회봉사신학"(A Christian Theology of Social in the Salvation Army)을 위한 정립에 이르게 된 것이다.

구세군의 사회적 성결론의 성서적 기초

구세군은 존 웨슬리의 후예로서 웨슬리안주의가 주장하는 온전한 성결(Entire Sanctification)을 강조한다. 특히 웨슬리가 말한 "사회적 성결"(Social Holiness)을 강조한다. 웨슬리신학자 조종남 박사에 의하면 "웨슬리에게 있어서 성결은 전도와 사회봉사의 원동력이다. 웨슬리의 완전한 사랑으로 표현되는 성화(Sanctification) 또는 그리스도인의 완전(Christian Perfection)은 윤리적으로 나타난다. 사랑은 윤리적인 것이기 때문이다. 웨슬리가 말하는 성화는 마음과 생활에서의 성화이지 신비적인 것이 아니었다. 따라서 웨슬리가 강조하는 성화론은 전도와 봉사 즉 총체적 전도(Holistic Evangelism)의 원동력이 되었다." 이와 같이 성화 또는 기독자 완전의 본질을 사랑으로 보며 강조하는 웨슬리에게 있어서 성화는 사회적 성격을 띠고 있다.

웨슬리는 다음과 같이 말하였다. "그리스도의 복음은 단순히 종교를 말하는 것이 아니라 사회적 종교를 의미한다. 마찬가지로 단순한 성결은 없고 사회적 성결이 있을 뿐이다.(The gospel of Christ knows of no religion but social, no holiness but social holiness). 기독자 완전의 길이와 넓이 그리고 깊이와 높이는 바로 사랑으로 역사하는 믿음이다… 사실, 자기 형제를 사랑하되 말로만이 아니라 그리스도께서 사랑하셨듯이 사랑하는 자는 그 누구나 선한 일에 열심을 내지 않을 수가 없다. 그의 영혼은 형제들을 위하여 사역하고 함께 있어주기를 열망할 것이다. … 그리하여 그는 기회가 있을 때에 주님이 그랬듯이, 선한 일을 하려고 할 것이다."

웨슬리에 의하면 사랑의 행동은 곧 하나님에 대한 사랑과 이웃을 향한 사랑으로 나타난다.

행동으로 이어지는 사랑을 떠나서는 성결은 그 내용이 없어지고 만다. 웨슬리는 "그대가 하나님을 사랑한다면 하나님께서 원하시는 일을 행하여야 할 것이 아닌가. 하나님의 사랑은 폭넓은 사랑(comprehensive love)이다. 그러므로 메소디스트(Methodist)는 먼저 복음을 전파하여야 하며 또한 사랑의 봉사를 하여야 한다"고 주장하였다. 그리하여 메소디스트는 전도와 아울러 경제적으로 어려운자들을 도와주며 공장사역과 교육을 통하여 어두운 사회를 밝게 변화시키는 일을 하였다. 웨슬리는 당시의 노예문제, 감옥의 상태, 그리고 가진 자들의 착취행위에 대하여 항변하기를 주저하지 않았다. 웨슬리는 메소디스트가 교회와 사회를 변화시키는 성화의 누룩의 역할을 해야 한다고 믿었다.

이와 같은 웨슬리의 전통을 브렝글(Brengle) 부장과 쿠츠(Coutts) 대장은 동의하였다. 구세군의 사회봉사는 하나님께서 당신의 성결하심을 나타내시기 위해 우리에게 허락하신 것들을 행하고 있는 것이다.

사회적 성결은 단순히 구세군 (The Salvation Army)의 사회봉사를 완곡하게 강조하는 것이 아니라 모든 구세군의 사회봉사(all Army social services)를 총괄하여 사회적 성결이라 한다. 사도행전 2:42~47 절에서 보면 초대교회는 계속적으로 은혜의 수단을 위해서 자신들을 헌신하였으며, 거기에서 새로운 기독교 선교를 위한 조건들을 육성시켜나갔다. 그 조건들은 개인뿐만 아니라 사회적인 것이었다. 따라서 구세군의 성결은 개인적 성결 (Personal holiness) 뿐만 아니라 사회적 성결 (Social holiness)을 강조한다. 즉 온전한 구원의 상황에서는 개인적 성결을 말하고(Personal holiness in the context of a full salvation), 기독교 공동체의 상황에서는 사회적 성결을 말한다.(Social holiness in the context of Christian community). 필 니드햄 (Phil Needham)은 개인적 성결과 사회적 성결의 종합을 말하면서 이것을 가리켜 "통합성결"(Integrating Holiness)이라고 하였다. 그는 성결과 공동체의 통합을 말하면서 "성결과 공동체"(Holiness and Community)의 관계를 단순한 하나 (one-directional) 로 보았다. 여기서 성결은 공동체에 의해서 양육되고 공동체를 떠나서는 무의미해진다. 사회적 성결은 곧 공동체의 기능이기 때문이다.

구세군에 있어서 사회적 성결의 성서적 기초는 사랑이다. 이 사랑은 구약에서 두 명령으로 되었다. 첫째는 신명기 6:5 절에서 "너는 마음을 다 하고 뜻을 다하고 힘을 다하여 네 하나님 여호와를 사랑하라"고 명령하였다. 둘째는 레위기 19:18 절에서 "네 이웃 사랑하기를 네 자신과 같이 사랑하라"고 명령하였다.

예수님은 구약에서 구분되어 있는 두 명령을 하나의 "큰 계명"으로 묶어 놓았다. 마태복음 22:37~40절에 보면 "예수께서 이르시되 네 마음을 다하고 목숨을 다하고 뜻을 다하여 주 너의 하나님을 사랑하라 하셨으니 이것이 크고 첫째 되는 계명이요 둘째도 그와 같으니 네 이웃을 네 자신과 같이 사랑하라 하셨으니 이 두 계명이 온 율법과 선지자의 강령이니라"고 하였다(막 12:28~34, 눅 10:25~28). 여기서 "마음은 하나님께, 손길은 이웃에게"(Heart to God, Hand to Man) 라는 구세군의 사회봉사 표어가 나왔다.

성결은 진실한 사랑이다. 예수 그리스도는 구약의 율법이 약속하고 기대해온 모든 것을 사랑 안에서 성취되었다고 가르쳤다(롬 13:8). 우리 그리스도인들은 인간을 향하신 하나님의 사랑에 힘입어(롬 5:5) 이웃을 향한 인간의 사랑의 관계 속에서(롬 13:8~10) 성결한 삶을 살아갈 수 있다. 하나님은 우리를 통하여 사랑하실 수 있다. 이 변화가 바로 사회적 성결을 가능케 하는 것이고, 이러한 예수님의 철저한 사랑의 윤리를 실현하는 것이 사회적 성결이다(마 5:43~48, 막 12:28~31, 눅 10:25~37, 요일 4:7~21). 이러한 사회적 성결의 행동을 "성례전적 삶"(Sacramental life) 이라고 한다. 성례전적 삶은 하나님과의 밀접한 교제의 삶이요, 한 편 자신을 잊고 타인에게 봉사하는 삶이다.

이러한 그리스도인의 사회적 성결의 삶은 곧 치유하시며, 생명을 주시며, 사랑으로 섬기신 그리스도의 선교사역을 통해 표현되어진(마 9:35) 세상을 위한 봉사이다. 봉사(Diakonia)는 그리스도인들이 선교의 사명으로 살아가야하는 당위적인 실천의 삶이다. 하나님은 다양한 수단을 통하여 사회의 구조를 변화시키시고, 특히 성령의 능력을 부어주시고 은사를 주시므로 성결하게 된 백성의 선교의 사명을 통해서 이 사회의 구조를 변화 시키신다. 이 같은 선교의 사명은 전도와 봉사와 사회의 활동을 통하여 세상을 그리스도에게 인도하고, 세상을 구원의 은혜로 인도하며, 그리스도의 긍휼로 세상을 섬기며 사회악을 공격하는 행동으로 나타나게 된다. 이것이 하나님의 거룩한 백성들의 마음과 삶 속에서 표현되어진 하나님의 거룩한 사랑이다. 이 사랑이 곧 선교의 사명과 봉사의 실천을 실행하게 하는 사회적 성결의 기초이다.

구세군의 사회적 성결론 이해

먼저, 이해를 돕기 위하여 「구세군 교리」(구원이야기)에 언급된 성결론을 요약해 보도록 한다.

구세군 교리에 의하면 성결의 가르침은 매우 중요하다. 왜냐하면 성결의 교훈은 구원의 윤리적, 사회적 결과를 강조하기 때문이다. 성결의 교훈은 우리 안에 변화된 삶과 태도를 요청하여, 우리에게 제자직의 길을 보여주는 값비싼 은혜로서 하나님의 은혜에 초점을 두고 있다.

회심은 우리가 그리스도를 닮은 성품으로 변화되어 가는 여정을 시작하는 것이다. 이것은 그리스도와 함께하는 순례의 시작이다. 죄에서 해방시키는 구원의 체험에는 성령께서 성결케 하시는 역사로 이루어진다. 그것은 믿음으로 말미암아 은혜로 되는 것이다. 데살로니가전서 5:23절에 "평강의 하나님이 친히 너희로 온전히 거룩하게 하시고 또 너희 온 영과 혼과 몸이 우리 주 예수 그리스도께서 강림하실 때에 흠 없게 보전되기를 원하노라"고 하였다. 성령은 우리 안에서 역사하고 계시며, 우리를 모든 신자의 특권인 성결로 초대하신다.

성결의 생활은 하나님의 참된 형상이신 그리스도의 발자취를 따라 사는 삶이다. 성결은 곧 그리스도의 성품을 닮는 것이다(Holiness is Christlikeness). 즉 성결은 우리 안에 그리스도의 삶을 실현시키는 것이다. 그리스도의 제자가 되는 것이 그리스도인의 삶이다. 우리의 생활을 통하여 하나님을 섬기고 예배하며 사랑과 봉사로 인간의 친교를 나누는 것이다. 하나님의 성결하게 하시는 역사로 삶을 변화시키는 체험을 통하여 봉사에 대한 소명을 받게 되며, 그 소명은 성결하게 하시는 은혜에 대하여 더 깊은 갈망을 가지게 된다.

성결의 삶에는 역동적인 위기와 과정이 있다. 성결은 순간적인 위기로 체험되지만 성화는 평생에 걸친 과정으로 이루어진다. 그러기에 성결한 삶은 언제나 "이미 그러나 아직은 아니"(already but not yet)라는 사실로 나타난다. 우리는 이미 성결하게 되었지만 아직 완전히 죄 없는 완전에 이른 것은 아니다. 성결 된 삶은 "성례전적인 삶"이다. 위로는 하나님과의 교제의 삶이고 옆으로는 이웃에 봉사하는 삶이다. 성결은 진실한 사랑이고, 율법은 실제로 사랑 안에서 성취되었다(롬 13:8, 10). 이것이 사랑의 윤리이다. 이 변화가 곧 '사회적 성결'을 가능케 하는 것이다.

성결하게 하시는 하나님은 성령의 치유하시는 사역으로 완전하게 만드시는 치유하시는 하나님이시다. 하나님은 "흠 없음" 즉 완전함(Wholeness)에 있어서 인간 삶의 모든 관계를 영적, 감성적, 사회적 그리고 육체적인 면에 있어서 건강을 회복할 것을 요구한다. 이것은 완전성이 없이는 성결도 없다 (no holiness without wholeness)는 것을 의미한다. 성결은 우리 삶의 모든 것을 구속적으로 다루는 것으로만 보여 질 수 있다. 이것이 신체적으로 건강하고 정서적으로 안정되어 있거나 사회적으로 적응이 잘되고 또한 경제적으로 번영을 이룬 사람들이 거룩하다는 것을 의미하는 것은 아니다. 반면 육체적인 연약함으로, 정서적인 혼란으로, 사회적인 부적응 때문에, 또는 경제적인 빈곤 때문에 고통 받는 사람들이 죄 있는 자라는 것을 의미하는 것도 아니다. 이것이 의미하는 것은 성결을 주장함에 있어서 구세군은 삶의 모든 부분에 있어서의 완전함(Wholeness)에 대한 약속을 선언하는 것이다. 그러므로 거룩한 삶은 그리스도 안에서 완전함을 향하여 성령의 인도하심을 따라가는 여행인 것이다.

거룩한 삶은 치유하시고, 생명을 살리시고, 사랑으로 섬기신 사역을 통해 나타나신 세상을 위한 그리스도의 봉사(Christ-service)이다. 이것은 우리가 선교의 사명으로 살아가는 그리스도의 삶이다. 하나님은 다양한 수단을 통해 사회의 구조를 변화시키시며, 특히 성령의 능력으로 은사를 주신 성결하게 된 백성의 선교의 사명을 통해서 변화시킨다. 하나님의 거룩한 백성이 지닌 선교의 사명은 전도, 봉사, 사회적 활동(Social action)을 망라한다.

또한 성결한 삶은 인간 개체뿐만 아니라 세상을 그리스도에게로 인도하고 세상을 구원의 은혜로 초대하며, 그리스도의 긍휼로 세상을 섬기며, 사회악을 공격하는 하나님의 백성의 삶과 섬김 속에 나타난 하나님의 거룩한 사랑이다. 성결은 세상을 구원하는 선교의 사명으로 인도한다.

위에서 언급한 구세군의 성결의 가르침에서 우리는 영성과 봉사, 거룩한 삶과 선교와의 밀접한 관계를 찾아볼 수 있다. 구세군이 이해하는 성결은 개인적인 영적 체험과 개발뿐만 아니라 매우 실제적이고 사회적인 성결로 표현되고 있다. 성결의 교훈은 거룩한 삶, 지역사회에서의 다른 사람들과 같이 생활하는 삶, 회복된 관계의 생활을 사는 것을 위해서 제공해야 할 개인의 내적 영성생활을 개발시킬 필요성을 강조한다.

이러한 구세군의 성결론 이해의 함축적 의미는 광범위하다. 그것은 개인의 내부에 있지 않고 사회와 관련되어지고 있다. 여기서 사회적 성결의 범위를 대별해 보면 다음과 같다.

1) 영적이고 실제적인 필요에 처한 사람들과 직접적으로 관련되어 있다.

2) 사회정의와 인권을 위한 투쟁에 참여한다. 예를 들면 인종차별주의, 노인차별, 성차별, 성폭행과 같은 우리의 삶에서 드러나는 인권위반에 대항하는 태도를 갖는다.

3) 우리가 살고 있는 환경의 생태계 균형의 중요성 인식, 지구자원의 공유, 이러한 목적을 향하여 일하려는 의지를 갖는다.

4) 약하고 가난한 자들을 위해 책임지고, 아동들의 권리를 의제에 올리기 위해 힘쓴다.

5) 기독교 세계관을 가지고 성서적 가치관에 의해 살아간다.

이와 같은 구세군의 성결은 영적이고 개인적인 것으로부터 시작하여 사회정의와 인권, 사회복지와 선교, 환경과 생태계, 가난하고 소외된 자를 돌보는 것, 성서적 세계관에 이르기까지 모두가 "사회적 성결"에 포함 되고 있다. 웨슬리는 말하기를 "그리스도의 복음은 종교적인 것이 아니라 사회적인 것이다. 즉 성결이 아니라 사회적 성결이다"라고 하였다.

구세군의 성결은 온전한 인간성 회복이라는 말로 표현할 수 있다. 이것은 총체적 복음에 대한 인간의 구원과 성화의 불가분의 관계를 말해 준다. 그러나 성결은 선택사항으로 여겨지는 것은 아니다. 하나님의 모든 백성들이 성결을 체험하는 것이 하나님의 뜻이다. 하나님은 이 체험을 할 수 있도록 역사하신다.

마치는 말

존 웨슬리(1703~1790)는 말하기를 "기독교는 사회적 종교이다. 기독교를 고립적인 종교로 만드는 것은 기독교를 파괴하는 것이다"라고 하였다. 웨슬리는 그리스도인의 삶을 사회의 소금과 빛으로 말한다. 그의 "금전 선용의 방법"은 경제 원리에 대한 사회적 성결의 기본 원리이다. 그러나 그는 보다 영성생활의 필요성에 신중을 기하여 회심 자를 돕기 위한 세 개의 그룹 곧 신도회(Society), 조(Band), 속회(Class Meeting)를 만들었다. 그룹에 대한 그의 가르침은 "서로서로를 위하여 격려한다. 당신이 할 수 있는 한 자주 같이 이야기한다. 당신이 끝까지 인내하고 구원받기 위해서, 함께 그리고 서로를 위해서 진지하게 기도하라"고 가르쳤다.

구세군의 성결론은 처음부터 존 웨슬리의 가르침에 의존해 왔다. 구세군은 창립초기의 성결운동뿐만 아니라 대각성운동의 부흥사들의 영향을 받았다. 특별히 윌리엄 부스는 웨슬리의 성결에 빚지고 있었다. 그는 말하기를 "나는 메소디스트(Methodist)라는 이름을 가지고 있는 모든 것을 존경한다. 내게 있어서는 한 분의 하나님이 있다. 그리고 존 웨슬리는 하나님의 선지자였다"고 하였다. 윌리엄 부스는 "성결의 7단계"에서 우리가 성결의 축복을 받으려면 나 자신이 하나님의 자녀가 되고,

죄를 자각하고, 예수님을 개인의 구주로 믿고, 성결의 은혜를 갈망하며, 자신을 성결하게 하여 하나님을 섬기고, 하나님이 나를 온전히 구원하시어 성결하게 하시는 것을 믿어야 할 것을 말한바 있다.

성결의 교사로 알려진 브렝글 부장은 성결을 정의하기를 "성결은 곧 그리스도화 하는 것" 이라고 하였다. 성결은 그리스도와 같게 되는 것, 혹은 그리스도를 닮는 것 (Christ-likeness) 이라고 하였다. 그는 정결한 마음의 은혜를 유지하고, 성령의 내재를 믿고, 신앙의 확신을 갖고, 극복하는 믿음을 힘입고, 나는 죽고 믿는 마음에 성령으로 역사하시므로 신자는 이렇게 점점 그리스도화 하는 것이라고 가르쳤다. 우리가 세상과 영적으로 분리하여 깨끗하고, 사랑하며, 성령의 충만하심으로 그리스도화 하는 이것이 바로 성결이다. 그러기에 브렝글 부장은 결론하기를 "그리스도께서 너희 안에 계시지 않으면 성결은 절대 있을 수 없다"고 하였다.

야마무로군베이(山室軍平)에 의하면 "성결은 소극적으로 말하면 모든 죄에서 성결하게 되는 것이다. 그리고 적극적으로 말하면 하나님을 사랑하고 사람을 사랑하는 온전한 사랑의 사람이 되는 것이다. 다시 말하면 인간이 모든 죄에서 성결하게 되어 사랑의 사람이 되어서 사랑의 봉사를 위해서 생활하는 것이다." 그러므로 성결은 우리가 모든 죄에서 성결하게 되어 온전한 사랑의 사람이 됨으로, "네 마음을 다하고 목숨을 다하고 뜻을 다하여 주 너의 하나님을 사랑하고 네 이웃을 네 자신과 같이 사랑하라"(마 22:37~40)는 섬김의 생활을 하는 것이다. 우리가 모든 죄에서 성결하게 되어 이 큰 하나님의 사랑을 가슴에 간직하고 그 후로는 오직 하나님을 사랑하고 사람을 사랑하는 정신에서 우리의 사상, 언어, 행동, 생활, 사역, 사회봉사 등 모든 일을 처리해 나가는 것이 곧 성결한 삶이다. 물론 하나님은 우리 안에 존재하는 죄를 아신다. 그 죄 때문에 우리가 멸망할 것도 아신다. 그러나 분명한 것은 하나님은 우리가 죄인임에도 불구하고 내가 주 앞에 나와서 죄의 용서와 성결의 은혜를 구한다면 하나님은 우리의 결심하는 의지를 보시고 성결하게 하신다. 하나님은 죄는 미워하시나 우리의 죄를 용서하시고 성결하게 하시기를 원하시는 것이 인간을 사랑하시는 아버지 되신 하나님의 뜻이다.

프레드릭 쿠츠 대장은 "성결에의 초대"에서 말하기를 "성결은 그리스도인들이 예수님의 마음을 자기들의 생활의 표본으로 삼는 것이며," "누구나 성결에 초대되고, 누구나 성결하게 될 수 있다"고 하였다. 그러나 성결의 은혜는 인간적인 욕망이나 지도자의 희망에 의해서 이루어지는 것은 아니다. 성결의 경험은 단순히 내가 원한다고 되는 것도 아니고 사역자의 교훈으로 받게 되는 것도 아니며, 신학대학교수의 가르침으로 얻게 되는 것도 아니다. 이것은 결코 사람의 힘으로 되는 것이 아니다. 오직 "성령의 충만함을 받은"(행 2:4) 결과로 체험될 수 있는 하나님의 크신 역사이다. 하나님께서 나타내신 뜻으로 되는 것이다. 그러므로 나 개인의 성화는 나의 구원과 함께 모든 일을 가능케 하시는 하나님께 전적으로 순복할 때 얻어지는 은혜이다. 여기에서 우리가 마음의 문을 활짝 열고 은혜를 받으려는 개인적인 간절한 욕구와 성서의 가르침이 필요하다. 성결은 하나님께서 원하시는 것이고, 우리 인간의 적극적인 협동으로 우리의 신앙생활 속에서 성취될 수 있다. 예수님은 "사람으로는 할 수 없으나 하나님으로서는 다 하실 수 있다"(마 19:26, 막 10:27) 고 말씀하셨다.

전통적인 성결은 개인적인 마음의 정결을 강조하고 있다. 그것은 그리스도인의 삶 안에서 성령의 역사로 이루어진다. 이것을 "미시적 성결"(Micro-holiness) 이라고 한다. 그러나 같은 성결의 현존과 역사로 하나님의 창조하신 전 세계의 피조물 안에서 하나님의 대리권을 그리스도인들에게 부여하셨다. 성결에 의한 변화는 하나님의 전 피조물을 구원하기 위한 사역에 항상 영향을 미친다. 이것을 "거시적 성결"(Macro-holiness) 이라고 한다.

구세군의 정체성에 있어서 전통적인 개인적 성결을 중요시하고 있다. 즉 그것은 개인의 마음의 정결에 초점을 두고 있다. 그리고 성결은 그 이상에 전통적 성결(미시적 성결)에 대한 사회적 차원 (Social direction, 거시적 성결)이 있다. 성령에 의해서 형성된 기독교는 하나님의 피조물 안에서 예수의 현존이 이루어져야 한다. 구세군의 성결은 미시적 성결에 있어서 전통적인 성결 이해에 뿌리를 두고 있다. 그러나 이 미시적 성결은 거시적 성결로 발전해 나간다. 이 거시적 성결의 요소는 우리가 계속 미래에 적응해 나가야 할 것이다.

우리가 죄에서 구속함을 받았으며 우리는 성서의 가르침대로 전통적인 개인적 성결을 강조한다. 그러나 하나님의 계획은 그 이상을 요구하고 있다. 정결은 사적인 축복이나 개인적 성결이 아니다. 하나님의 계획은 그의 피조물 전체의 구원이다. 요한계시록 21장과 22장은 "새 하늘과 새 땅," "만물을 새롭게 하심"의 비전을 말하고 있다.

우리의 구원은 하나님의 위대하신 구원사역의 통제권으로부터 이탈하는 것으로 이해하는 것은 아니다. 우리의 구원은 하나님의 거시적인 (Macro) 계획과 관계시키는 것이다. 세계의 불의, 고통, 슬픔 등은 하나님의 창조질서에 위배되는 것이다. 우리는 본 훼퍼가 말한 것처럼 "예수님에게 대한 우리의 관계는 종교적 관계가 아니다. 그러나 우리의 하나님께 대한 관계는 예수님의 존재 안에서 참여를 통한 '다른 사람을 위한 존재' 안에 있는 새로운 삶이다." 우리의 미시적 성결 (Micro-holiness)은 확실히 거시적 성결 (Macro-holiness)이 되게 해야 한다. 향후 성결운동은 사회참여운동이 되어야 할 것이다. 현대의 성결운동은 더 이상 개인적인 영성의 부문에만 머물러 있어서는 안 된다. 성결을 주장하는 그리스도인들은 더 이상 개인의 구원을 위한 성결에만 머물러 있어서도 안 된다. 그것은 반쪽 복음이며, 반쪽 성결이다.

웨슬리의 성결운동이 개인적 성결을 중요시한 만큼 사회적 성결운동의 중요함을 보여주었듯이, 구세군의 성결운동은 "총체적 복음"(Whole Gospel) 에 의한 개인의 온전한 성화를 중요시하는 만큼 전인(Wholeness) 구원을 위한 통합적 선교(Integrated Mission)를 통한 사회적 구원을 실천해 나가고 있다. 그러므로 구세군의 성결은 구세군의 이중사역인 구령사역에서 '완전한 성화'(Entire Sanctification)를 강조하고 사회복지사역에서 '사회적 성결'(Social holiness)을 말한다. 그러나 이 같은 성결의 이중구조는 이중성결을 말하는 것이 아니라 하나의 온전한 구원 (Full Salvation) 에 대한 두 가지 표현 방법이다. 그것은 구세군 사역의 특성인 구령사역과 사회봉사사역의 이중구조에서 비롯된 것으로 그것은 둘이 아니라 하나의 "샴쌍둥이"(Siamese twins) 현상인 것이다. 이것을 우리는 "총체적 성결"(Integrating Holiness) 이라고 한다. 오직 사회적 성결은 성령세례에 의한 개인적 성결의 체험에서만 가능한 것이다. 그러기에 구세군은 성결한 삶과 성령의 세례를 동시적으로 강조한다.

구세군 사회봉사사역의 정신과 이념

그리스도의 사랑과 봉사의 정신 지향

구세군의 사회사역 정신과 이념은 예수 그리스도의 사랑의 정신과 그 것을 실천하려는 구세군 창립자 윌리엄 부스의 봉사의 이념에서 출발한다. 구세군의 사회사역 정신은 이러한 성서에서 말씀하고 있는 예수 그리스도의 사랑의 정신을 생활로 실행하고 있다.

구세군 사회봉사의 정의

엄밀히 말해서 구세군은 사회사업(Social Work)을 기조로 하는 사회사업단체(Social Work Agency)가 아니다. 구세군은 예수 그리스도의 사랑의 삶을 기본으로 하여 영혼구원을 목적으로 불우이웃과 더불어 살아가는 사회봉사운동(Social Service Movement)이다.

사회봉사는 병든 자, 궁핍한 자, 혹은 불행을 당한 자들에게 박애정신으로 돕는 조직체의 행동이라고 정의할 수 있다. 이러한 다소 광범위한 정의는 구세군 내의 "사회봉사"(Social Service)로 인식되어온 전반적인 프로그램들을 포함하고 있다.

구세군 창립자 윌리엄 부스는 사회봉사를 "사람들로 하여금 불행에 허덕이게 하거나 구원을 방해하는 일시적인 마귀의 역사나 윤리를 경감시키거나 제거하기 위해서 구세군이 꼭 해야 할 기능"이라고 정의를 내렸다. 그는 그러한 마귀들을 "극심한 빈곤, 질병, 욕정, 범죄, 전쟁, 절망, 그리고 무신론"등 이라고 열거하였다. 그는 이러한 "사회봉사는 영적인 삶의 유일한 표현 방법이며 인간의 고통을 책임지려는 욕망을 행동으로 나타내도록 하는 것이다"라고 말하였다.

구세군은 사회복음(Social Gospel)을 고려함으로서 그 발달이 시작되었다. 사람과 사회에 의해서 생겨나는 사회적 문제들에 대한 기독교의 원리를 적용하였다. 사회봉사는 이 지구상에서 예수님 사역의 연장이며, 그러한 사회봉사를 통해서 인간에게 필요한 육체적, 정신적, 영적, 그리고 사회적인 총체적 필요에 만족을 주려는 것이다. 구세군은 깊은 곳에 존재 하고 있는 인간의 필요에 해답을 주고 있으며 그 사람이 삶 속에서 처해 있는 다른 모든 문제점들에 대한 해결책을 찾도록 도움을 주고 있다.

현세의 사회사업(Secular social work)은 문제가 있는 사람들의 개별적인 도움을 시사하고 있겠으나, 구세군의 사회봉사는 예수님 안에서 그 사람이 완전해지도록 하는 구원의 메시지 없이는 그들의 치료가 충분치 않게 된다고 믿는다.

구세군은 성서적 구원의 원리 속에서 인간에게 필요한 육체적, 정신적, 영적, 그리고 사회적 필요를 충족시켜 주는 총체적 메시지(Integrated message)를 통해서 효과적인 결과가 가능하다는 가르침을 확신하고 있다. 그러기에 구세군은 구령사역과 사회사역을 둘이 아닌 하나의 복음사역으로 보고 있다. 따라서 구세군에서 사회봉사운동(Social Service Movement)은 영적사역(Spiritual Ministry)의 부산물이 아니라 전체 사역 속에 통합된 한 부분이다. 이와 같은 구세군의 총체적 사역에 대하여 대장 프레드릭 쿠츠(Frederick Coutts)는 이렇게 말하였다. "우리의 복음사역과 사회사역에 대하여 언급한다면 이 둘은 하나가 없이 다른 하나를 실행할 수 있는 두개의 다른 개체가 아니다. 그것들은 총체적 인간 구속에 관련된 하나의 동등한 구원사역에 속한 두 가지 활동인 것뿐이다. 이 두 가지 활동은 동일한 하나님의 은혜에 의존된 것이며, 동일한 동기에 의해서 영감된 것이다. 이 두 가지 활동은 동일한 목적을 갖고 있으며, 복음이 두 가지 활동을 함께 연결시키기 때문에 우리는 그것들을 따로 따로 나누고자 계획하지 않는다."

구세군의 사회사역 정신

　구세군의 사회사역 정신과 이념은 예수 그리스도의 사랑의 정신과 그것을 실천하려는 구세군 창립자 윌리엄 부스의 봉사의 이념에서 출발한다. 예수님은 말씀하였다. "예수께서 이르시되 네 마음을 다하고 목숨을 다하고 뜻을 다하여 주 너의 하나님을 사랑하라 하셨으니 이것이 크고 첫째 되는 계명이요 둘째는 그와 같으니 네 이웃을 네 자신 같이 사랑하라 하셨으니 이 두 계명이 온 율법과 선지자의 강령이니라"(마 22:37~40). 이 사상을 이어받은 사도 바울은 말하였다. "네 이웃을 네 자신과 같이 사랑하라"(롬 13:9). 그리고 사회복음(Social Gospel)으로 알려진 야고보서의 저자 야고보는 그의 서신에서 그 사랑의 실천방안을 말하고 있다. "내 형제들아 만일 사람이 믿음이 있노라 하고 행함이 없으면 무슨 유익이 있으리요 그 믿음이 능히 자기를 구원하겠느냐 만일 형제나 자매가 헐벗고 일용할 양식이 없는데 너희 중에 누구든지 그에게 이르되 평안히 가라, 덥게 하라, 배부르게 하라 하며 그 몸에 쓸 것을 주지 아니하면 무슨 유익이 있으리요 이와 같이 행함이 없는 믿음은 그 자체가 죽은 것이라"(약 2:14~17).

　예수님은 신약성서 마지막 책 요한계시록에서 사랑실천을 도외시한 교회를 향하여 권면하고 있다. "그러나 너를 책망할 것이 있나니 너의 처음 사랑을 버렸느니라 그러므로 어디서 떨어진 것을 생각하고 회개하여 처음 행위를 가지라 만일 그리하지 아니하고 회개하지 아니하면 내가 네게 가서 네 촛대를 그 자리에서 옮기리라"(계 2:4~5).

　구세군의 사회사역 정신은 이러한 성서에서 말씀하고 있는 예수 그리스도의 사랑의 정신을 생활로 실행하고 있는 단체이다. 구세군의 창립자 윌리엄 부스 (William Booth) 대장은 83세였을 때 그가 승천하시기 3개월 전인 1912년 5월 9일 영국런던 시민회관인 로얄 알버트 홀(The Royal Albert Hall)에서 그의 생애 마지막 연설을 하였다.

"친애하는 동관 그리고 친우 여러분, 이제 나는 'Goodbye'('하나님이 여러분과 함께하시기를!') 라고 작별 인사를 하지 않으면 안 됩니다. 나는 건강회복을 위해 입원하러 가야만 합니다. 그러나 구세군은 내가 부재중에라도 어떤 다른 진로에서 재정적으로나 영적으로나 고통을 당하지 않을 것입니다. 먼 미래의 구세군이 모든 불신을 타개하고, 모든 두려움을 추방하고, 모든 비방을 없이 하며 놀라운 성공적인 하나님의 사업으로 세계에 보여 질 것이며, 구세군 대장은 하나님의 종이었다는 사실을 보게 될 것으로 생각합니다. 나는 지금 여기서 볼 수 없을지도 모르지만, 여러분은 보게 될 것입니다. (중략) 지금과 같이 여인들이 눈물을 흘리고 있는 한 나는 싸울 것입니다. 지금과 같이 어린 자녀들이 굶주려 가고 있는 한 나는 싸울 것입니다. 지금과 같이 사람들이 감옥에서 나왔다 들어갔다 하는 한 나는 싸울 것입니다. 술주정뱅이들이 있는 한, 길거리에서 불행한 미아 소녀들이 있는 한, 하나님의 빛을 받지 못한 영혼이 한 사람이라도 어두움에 남아있는 한 나는 싸울 것입니다. 나는 최후까지 싸울 것입니다."

3개월 후 1912년 8월 20일 윌리엄 부스는 침대에 누워 있으면서 승천을 몇 분 앞두고 큰아들 브람웰 부스(Bramwell Booth)를 불러 손을 꼭 잡고 그의 생의 마지막 유언을 하였다. "사랑은 모든 것이다"(Love is all).

구세군의 사회사역 이념

  역사적으로 보면 영국에서는 1733년에 산업혁명이 시작되었고, 1738년에 기독교의 복음화 운동이 시작되었다. 이 두 가지 운동은 하나는 하늘로부터 부어지는 영적이고 정신적인 운동으로, 또 하나는 지상에서 시작된 유물사관 운동으로 함께 커갔다. 산업화 사회가 되면서 일반 대중은 세련화 되었으며 사회주의와 공산주의, 민주주의, 그리고 교육수준, 일반 과학, 교통수단, 통신수단, 의학기술 등이 발달하였다.

  구세군은 산업혁명(1760~1830) 이후 사회, 정치, 경제가 불안하였던 빅토리아 시대(Victoria age,1832~1901)에 당시 감리교 목사인 윌리엄 부스와 그의 부인 캐서린 부스에 의해서 1865년 영국 동부런던에 있는 "블라인드 베거"(Blind Beggar)라는 술집 앞 길가에서 가로전도로 시작 하였다. 당시 동부런던에는 술주정꾼만 생겨나는 빈민지역이었다. 빈민들은 술로 고통을 잊으려 하였고 늘어나는 것은 술집뿐이었으며, 런던에 10만개의 술집이 있었고 동부런던에만 해도 5개 건물 중 하나는 술집이었다. 한 마디로 윌리엄 부스의 선교는 맨 밑바닥의 인간을 위한 선교로 시작하였다. 프레드릭 쿠츠(Frederick Coutts) 대장의 저서 "구세군 발전사"에 의하면 "화려한 빅토리아 시대는 물질적인 번영을 누리고 있었으나 그 혜택이 동부런던에 미치지 못하고 그 밑바닥에는 빈궁, 질병,

부도덕과 고통이 깔려 있었다. 국민들은 이 같은 불행에 대하여 아주 체념적이었다. 더욱이 교회는 교회로 찾아와 호소하는 가난한 사람들의 빈곤에 대하여 무관심하였다."

차드위크(Owen Chadwick)는 그때의 교회환경을 이렇게 묘사하였다.

"가난한 사람들 중에는 교회에 가는 사람이 몇 명 되지 않았다. 그러나 그 것은 그들이 교회에 가기 싫어서가 아니라 교회가 그들을 반겨주지 않았기 때문이다." 윌리엄 부스는 바로 이점에 착안하였다. 부스는 당시 세상을 향하여 닫힌 교회의 창문을 활짝 열어 제치고 밖으로 뛰쳐나와 민중이 왕래하는 길가 그리고 빈민들의 고통의 현장이고 소외된 삶을 살아가는 동부런던 한복판에서 구원의 복된 소식을 선포하므로 개인구원과 사회구원을 시작하였다.

제닝스(T.W.Jennings)는 「가난한 자들의 좋은 소식 : 존 웨슬리의 복음주의적 경제관」(Good News to the Poor : John Wesley s Evangelical Economics, 1990)에서 말하기를 "존 웨슬리 사망 후 감리교도들이 자신들에게만 너무 집착해서 가난한 자와 집 없는 자들에게 등을 돌리게 되자 젊은 감리교도였던 윌리엄 부스는 이러한 형태를 타파하고 웨슬리의 비전을 되살리기 위해서 구세군을 창설했다"고 하였다. 웨슬리는 신도회 (Stranger of Society)를 가난한 자, 병든 자, 친구 없이 나그네 된 자들을 구제하기 위해 결성하였으나 그들이 실천하지 못하였다.

윌리엄 부스는 1890년에 쓴 그의 저서 「최 암흑의 영국과 그 출로」(In Darkest England and the Way Out)에서 이렇게 말하였다. "아무도 도와주지 않는 내 고장의 수많은 빈민들, 그들의 침상에서 나는 심각한 자극을 받았고, 내 마음속으로 어떻게든 그들을 도와야겠다는 생각을 했다. 바로 이것이 오늘의 구세군 사회봉사사역을 낳게 한 동기가 되지 않았나 생각된다. 진정 이때 받은 인상은 나의 전 생애에 강렬한 영향을 주었다고 말하지 않을 수 없다." 칼 마르크스(Karl Marx)가 1848년 '공산주의 선언'을 통하여 유물사관에 의한 사회주의 혁명을 부르짖었을 때 윌리엄 부스는 복음에 의한 가난한 민중을 위한 사회평화를 부르짖음으로써 '최 암흑 영국의 살길'을 구축 하였다.

그는 성경 이사야 58:6~12절에서 "구세군의 헌장"이라 할 만한 구세군 선교의 전거를 영감 받게 되었다.

"내가 기뻐하는 금식은 흉악의 결박을 풀어주며 멍에의 줄을 끌러주며 압제 당하는 자를 치유하게하며 모든 멍에를 꺾는 것이 아니겠느냐 또 주린 자에게 네 양식을 나누어주며 유리하는 빈민을 집에 들이며 헐벗은 자를 보면 입히며 또 네 골육을 피하여 스스로 숨지 아니하는 것이 아니겠느냐, 그리하면 네 빛이 새벽같이 비칠 것이며 네 치유가 급속할 것이며 네 공의가 네 앞에 행하고 여호와의 영광이 네 뒤에 호위하리니 네가 부를 때에는 나 여호와가 응답하겠고 네가 부르짖을 때에는 내가 여기 있다 하리라"(참고, 눅4:18~19).

여기서 구세군의 양대 사역이라 할 영혼구원사역(구령사역)과 사회봉사사역(사회복지사역)은 구령사역을 통하여 영문을 확장시켜 신자를 육성시켜 나가도록 하고 사회봉사사역을 통하여 사회봉사 즉 구제사역으로 가난한 빈민을 돕는 사회복지시설을 확장하고, 지역사회 봉사로는 지역사회 복지 증진을 위해 힘쓰고 있다. 그의 전폭적인 비전은 사회구원을 통한 인간구원에 있었다.

구세군과 복음적 사회주의

독일의 사회주의자이며 칼 마르크스(K. Marx)의 협력자인 프레드릭 엥겔스(Frederick Engeles, 1820~1895)는 구세군에 대해서 그의 글 「사회주의」(Socialism : Utopian and Scientific)의 1892년 영어판 서문에서 "구세군은 초대교회의 전도활동을 부활시키고, 빈민계급이 하나님의 선택된 백성인 것을 호소하고, 종교적인 방법으로 자본주의를 대항하며, 이를 통해 초대 기독교 계급의 저항주의적 성격의 공동체를 육성하려고 한다"고 서술하였다. 이와 같은 엥겔스의 구세군에 대한 종교적이며 사회과학적인 분석에 대하여 제8대 구세군대장 프레드릭 구츠(Frederick Coutts)는 "첫째 절은 옳고, 둘째 절은 반쯤 옳으며, 셋째와 넷째 절은 전혀 틀린 것이다"라고 비판하였다. 그러나 19세기의 사회-역사적 배경(Socio historical context)에서 고찰해볼 때 당시 윌리엄 부스가 "최 암흑의 영국과 그 출로"를 제공함으로 복음적 사회운동을 전개 하였던 구세군의 사회운동에 대한 엥겔스의 폭넓은 평가는 고무적인 평가라고 이해될 수 있다.

사회주의자에 의하면 "구세군은 1865년 영국에서 창립된 보수적 반동주의의 종교적이며 박애주의적인 단체로써 1878년에 군대의 조직체제로 재편성되었다. 부르주아적 유산계급으로부터 널리 후원을 의지하고 있는 구세군은 착취자들에 대항하여 투쟁함으로서 노동자들을 구원할 목적으로 많은 나라에서 자선사업 시설을 설립하여 운용하고 있다"고 하였다. 이 같은 엥겔스의 구세군에 대한 인식이 사회과학적인 측면에서 사회주의적인 양상으로 이해된 것은 빈민을 대상으로 "빵으로만이 아니라 말씀"(마태 4:4) 곧 복음으로써 가난한 민중들에게 관심 두었던 당시 구세군의 선교정책에서 비롯된 것이다. 그러나 구세군은 유물사관에 의한 사회주의의 개념이 아니라 세상 속에서 죄악과 빈곤과 나태로 인한 "잃어버린 자를 찾아 구원하고"(눅 19:10), 그들이 세상 속에서 처해있는 육체적, 물질적으로 지내기 어려운 고비를 극복시킴으로 이들을 인간화(Humanization)시키는 것 곧 복음에 의한 인간구원에 그 목적을 두고 있는 사회구원이라는 차원에서 그 맥을 달리하고 있다. 이 같은 구세군의 이념을 담고 있는 구세군의 사회봉사사역을 필자는 기독교적이고 복음적이며 선교적인 사회주의라고 표현한다.

이러한 구세군의 선교적 사회주의에 대하여 리차드 니버(H.Richard Niebuhr)는 다음과 같이 말하였다.

"19세기에 있어서도 순수한 종교적 운동의 대표자들이 전혀 없는 것은 아니었다. 새로이 부유하게 되는 형제들이 세운 교회에서 축출되어진 가난한 자들만으로 형성되어 분리된 예배의 방식을 취했던 가장 두드러진 예를 구세군에서 찾아볼 수 있다. 그러나 부스는 프랜시스(Francis)와 같은 사람도 아니었고 웨슬리(Wesley)와 같은 사람도 아니었다. 그가 시작한 운동은 자발적인 성격을 지닌 하나의 민중운동은 아니었다. 구세군의 군대식 조직 체제는 종교적-사회적 각성보다는 오히려 국내 전도사업의 성격을 함축하고 있었다. 더욱이 산업적 환경의 숨은 힘, 마르크스주의 신봉자들의 귀에 거슬리는 소리, 성직자들의 무관심한 태도 등이 원인이 되었다고 할 수 있는바, 현대의 혜택 받지 못하고 사는 사람들은 그리스도 교회에서와 마찬가지로 복음으로부터도 지나치게 많이 소외되어 있었기 때문에, 구세군은 승리한 선배들이 가졌던 성공을 계속적으로 이어받을 수 있었던 것이다."

구세군의 사회봉사신학

로저 그린(Roger Joseph Green) 박사는 윌리엄 부스의 "최 암흑의 영국과 그 출로"가 1890년 10월에 나타나게 된 것에 대하여 말하기를 "그날은 개인의 구원과 동시에 사회의 구원을 포함한 구원에 대한 넓은 의미의 신학론을 발표했을 뿐만 아니라 그 신학론을 고수하고 실행하고자 하는 자신의 욕망과 의지를 나타내주는 날이었다"고 하였다(로저 조세프 그린, "역사적 관점에서 본 구세군", 존 D. 월드론, "사회봉사신학," 대한본영문학부, 2000).

윌리엄 부스는 미래의 구세군인들에 대한 조직적인 사회봉사신학에 투자하지는 안았으나 그의 사랑과 헌신의 삶과 예수가 명령한 사회봉사에 대한 신념 등을 스스로 표본으로 남김으로서 그의 사회봉사신학을 견고하게 하였다. 1986년 캐나다 마니토비주 위니펙에 소재하고 있는 윌리엄 부스와 캐서린 부스 신학대학에서 개최된 사회봉사신학 심포지

엄에서 발표된 논문이 출간됨으로 구세군이 지난 140여 년 동안 사회봉사와 복음전파를 동시에 실천해 왔던 구세군의 사회봉사신학의 기본이 더욱 구체화 되었다.

구세군의 사회봉사신학은 아직 조직화되지 않았으나 성서에는 사회봉사신학에 대한 전거로서 수많은 구절이 나타나고 있다(사 58:6-12, 눅 4:18-19, 요 5:17). 구세군은 복음전도와 사회봉사에 대한 균형 있는 목회 즉 총체적인 복음을 전하는 것에 중점을 두고 있다.

필립 니드햄은 '사회봉사'가 구세군의 모두를 대표하는 것은 아니라는 점을 지적하면서 사회봉사신학에 대한 결론을 말하였다. "사회봉사는 완전한 구원을 위한 복음을 바탕으로 하는 총체적인 사역의 일부분으로서만 이해되고 행해지고 해석되어야 한다. 여기서 구원은 영과 혼과 몸의 구원이며 각 부분이 서로 교류하는 것을 의미한다. 그러므로 그 중 어느 하나가 마치 그 모두를 대표하는 것으로 간주될 수 없으며 마치 원치는 않지만 필요에 의해 존재해야 하는 양자와 같은 처지에 속하는 것으로 혹은 진정한 영성이 부족한 것으로 취급되어서는 안 된다. 복음은 인간에 대한 고려와 함께 필요한 곳에 도움을 베푸는 것이다"(존 D. 월드론 p.101).

영문과 사회봉사는 경쟁상대가 아니라 하나님의 나라를 건설하는 원대한 총체적 복음전파의 관점에서 파트너가 되어야 한다. 구세군의 국제주의적 조직은 섬기는 예수님의 통치 명령아래서 이 임무를 위해 헌신한 단결된 교회이다. 구세군은 예수의 사랑과 성령에 의한 성결된 마음으로서 상처받고 깨어진 이 세상을 향한 기독교봉사를 위한 절대적 명령에 기쁘고 희생적인 반응을 적극적으로 보여야 한다.

마치는 말

　명실 공히 구세군은 "가난한 사람들의 교회"로써 존재가치를 갖고 있다. 구세군의 사회봉사는 예수 그리스도의 삶을 살아가는 "사랑의 행동"(Love in action)이다. 그러기에 구세군은 "마음은 하나님께, 손길은 이웃에게"(Heart to God, Hand to man)라는 슬로건 아래 사회봉사 운동을 삶의 신조로 살아가고 있다.
　따라서 구세군인들은 "내가 구원받은 것은 다른 사람을 구원하기 위해서이다."(Saved to save)와 "내가 구원받은 것은 다른 사람을 봉사하기 위해서이다"(Saved to save)라는 명제 아래 "나누는 것이 곧 돌보는 것이다"(Sharing is caring) 라는 모토로 사회봉사에 일익을 담당하고 있다. 구세군의 사회봉사는 예수 그리스도의 사랑의 정신과 윌리엄 부스의 사회봉사이념으로 험난한 세상 속에서 사회봉사사역을 계속하고 있다. 이것은 하비 콕스가 말한바 교회기능의 하나인 봉사(Diakonia) 즉 사회치유사역을 동반하는 것이다. 아서 메이겐(Arthur Meighen)이 표현한 것처럼 구세군은 여전히 "대단한 사회적 양심을 가지고 있는 영적인 군대"로써 교회와 지역사회, 그리고 사회봉사에 있어서 복음전도와 사회봉사가 균형을 이루며 계속 사역하게 될 것이다. 그것을 구세군에서는 '복합선교'(Integrated mission)라고 한다. 복합선교는 영문사역과 사회복지사역의 '시소'를 이루며 건강한 사역으로 발전해 나갈 것이다.

구세군 자선냄비운동의 현대적 의의

사회봉사와 사랑실천 지향

구세군 자선냄비는 구세군만의 것이 아니라 온 국민이 함께 참여하는 사회봉사와 사랑실천 운동으로 자리매김을 하였다. 불우한 이웃을 돕는 국민의 저력에서 우리를 축복하시는 "하나님의 작은 손들"을 보게 된다. 자선냄비는 사랑의 실천운동이요 섬김의 봉사운동이며 성례전의 세속화 운동이다.

자선냄비의 유래

크리스마스 계절이 되면 국제적으로 여러 나라에서 구세군 자선냄비 모금이 실시된다. 나는 뉴욕한인영문 담임사관이었을 때 아내 이수영사관과 함께 뉴욕 풀러싱 백화점 앞에서 추수감사절부터 크리스마스이브까지 한 달 동안 빨간 삼각대 위에 "Sharing is Caring!"(나누는 것이 돌보는 것이다)라고 쓴 방패가 있는 자선냄비 통을 세워 놓고 "사랑의 종"을 울렸다. 뉴욕날씨는 매우 춥다. 매일아침 10시부터 오후 6시까지 8시간을 군우들 및 자원봉사자들과 함께 백화점 앞 길가에 서서 자선냄비 모금을 가졌다. 우리는 불우한 이웃을 돕기 위한 선한 사마리아인의 정신을 지킨다는 사명감을 느끼면서 기쁨으로 봉사하고 있었다.

그 때 마침 잘 아는 선배 목사님 한 분이 그 앞을 지나고 있었다. 나는 인사를 나눈 뒤 부탁을 했다. "목사님, 화장실에 다녀올 동안 잠시 이 사랑의 종을 맡아 주실 수 있겠어요." "걱정하지 말고 다녀와요. 이 선한 일에 나도 한번 봉사해 봅시다." 나는 사랑의 종을 흔드는 방법을 가르쳐 주고 잠시 화장실에 다녀왔다. 10여분이 되었을까. 한데 그 선배 목사님은 나에게 종을 건네주면서 이렇게 말했다.

"김사관, 내 얼굴을 좀 봐요. 날씨가 몹시 싸늘한데 내 얼굴에서는 비지땀이 흐르고 있어요. 이것은 수고의 땀이 아니라 겁에 질린 체면의 땀이오. 신자들이 지나가다가 내 모습을 보면 어쩌나, 동료 목사가 지나 가다가 '아니 저 목사님이 왜 저기 서있지'라고 손가락질이나 하지 않나..., 그보다도 춥고 떨리고 사람들 숲에 눈이 빙글 빙글 도는 것 같아서 서있지를 못하겠요. 역시 이 일은 구세군 정장을 하고 불우한 이웃을 돕겠다는 희생정신과 봉사의 사명감을 가진 구세군인들 만이 할 수 있는 일이요. 만일 나같이 체면을 생각하고 부끄러움을 갖고 있다면 수많은 사람들이 왕래하는 길거리에서 종을 흔들면서 서있지를 못할 것입니다. 나는 목사지만 훈련이 되어있지 않아서 이 일은 못하겠어요. 자선냄비는 신앙을 훈련시키는 데 가장 좋은 지름길이라고 생각되네요. 김사관 수고해요."

그렇다. 자선냄비는 목사님이 하지 못한다. 타 교회 신자들이 하지 못한다. 이것은 훈련된 구세군인들이 할 수 있는 특권이다. 그러기에 우리 구세군인들이 특별한 사명감을 갖지 않고서는 자선냄비모금 운동에 봉사할 수 없다. 실제로 사관 자신이 길 한 복판에 서있다는 것은 고역이요 힘든 일일 뿐만 아니라 "어떻게 주의 종이 길 한 복판에 서서 종을 흔들어 대고 있을까"하고 체면이 앞설 수도 있을 것이다. 어떤 분은 자신이 갖고 있는 사회의 직위 때문에 창피하게 느껴져서 종을 흔들어 댈 수 있을까? 하고 망설여진 때도 있었다고 고백하는 사람도 있었다.

우리에게 교만된 권위주의적 태도가 잠재해있다면 체면이 앞서게 된다. 우리 속에 그리스도의 영이 없으면 부끄러움이 그의 마음을 사로잡게 된다. 이런 사람은 예수 그리스도께서 나를 위하여 십자가에 죽기까지 사랑하셨다는 그 놀라운 은혜를 깨달을 필요가 있다. 신약성서에 보면 수많은 서기관과 바리새인 그리고 종교지도자들과 정치지도자들은 예수님께서 죽기까지 봉사하시고 섬기셨던 사량의 행동을 천박하고도 무위도식한 행위로 치부해 버렸다. 그러나 예수님을 옹위하고 따랐던 큰 무리들은 가난한 사람들이었다. 어쩌면 그들은 술주정뱅이요 병들어 있는 자들이요 장애인들이요 소외계층들이요 오직 하늘의 도움만 바라고 사는 불쌍한 민중들이었다. 예수님은 그들을 섬기고 먹이고 고치고 가르치며 천국복음을 전파하셨다. 예수님은 그들을 불쌍히 여기시어 사랑하시되 십자가에 죽기까지 사랑하셨다.

우리가 자선냄비 앞에 담대히 설 수 있는 것은 젊어서가 아니다. 그렇다고 시간이 남아돌아서 봉사하는 것도 아니다. 이 일은 바로 우리 주님께서 몸소 보여 주신 사랑의 삶을 실천하는 것이고, 주님께서 제자들에게 분부하셨던 전도하는 일을 우리가 계속 이어가는 일이기 때문이다. 이 일은 결단코 나 자신을 위한 구걸이 아니라 바로 "우리가 가지고 있는 작은 것을 모아 서로 나누는 것이 곧 불우한 이웃을 돌보는 것이라"고 마음 가졌기 때문이다.

과학이 발달하고 문화가 발전해 간다고 해도 가난하고 소외된 계층이 있는 한, 그늘진 세상 속에서 햇볕을 외면한 채 살아가는 불우한 이웃이 이 땅에 생겨나고 있는 한 구세군 자선냄비는 어떠한 형태로던지 계속 유지 발전해 나갈 것이다. 혹여나 오늘날 "공동모금"이 시작되어 서로 협력 관계가 이루어진다 하더라도 구세군 자선냄비는 특색 있는 모금운동으로 유지되어야 할 것이다. 그러다보니 10년, 20년, 어떤 분은 어느덧 30년, 40년이 넘도록 자선냄비모금 운동에 봉사하게 되었다.

때로 우리는 하나님의 축복의 손길을 교회 안에서만 바라고 있다. 그러나 우리는 해마다 하나님의 축복하시는 사랑의 손길을 바로 거리 한복판 '자선냄비'에서 만나기를 바란다. 우리는 동전 한 닢, 한 닢을 넣는 정성어린 손길마다에서 하나님의 축복하시는 사랑의 손길을 발견하게 된다. 그 따뜻한 조그마한 사랑의 손길은 바로 "하나님의 작은 손"이라고 표현해본다. 그 하나님의 작은 손은 추운 겨울을 녹이는 햇볕의 역할을 한다. 거동하지 못하는 노인들에게는 새 힘을, 부모를 읽은 아이들에게는 용기와 희망을, 불우한 이웃들에게는 쉼터가 된다. 집을 잃은 재해민들에게는 위로가 되며 사회악에 스며든 청소년들에게는 예방과 치료가 된다. 그 하나님의 작은 손이 닿는 곳에 심장병의 치료가 이루어지고, 불쌍한 자들이 먹고 자고 마실 수 있는 복지 시설이 생겨나고, 어린 아이들이 평화롭게 뛰어놀 수 있는 어린이 시설이 생겨나며, 추위에 떠는 자들을 포근하게 위로해 준다.

1세기 이상의 역사성을 갖고 있는 구세군자선냄비 운동이 오늘에 와서 어떠한 의의를 갖고 있는가? 만일 오늘의 자선냄비운동이 단순히 돈만을 모금하는 운동으로만 그치고 만다면 그것은 그다지 큰 의미성이 있는 것은 아닐 것이다. "하나님을 사랑하고 이웃을 사랑하라"(마 22:37-40)는 성서적 의미성을 담고 있는 "마음은 하나님께, 손길은 이웃에게"라는 모토를 갖고, "나누는 것이 돌보는 것"이라는 표제어를 내 걸고 실시해온 자선냄비 운동은 이제 새로운 시대에 걸 맞는 재해석의 의미성을 갖고 실천되어야 할 것이다.

그러할 때 이 자선냄비 운동이 구세군의 역사성에 있어서 하나의 운동으로 그치는 것이 아니라 교회사적으로 볼 때도 큰 의의를 갖는 신비한 운동이 될 것이고, 특히 구세군인들 뿐만 아니라 한국교회 그리스도인들에게도, 또한 한국국민들에게도 큰 의미를 갖게 될 것이다.

구세군 자선냄비 유래는 미국 구세군사관의 단순한 사랑실천정신에서 비롯된 것이다. 1891년 12월 어느 차가운 겨울 저녁 배 몇 척이 조난을 당하여 미 서부 해안 샌프란시스코 오클랜드 해변에 머물고 있었다. 가까스로 생명을 건진 수많은 선원들은 추위와 허기에 떨고 있었다. 배 안에는 그들의 허기진 배를 채워줄 아무것도 없었다. 다만 차갑고 시커먼 큰 국솥만이 끓일 음식을 기다리는 듯 덩그렇게 비어있었다. 당시는 미국이 경제 불황에 시달리는 때이어서 누구하나 그들을 돌보아줄 여유가 없었다.

이때 구세군 사관 죠셉 맥피 정위(Captain Joseph McFee)가 달려가서 선박에서 선원들이 사용하는 '심슨 포트'(Simpson's pot)라고 불리는 배 안에 있는 빈 국솥을 끌어내어 행인들이 왕래하는 길거리에 내다걸고 외치기 시작하였다. "이 국솥을 끓게 해주세요." 그는 영국 리퍼풀에서 선원들을 도왔던 것이 문득 생각나서 그 일을 할 수 있었던 것이다. 그날 선원들은 배불리 먹을 수 있었고 그동안의 고생과 추위와 배고픔을 잊을 수 있었다. 그때로부터 오늘까지 해마다 추수감사절부터 크리스마스 이브까지 성탄절기가 되면 구세군은 세계 각 곳 길거리에서 사랑의 손길을 호소하는 자선냄비 종소리가 '사랑의 종소리'로 울려 퍼지게 된 것이다. 처음에는 한낱 조난당한 선원들을 돕기 위해 시작된 미미한 자선 행위가 오늘날 불우한 이웃을 돕는 커다란 세계적 사랑운동으로 실천되고 있는 것은 우리 모두에게 큰 의미를 주고 있다.

한국에서는 일제 강점기 1928년 12월 15일에 처음으로 정령 박준섭(Colonel Joseph Barr) 사령관이 자선냄비를 시작하였다. 사령관은 서대문과 종로거리를 오가면서 길거리에서 방황하는 청소년 거지들을 보게 되었다. 또한 굶주린 배를 채우고자 도적질을 하다가 감옥에 수감되어 있는 사람들과 출감한 사람들이 오갈 데가 없어 노숙자로 헤매고 있는 것을 보게 되었다. 이러한 사회, 경제, 농촌의 어려운 상황에서 박준섭 사령관은 부총독과의 면담을 요청하였다. 사령관은 조선 농민들의 어려운 실상에 대하여 오래 동안 토론하면서 구세군에서 이들을 구호하기 위해 몇몇 사업을 도와줄 수 있는지 그 가능성에 대해서 제안하였다. 그리고 수감자들과 출감자들을 위한 사업도 논의하였다. 그러나 의례적으로 우호적인 공감을 가질 뿐 어떤 결정도 내려지지 않았다. 사령관은 더 이상 사회적으로 불우한 걸인을 방치해둘 수 없었다. 더욱이 그해는 흉년과 가뭄 그리고 뒤 늦게 쏟아 부은 홍수피해로 추수가 실패하였다. 그러기에 사령관은 구호금을 마련해야할 필요가 있다고 여겼다. 이에 따라 '성탄 자선냄비'를 사용하여 대중에게 모금을 할 수 있도록 당국의 승인을 얻게 되어 12월 예수 그리스도의 탄생을 알리는 시즌을 중심으로 12월 15일부터 31일까지 20개소에서 최초의 자선냄비를 시작하여 오늘에 이르고 있다. 오늘의 자선냄비 운동은 온 국민의 공인을 받고 있다.

첫째, 자선냄비는 사회학적 의의가 있다.
　　그것은 불우한 이웃을 돕는 것이다.

우리는 자선냄비를 통하여 "하나님의 작은 손"을 보게 된다. 어린아이로부터 노인에 이르기까지 다양한 단위의 금액을 넣는다. 여기에는 성의 차별이나 인종의 차별은 없다. 계층의 차별이나 직위의 차별도 없다.

다만 정성어린 따뜻하고 고귀한 사랑의 손길만이 있을 뿐이다. 그리하여 가장 작은 정성이 큰 정성으로 모아지고 큰 정성은 따뜻한 돌봄으로 퍼져나간다. 추운 겨울일지라도 따뜻한 사랑으로 불우한 이웃의 삭막한 처지를 녹일 수 있다. 그러므로 자선냄비는 차가운 세상에 훈훈한 사랑을 안겨주는 사랑의 실천 운동이다.

기독교가 사랑의 종교라는 사실은 누구나 다 알고 있다. 그러나 그 사랑이 말로만 또는 명분 만으로의 사랑이라면 참다운 사랑의 의미성을 상실하고 말 것이다. 적어도 "아가페"사랑은 '자선의 사랑'(charity love)으로서 실천되어야 하고 그것은 다른 사람에게 전달되어야 한다. 그 사랑은 특히 아픔과 슬픔과 고통에 동참할 때 구체화된다. 교회는 궁극적 의미에서 하나님 사랑의 모체요, 그 사랑을 가장 잘 실현시키는 장소이어야 한다. 그러나 오늘에 와서 우리 교회는 그런 사랑의 힘을 잃어버리고 말았다. 너무나 의식과 형식에 치우치고 있다. 우리는 너무나 교회 울타리 안의 사랑만을 강조하고 있다. 이제는 하나님의 사랑은 세상 속, 즉 가난한 자, 상처난자, 소외된 자, 압제 당한 자, 외로워하는 자가 있는 (눅 4:18-19) 세상 한 복판에서 실천되어야 한다. 그것은 하나님이 교회를 사랑한다는 말은 없어도 "하나님이 세상을 지극히 사랑하신다"(요 3:16)는 말씀이 있기 때문이다.

우리가 하나님 안에서 이웃을 사랑하지 않을 경우에는 우리의 사랑이 진지하게 연마될 수 없다. 사실 하나님의 영이 지배하지 않는 곳에서는 우리 이웃에 대한 사랑이 활개를 칠 수 없다. 그러므로 바울은 성령의 9가지 열매를 열거하면서(갈 5:22) "이웃 사랑"을 포함시켰다.

둘째, 자선냄비는 신학적 의의가 있다.
　　그것은 하나님의 것을 나누는 것이다.

　세상에서 우리가 소유하고 있는 모든 것은 하나님께서 인간에게 주신 "하나님의 것"이다(창 1:1). 만물의 주인은 하나님이시다. 물질은 개인이 소유하는 데 의미가 있는 것이 아니다. 물질은 모두가 공유하는데 가치가 있다. 물질은 서로 나눌 때 돌봄의 가치가 생겨나는 것이다. 구세군은 "나누는 것이 돌보는 것"(Sharing is Caring)이라는 사실을 강조한다. 이것은 내가 소유하고 있는 것으로 어려운 처지에 있는 사람을 도와준다는 개념이 아니다. 오히려 우리 모두가 각자 가지고 있는 많고 적은 물질을 하나님께서 나에게 주신 것으로 알아서 불우한 이웃도 우리와 똑같은 하나님의 백성으로 여겨 하나님의 것을 서로 나누어 갖는다는 개념이다. 하나님의 것을 서로 나누어 공유할 때 그것이 곧 서로 돌보는 과정이 되는 것이고, 여기에서 동족이 함께 살 수 있는 복지사회가 생겨나게 되는 것이다.

　그런 의미에서 자선냄비의 작은 돈은 내 것으로 불우한 이웃을 도와준다는 것보다는 하나님이 주신 하나님의 것을 불우한 이웃과 함께 나누는 것이다. 나눔 운동이 곧 자선냄비의 큰 의미를 갖는다.

　예수님은 자기 자신이 세상에 오신 그 목적을 분명히 하셨다. 그것은 "인자가 온 것은 섬김을 받으려함이 아니라 도리어 섬기려 하고 자기 목숨을 많은 사람의 대속 물로 주려함이니라"(마 20:28)고 하신 말씀에서 볼 수 있다. 사도 요한은 이 말씀을 "말씀이 육신이 되어 우리 가운데 거하시매"(요 1:14)라고 말했다. 사도 바울은 그 사실을 재해석하기를 "그는 근본 하나님의 본체이시나 하나님과 동등 됨을 취할 것으로 여기지 아니하시고 오히려 자기를 비워 종의 형체를 가지사 사람들과 같이 되셨고 사람의 모양으로 나타나사 자기를 낮추시고 죽기까지 복종하셨으니 곧 십자가에 죽으심이라"(빌 2:6~8)고 하였다.

사랑의 실천은 구체적으로 섬김과 봉사로 성취된다. 예수님의 섬김의 사상에서 볼 수 있듯이 진정한 섬김은 첫째, 자기 목숨을 많은 사람의 대속 물로 주려는 희생의 태도이다(마 20:28). 둘째, 자기를 비워 종의 형체를 갖는 겸비한 태도이다(빌 2:7). 셋째, 사람들과 같이 되는 평등의 태도이다(빌 2:7, 요 1:14). 넷째, 자기를 낮추고 복종하는 섬김의 태도이다.

이런 의미에서 보면 자선냄비운동은 사랑을 구체적으로 표현하는 "나눔과 돌봄"의 봉사운동이다. 그 현장에서 사랑의 만남이 이루어지고, 그것은 구체적으로 금전모금으로 이루어지고 있다. 조그마한 한 사람의 사랑의 마음이 뭉치고 뭉쳐서 큰마음을 갖게 하는 것이다. 그곳에 참여하는 자선냄비 봉사자나 그 운동에 동참하는 사람들이 하나가 되게 한다. 거기에는 서로간의 존경이 있고 신뢰가 있고 말없는 대화가 있으며 시간과 물질의 희생이 있다.

셋째, 자선냄비는 예전의 의미가 있다.
그것은 세상 한복판에서 성만찬을 실천하는 것이다.

나는 구세군사관학교 교수였을 때 명동성당 건너편에서 자선냄비를 봉사하고 있었다. 신부님 한 분이 내게 다가와서 의미 있는 말씀한마디로 격려해 주었다. "구세군자선냄비는 단순한 모금운동이 아닙니다. 세상 속에서 가장 아름다운 '성례전'을 베푸는 것입니다."

한마디로 자선냄비운동은 성만찬의 세속화(世俗化)운동이다. 오늘날 성만찬은 교회 안에서 의식으로만 실행되고 있다. 예수님과 함께 나누었던 만찬의 의미는 없고 다만 예전성, 상징성, 기념성, 공존성, 화체성 등 영적인 개념만 남아있을 뿐이다. 오늘에 와서 성만찬의 문제는 심각한 문제로 대두되고 있다. 그것은 전통적이고 의식적인 성만찬이 어떤 의미성을 갖고 있는가? 하는 재발견의 문제이다. 오늘에 와서 분명해진 것은 성만찬은 어떤 하나의 의식행위가 아니라 그리스도인의 삶의 자리에서 일상 이루어지는 예배행위라는 사실이다. 그러기 때문에 오늘의 성만찬은 교회내의 성만찬이 아니라 교회 밖의 성만찬으로 끄집어내고 있다는 사실이다. 즉 성만찬은 어떤 의식이 아니라 생활 곧 삶 그 자체를 의미하게 되었다, 그런 사상은 남미를 중심한 제3세계에서 일어나고 있는 "해방 신학" 특히 새로운 교회 패러다임을 향방하고 있는 천주교 개혁신앙에서 찾아볼 수 있다. 성만찬은 본회퍼가 말한 대로 "그리스도의 고난에 동참하는 것"이라면 그 고난에의 동참의식은 세상 한복판에서 길거리, 상가 앞, 사람이 다니는 곳이면 어디에서든지 이루어지는 것이고, 그 곳에서 "예수님께서 떡과 포도주를 제자들과 나누듯이" 시민과 불우이웃들이 함께 동참하여 나누는 것이고 아이와 어른이 함께 동참하여 나누는 것이어야 한다. 여기에는 계급이나 인종이나 종파나 성의 차별이 결단코 있을 수 없다. "나눔과 섬김"의 장소가 진정한 교회라면 그런 의미에서 자선냄비는 교회 내에 있는 교회가 아니라 세상 속에 있는 교회라고 할 수 있을 것이다.

자선냄비는 그리스도인의 성만찬의 행위가 교회안의 예전으로서만 그치지 않고 그것을 세상 한복판으로 끌고 나와 불우한 이웃과 더불어 식탁을 나누며 거룩한 성만찬에 참여 할 수 있게 하는 살아있는 성만찬이다. 자선냄비는 세상 한복판에서 불우한 이웃과 사랑의 떡을 떼는 성만찬을 실천하는 것이다. 그들은 교회 안이 아니라 세상 안에서 신음하고 있는 또 다른 하나님의 백성들이다. 그러므로 자선냄비는 그들이 함께 그리스도의 고난에 동참하는 거룩한 예전의 행위이다.

자선냄비를 통하여 우리 서로가 나누면서 돌보는 삶이 바로 진정한 의미에서의 성례전적인 삶이라고 생각한다. 진정한 성만찬의 의미가 배부르게 먹고 마시는데 있는 것이 아니라 그리스도의 고난에 동참하는데 있는 것이라면 바로 길 한복판에서 불우한 이웃과 더불어 물질을 나누는 봉사의 삶은 더욱 구체적이고 진실 된 성만찬 실천이 아니고 무엇이겠는가?

마치는 말

구세군 자선냄비는 한낱 세모에만 나타났다 사라지는 명물로만 존재가치가 있는 것이 아니다. 그리스도의 고통에 동참하여 하나님의 것을 불우한 이웃에게 전달해 주는 중매 역할을 하며 하나님의 공유의 법칙에 따라 분배의 원리를 최대화하며 성만찬의 진정한 의미를 실행하는데 그 의의가 있다. 이런 면에서 구세군 자선냄비는 나눔과 돌봄의 예전적 의의뿐만 아니라 그리스도의 고난에 동참하는 복음적 의의를 갖는 것이다. 진정 구세군자선냄비는 "하나님의 기뻐하는 금식"(사 58:6~9)을 선포하는 것이다.

이사야 선지자는 신앙의 참된 의무가 무엇이며 하나님께서 우리에게 추천하는 것이 무엇인가를 말씀하고 있다. 그것은 신앙생활을 하는 자들이 무엇보다도 먼저 무거운 짐에 짓눌려 있어서 비참하게 된 자들의 짐을 풀어 주는 데 있다는 점을 보여 주고 있다. 구약학자 어네스트 라이트(G. Ernest Wright)에 의하면 "이 말씀은 교회 안에서 예배드리는 것만이 최선의 예배가 아니라는 것이다. 진정 하나님이 기뻐하시는 신앙생활이 무엇이겠는가를 보여주고 있다"고 했다.

"하나님의 기뻐하는 금식" 즉 신앙생활은 먼저, 정치적 행동으로는 "부당한 결박을 풀어주는 것, 멍에의 줄을 끌러 주는 것, 압제받는 사람을 놓아주는 것, 모든 멍에를 꺾어 버리는 것이다"(사 58:6). 구세군은 모두 악한 사람의 흉계로부터 투옥되어 있는 사람들을 석방시켜주는 사역을 하고, 억울한 누명을 쓰고 고통당하는 자들을 찾아가 고통의 멍에를 풀어주는 사역을 하고, 압박당하는 자에게 자유를 주어 진정한 평화를 누리게 해 주는 사역을 하고 있는 것이다.

다음, 사회적 행동으로는 "굶주린 사람에게 먹거리를 나누어 주는 것, 떠도는 불쌍한 사람을 집에 맞아들이는 것, 헐벗은 사람을 보았을 때에 그에게 옷을 입혀주는 것, 골육을 피하여 숨지 않는 것이다"(사 58:7). 구세군은 모든 사람들에게 선한 행위, 자선 행위를 보이는 것을 생명과 같이 귀하게 여겨 실행하고, 동족을 도와주어야 할 기회를 만났을 때 여리고 골짜기에서 강도만난 사람을 보고 제사장이나 레위인 같이 회피하지 않고 선한 사마리아 사람 같이 그 현장 속에 뛰어 들어가 도와주는 바로 그 사역을 하고 있는 것이다. 이와 같은 사역이 정상적으로 이루어질 때 하나님의 축복은 빛이 새벽 햇살처럼 비칠 것이며, 아름다운 장래가 약속될 것이다. 죄악으로 인하여 상처받은 국가의 모든 재난이 급속 도로 치료되고 회복될 것이다. 또한 하나님이 친히 우리를 앞에서 인도하시며 뒤에서 보호하시고 끝날 곧 종말의 날에 하나님의 구원이 우리에게 영광으로 임하게 될 것이다. 그리하여 구세군은 하나님의 말씀대로 그동안 행한 모든 선한 사업이 의가 되어 하나님은 우리를 거룩한 백성의 길로 인도하시게 될 것을 믿는다(사 58:8-12).

구세군
군령군율의 정신

전도방법과 하나님 나라 확장 지향

구세군 군령군율은 영혼구원을 위한 전투적인 전도방법에 적용함으로서 구세군인들이 하나님 나라 확장을 위한 최선의 실천방법과 수단을 제시한다.

군령군율의 의의

「구세군 군령군율」은 "구세군"(The Salvation Army)이란 준 군대식의 법적 명칭을 갖게 되면서(1878) "구세군의 원리와 조직의 해석"을 위해 마련된 것이다. 군령군율은 구세군 사업의 기본원리인 동시에 그 사업의 수행을 위한 최선의 규율이 된다. 최초의 군령군율은 교회의 여러 헌법에서보다 영국 군대의 군율에서 실천적 도움을 받았다. 그것을 영혼구원을 위한 "전투적"인 전도 방법에 적용함으로서 세상에 하나님의 나라를 확장시키는데 최선의 행동강령이 되고 있다.

용어상으로 "군령"(Order)은 군사법규와 명령을 말하고, "군율"(Regulation)은 군대내의 기율, 군기를 말한다. 이러한 용어의 의미에서 보면 구세군의 군령군율은 철저한 통수권자의 명령인 동시에 또한 그에 대한 사관, 병사들이 복종하고 실행해야 할 규칙이라고 말할 수 있다. "법의 정신"이 그러하듯이 군령군율도 선행을 권장하고 악행을 벌한다는 기본 원리는 같다고 하겠다. 그러나 군령군율이 타 교회의 헌법과 다른 것은 헌법은 그 교단의 기본 치리 법으로만 남아있으나 군령 군율은 각 방면의 하나님 사업 수행을 위해 어떻게 도와서 그 임무를 잘 수행할 수 있는가를 위해서 마련된 섬김의 준칙이고 또한 사관들에게는 목회백서이며 구세군인들에게는 신앙생활 규범이라는 점에서 구세군 행정 또는 구세군인의 생활지침 및 행정과 생활의 안내서라는 점에서 다르다고 말할 수 있다.

그런 의미에서 구세군의 군령군율은 양면성이 있는데 그것은 "행정의 법"과 "실행의 법"이다. 행정의 법은 구세군의 원리적인 규범을 다룬 것 이고, 실행의 법은 실제 실천과 운영에 적용하는 것이다. 그러므로 군령군율은 법적 질서유지와 행정적 조직체 관리와 구세군인들의 삶의 올바른 자세확립을 위한 기본원리를 내포하고 있다.

군령군율의 중요성

여기서 한 가지 주지해야할 사항은 군령군율은 "그리스도인의 신앙과 생활의 표준인 성서"(구세군교리 1조) 이상의 것이 되지 않는다. 그러기 때문에 군령군율은 구세군 조직과 운영에 필요불가결한 것이기는 하나 불변의 조문은 아니며 그것 자체가 구원을 이루는 표준이 되는 것은 아니다. 그럼에도 불구하고 군령군율은 성서적 정신에 입각하여 만들어졌고 하나님의 사역과 그리스도인의 삶을 보다 효율적으로 조직 운영하는 것이기 때문에 구세군에 있어서 규범상의 표준으로서 존립가치가 있는 것이다.

그런 의미에서 예수님이 "내가 율법이나 선지자를 폐하러 온 줄로 생각하지 말라 폐하러 온 것이 아니요 완전하게 하려 함이라"(마 5:17~18)고 말씀한다. 그리고 바울 사도는 "그런즉 우리가 믿음으로 말미암아 율법을 파기하느냐 그럴 수 없느니라 도리어 율법을 굳게 세우느니라"(롬 3:31)고 말씀한다. 율법이 구원에 이르는 요소가 되지 않으면서도 율법을 폐기할 수 없다고 한 것은 율법은 또 잘못의 판단의 기준이 되는 것처럼 군령군율도 그것 자체가 구원을 이루게 하는 것은 아니지만 구원에로 인도하는 하나의 규범으로서 중요성이 있다. 그러나 한 가지 군령군율에 대하여 유의할 것은 그것 자체의 조문에 있어서 의문만 남고 실천의 능력이 없다면 그것은 사실상의 가치를 상실하게 될 것이다.

군령군율의 효율성

예수님의 "산상수훈"(마 5:-7:)은 현세에서 실천 불가능한 천국교훈이라고 말할지 모른다. 그러나 산상수훈은 이 세상에서 그리스도인의 성결한 삶을 살아가기 위한 최선의 생활 원리인 동시에 규범이다.

군령군율에 있어서 그것이 사관을 위한 군령군율이나 하사관을 위한 군령군율이나 병사를 위한 군령군율은 모두가 구세군인들이 순종을 필요로 하고 실행해 나가야하는 고귀한 생활 규범이다. 그러기 때문에 군령군율은 구세군의 유지와 발전을 위해서 필요불가결한 것일 뿐만 아니라 구세군인들의 성결한 삶의 실천과 구원받은 자가 하나님께 나아가는 실천을 위해서도 필요 불가결한 것이다.

그런 의미에서 군령군율은 훈도이고 억압이 아니다. 우리가 율법주의는 삼갈 것이다. 로마서 2:17~29절에는 율법주의자를 삼가야 할 것을 언급하고 있다. 또한 오늘의 교권주의자도 삼가야 할 것이다.

군령군율의 정신

「구세군 교리」가 성서적 교훈을 통해서 구원과 성결이란 영적 삶의 원리를 안내해주는 신앙원리를 가르치는 교과서라면 「구세군 군령군율」은 그리스도인들 특히 구세군인들의 삶의 실천 규범을 제시하여 안내해 주는 생활 지침서라고 볼 수 있다. 또한 구세군 교리는 구원의 단계를 성서적 교훈으로 다루고 있는 반면에 군령군율은 구원받은 구세군인들이 삶의 현장에서 실천의 행위를 어떻게 실행해 나가야 할 것을 규정하고 있다.

이런 의미에서 오늘날 우리가 군령군율을 의문, 율법 또는 법조문이란 각도에서 이해하는 것 보다는 신앙의 실천적 행위 즉 죄악에 떨어지지 않도록 보호하려는 신앙생활 규범이라는 관점에서 이해해야만 군령군율에 대한 친근감과 지켜나갈 수 있는 신임성이 이루어질 것이다.

예컨대 "10계명"(출 20:1~17)의 율법은 실천 불가능의 계율로 이해되는 한편 "새 계명"(요 13:34)의 사랑은 실천이 용이한 것으로 판단되고 있다. 그러나 생각해 보면 둘 다 계명이요 율법인데 10계명은 명령적 규범이고 새 계명 사랑은 실천적 규범이라는 점에서 차이가 있는 것과 같다. 그러기 때문에 군령군율의 근본정신은 예수님이 세상에 섬기려고 오셨던(마 20:28) 섬김의 정신(빌 2:5)과 인류를 돌보고 치유하셨던 사랑의 실천정신에 기초하고 있는 것이다.

예수님은 "화 있을진저 너희 바리새인이여 너희가 박하와 운향과 모든 채소의 십일조는 드리되 공의와 하나님께 대한 사랑은 버리는도다 그러나 이것도(공의) 행하고 저것도(사랑) 버리지 말아야 할지니라"(눅 11:42)고 하셨다. 그러기에 군령군율은 하나님의 지극한 사랑과 공의에 비추어 이해되어야 한다(시 11:5~7).

이와 같이 군령군율의 정신은 상과 벌에 있는 것이 아니라 공의와 사랑이요 의문과 조문에 있는 것이 아니라 실천과 생활에 있는 것이다. 따라서 구세군의 군령군율은 공의로운 하나님의 법(10계명)과 자비로운 그리스도의 새 계명(사랑)의 조화를 이룬 집합체라고 볼 수 있다.

민주주의의 근본 원칙이 법질서 유지와 정의실현에 있다고 한다면 구세군은 구조적 체제에서 보여주고 있는 획일적이고 규범주의적인 정책의 단체라는 인식을 지양시키고 섬김과 사랑으로 공의를 실현하는 단체로 이해되어야 할 것이다. 군령군율의 기본정신에 있어서 공의는 아프지만 사랑은 치유한다는 양면성이 있다는 것을 이해해야 할 것이다.

마치는 말

군령군율은 그 자체로서 존재가치를 갖는 것보다는 성서를 기반으로 한 구세군인들의 실천적 생활에서 그것의 존재가치를 갖게 된다. 그러므로 구세군의 군령군율은 일반 교회헌법과는 달리 구세군인들이 하나님의 나라 확장을 위한 최선의 실천 방법과 수단을 제시한 것이며 이것이 사관과 하사관과 병사 등 모든 구세군인들이 복종하여야 할 의무성과 책임성과 실천성을 갖게 되는 것이다.

나의 삶, 나의 사상

성서로 보는 나의 삶과 사상 조명

1) 나는 '성서적 인격'의 사람이 되고자 노력한다.

성서가 나의 삶 속에 저며 들어서 성서로 생각하고 성서로 실천하고 성서로 살아가려고 노력하였다. 그것은 자칭하여 '도사'(道師) 즉 "말씀"(요 1:1)을 '도'(道)라 했듯이 하나님의 말씀을 가르치는 말씀의 스승(師)이 되고 싶어서였다(딤전 4:13, 딤후 3:15~17).

이 같은 영향을 받은 것은 신학대학에서 공부할 때 존 웨슬리신학을 연구하면서 웨슬리 목사가 한 말씀 "Let me 'Homo Unius Libri'."(주여 나로 하여금 한 책의 사람이 되게 하소서!)라고 한 말씀에서 출발하였다. 그리고 창립자 윌리엄 부스 대장은 성서를 "우리의 구원의 헌장"(Our

Charter of Salvation) 이라고 한 말씀에서 확신을 갖게 되었다.

2) 나에게는 학문의 삶이 있다.
　나의 학문의 시작은 초등학교, 중학교, 고등학교를 마치고, 성직의 길을 위해 '출가'하여 신학대학교, 대학원(M.Div, Th.M), 샌프란시스코신학대학원 (D.Min)에서 신학을 공부했다. 그리고 구세군사관이 되기 위해 "3도 낙방"에서 '성결의 경험'을 통해 구세군사관학교에 입교하여 '사관'으로 임관된 후, 구세군국제사관대학(ICO, 일반학기, 행정학기, 영국), 아태지역사관대학(SPEACO, 인도네시아), 구세군지도자훈련(호주), 섬기는 지도자훈련(필립핀) 등에서 구세군의 교리와 신학과 행정과 목회와 역사에 이르기 까지 배우고 또 배우곤 하였다. 지금도 배우는 데는 도가 터 있다. 그래서 나는 영원한 '학생'이기를 자처 한다. 젊어서는 "책벌레"라는 또 다른 별명을 듣곤 하였다. 나는 교육을 통하여 사고하기를 시작하였고 사상이 넓어졌으며 학문세계를 즐거워하였다. 나의 사상은 철학적 사고와 신학적 실천과 종교적 대화로 발전해 갔다.
　나는 책을 좋아한다. 성경은 하나님께서 나에게 준 '사랑의 편지'라면 책들은 나와 생각을 나눌 수 있는 사랑스런 애인이요 동시에 나의 가장 좋은 스승이다. 그러기에 즐겁게 성경을 읽고 책들을 만나보기를 즐겨 한다.
　책안에 줄을 치면서 '광맥'을 찾아놓는다. 독서의 폭은 만화, 동화, 수필, 소설, 철학, 신학, 역사, 논리학, 종교학, 종교심리학, 불교서적에까지 폭을 넓혀나갔다. 그러기에 나의 사고는 편협한 곳에 머물러 있지 않고 누구와도 통할 수 있는 이해력을 갖게 되었다. 학문세계에서 나의 것만을 고집하는 것이 주견 있는 학자의 양식이라고 할지 모른다. 그러나 그 같은 양식은 자기 스스로를 어떤 "카테고리"속에 감금시켜놓고 스스로를 묶어놓은 자멸행위이다. 그런 것에서 해방되지 못하고 자유를 갖지 못한다면 그것 자체가 자신의 비극이다. "생각 없는 생각"(김흥호)이란 말이 있듯이 진정으로 생각을 비우는 자만이 보다 큰 생각을 할 수 있고, 마음을 비우는 자만이 보다 큰마음을 가질 수 있다. 예수님은 일찍이 이 진리의 말씀을 그의 제자들에게 "심령이 가난한 자는 복이 있나니 천국이 그들의 것임이요"(마 5:3)라고 가르치셨다. 그러기에 학문은 자기 욕심이 아니라 나누는 것이요 자기 독선이 아니라 배우는 것이며 자기 소유가 아니라 모든 사람이 함께 공유하는 것이다.

3) 나에게는 사역의 삶이 있다.

나는 성결교회 전도사(10년)로 시작하여 구세군특무(2년), 그리고 구세군사관으로 50년을 하나님의 충성스런 종으로 사역하였다. 나는 구세군사관으로 임관된(1971) 후 영문사역으로는 손지영, 영동영, 영천영, 안양영, 강남영, 과천영, 뉴욕영, 뉴저지영, 서울제일영, 분당영 등 10개 영문에서 사역하였다. 교육사역으로는 구세군사관학교에서 훈련교관, 교육교관, 두 번의 교장을 역임하였다. 행정사역으로는 대한본영에서 교육부, 문학부, 편집부, 기획국장이었다. 그리고 은퇴 후에(2004)는 연장사역으로서 구세군역사박물관장, 구세군역사연구소장으로서 80세까지 사역하였다.

나의 사역은 하나님을 위해서 오직 '구세군'에서 충성스런 "머슴"으로 일한 것뿐이다. 여기에 사용한 '머슴'은 내가 좋아하는 특별한 '용어'이다. 나는 어릴 적에 소꿉장난을 할 때부터 머슴이었다. 그러기에 나는 머슴살이가 몸에 배었다. 지금도 나는 주님의 신실한 머슴이기를 바란다. 그러기에 실상 나에게는 성직자이니 주의 종이니 주의 일군이니 주의 청지기니 하는 고급스럽게 다듬어진 용어는 걸맞지 않는다. 오늘날 나는 성직자다운 성직자를 많이 보지 못하였다. 오히려 성직자연하고 주님을 업고 왕 노릇하는 목회자는 보았어도 주님을 섬기는 종은 그리 많이 보지 못하였다. 그들이 어느새 조그마한 교회나 영문에서 큰 교회나 영문으로 가면 사람들은 이것을 "승진"이라고 축하한다. 오늘날 우리 앞에는 "머슴"만도 못한 소위 성직자가 많다. 조물주와 물주를 분간하지 못하고 섬기기에 얼마나 고달플까? 무슨 종이 너무 비대해져서 기름기가 흐른다. 종이 너무 뚱뚱해져서 움직이기 거북해지더니 이제는 종이 주님 부리기를 노예 부리듯 하며 명령한다. 주님은 십자가에 죽으셨는데 주님을 따르는 종은 살려고 버둥댄다. 이에 구세군사관도 예외는 아니다. 이런 시대적 상황 속에서 난들 직업성이 없었겠는가? 왜 직업 앞에 "성"(聖)자를 부쳐서 성직(聖職)이라고 하는지 모르겠다. 성직이란 미명하에 군림하는 자세는 "화있을진저"라고 지탄받은 "바리새인과 서기관"을 무색케 한다(마 23:13-16). 생각하면 할수록 주님 앞에 부끄러운 것뿐이다.

　나의 사역이 모두 끝난 것은 아니다. 구세군 예배의 마침은 세상선교를 향한 파송을 의미하고, 그리스도인의 죽음은 하늘나라에 이르는 승천을 의미하듯이 나의 은퇴는 은거를 하는 것이 아니라 새로운 일의 시작을 의미한다. 구세군에서 은퇴사관을 "Retired Officer"라고 하는데 "Retire"는 '자동차 바퀴를 갈아 끼운다'는 말이다. 예수님은 "내 아버지께서 이제까지 일하시니 나도 일한다"(요 5:17)고 하셨는데, 나도 그 말씀에 힘입어 활기를 갖고 또 다른 사역에 도전할 때이다. 나는 구세군에서 사랑의 빚을 너무 많이 졌기에(롬 13:8) 구세군을 통해서 하나님의 일을 하는 것뿐이다.

나는 예수님을 나의 구세주로 영접한 이후 한 번도 예수님을 저버린 일이 없다. 주님의 몸 된 교회 안에서 주님의 자녀가 된 후로는 한 번도 세상직업을 가져본 일이 없다. 이것이 나의 강점인 동시에 어쩌면 나의 약점이 되기도 할 것이다. 이것이 나의 편협성일까? 아니면 나의 순수성일까? 그러나 나는 이것을 자랑스럽게 여겨 내 신앙의 자녀들에게 물려줄 유산으로 긍지를 갖는다.

4) 나에게는 섬김의 기도로 소망의 삶이 있다.

나는 너무 이기적으로 살아왔음을 고백한다. 실상은 나 자신만을 위해 살았다. 학문도, 사관생활도 어쩌면 나의 삶과 사상을 채우기 위한 한낱 수단이었다고 생각된다. 그동안 주님을 위해서 했다는 것이 지금에 와서 돌이켜보니 모두가 나의 욕구충족 때문이었다는 것을 새삼 깨닫게 되어 죄송스럽다. 무엇하나 주님을 기쁘게 한 것이라곤 없다. 구세군을 위해서 한 것이 주님을 위한 것이기는 하지만 그것마저도 한 조직에 속하여 구세군의 일을 도왔을 뿐 주님의 일을 기쁘게 한 것이라곤 없다. 예수님은 영혼 구원에 목숨을 걸으셨고, 윌리엄 부스는 일찍이 주님의 뜻을 깨달아 한 영혼 구원하는 일을 당신 생애 최대의 목적으로 삼았는데 나는 너무 책상머리에 앉아서 안주하였다.

은퇴 후에는 주님 안에서 주님과 함께 주님만을 위해서 살아야 할 때이다. 주님과 만나 명상하며, 주님의 말씀만 먹으리라. 주님의 뜻에만 순종하며 살리라. 소망의 시대가 열릴 것이다. 그러기에 나의 은퇴는 쉼이 아니라 또 다른 주님의 일을 위한 생산적인 시대가 열릴 때이다.

나는 수한이 다할 때까지 가정을 위해 기도하리라. 지금까지는 가정을 위해 기도하는 것이 아내의 몫이었으나 이제는 나도 합세하리라. 나는 우리의 자식들과 우리의 가문을 위하여 하나님이 복을 내려주시기를 빌리라. 여호수아는 "오직 나와 내 집은 여호와를 섬기겠노라"(수 24:15)고 고백했는데, 나는 "하나님만 섬기는 가문이 되게 하소서"라고 기도하리라. 그동안 나는 단체에 매달려 있었기에 우리의 가정을 위해 진솔한 기도를 드리지 못했다. 이제는 마음 놓고 야곱의 축복함 같이(창 49:1~33), 우리의 가정을 위해서 홀가분하게 기도할 수 있다. 그리고 삶의 동반자이며 협동 사역자인 아내 이수영 사관을 위해 기도하리라. 나를 위한 기도는 시편 90편으로 족하다.

나는 하나님께서 구세군에 복을 내려주시기를 위해 기도하리라. 구세군은 우리의 삶의 모두이다. 나는 "3도 낙방"하여 구세군사관학교에 입교하였기에 구세군에 더욱 애착이 간다.

나는 힘없는 사관들을 위해 기도하리라. 이름도 없이 빛도 없이 주님의 일에 성실히 사역하는 사관들을 위해 기도하리라. 그들이 간직하고 있는 능력과 영혼에 대한 구령의 열정을 잘 안다. 그러나 그들이 때로 나약해지지 않기 위해 나는 사관들이 힘을 얻고 용기를 갖고 끝까지 구령전선에서, 사회복지사역에서 승리하기 위해 기도하리라. 그들은 주님의 지체들이다. 지체가 강해야 구세군이 강해지기 때문이다.

나는 땀 흘리며 기쁨으로 사역하였던 10개의 영문과 미동군국 뉴욕과 뉴저지영문을 위해 기도한다. 나는 사관대학원대학과 지방장관들과 본영의 참모들과 사령관을 위해 기도한다. 나는 새롭게 태어날 한국구세군 지도자들을 위해 기도한다. "사랑을 법으로 알고 진리 안에서 섬기는 지도자가 되게 하소서"라고 기도한다. 나는 무엇보다도 아름다운 구세군의 새싹인 유년주일학생을 위해 기도한다. 청소년을 위해 기도한다. 군우병사와 하사관을 위해 기도한다. 하나님의 뜻이 이 땅위에 평화의 나라로 확장되기 위해 기도한다. 구세군인들이 "진리 안에서 행한다"함을 듣는 것 보다 더 즐거운 일이 없으리라(요3서 1:4).

나는 대장과 국제구세군을 위해 기도한다. 하나의 구세군, 그 안에 소속된 내가 회개, 예비병, 병사, 영문학생, 주교사, 청년하사관, 찬양대, 사관이 되기까지 구원받은 은혜를 함께 나눈 자랑스러운 '구세군'을 위해 내 생애 마치는 그날까지 기도하리라. "보혜사 되신 성령께서 나의 연약함을 도우실 것"을 믿는다(롬 8:26).

나의 사상과 실천을 성서로 조명해 본다.

사관으로 임관된 한 제자가 묻는다. "교장님은 이상주의자입니까? 실용주의자입니까?" 그의 안목에는 나의 행동이 이상주의자같이, 또는 실용주의자같이 대견하게 보였던 모양이다. 엄밀히 나는 실천주의자이다. 할 일을 꼭꼭 실천하는 실행주의자이다. 그래서 나는 "선기후행"(先祈後行)한다. 먼저 기도하고 후에 실행한다.

1) 나의 일은 내 아버지께서 일하시니 나도 일한다.

　나는 "일이 복"이라는 생각으로 살았다. 일복은 나를 두고 한 말이라고 생각 한다. 일이 산적해 있으면 더욱 기뻤다. 그러나 내 영리를 위해 일하거나 단체에 얽매어 일한 적은 없었다. 다만 하나님의 일을 한 것뿐이다. 일은 하나님이 나에게 주신 '보너스'였다. 처음 구세군에 헌신한 것도 하나님의 일을 위해 구세군을 선택한 것이다. 그러기에 구세군을 책임과 의무를 다하여 사랑한다. 구세군의 사관이 된 것은 김씨 가문에 태어난 것과 같은 혈연관계와는 다르다. 나는 태어날 때부터 구세군 사관으로 태어난 것은 아니다. 장성한 후에 하나님의 부르심(God's calling)에 의하여 구세군 사관이 되었다. 그러기에 나는 부부관계와 같이 계약관계라고나 할까? '나는 구세군과 결혼하였다.' 그러기에 헌신의 약속을 믿고 이행하며 폭넓게 주님의 일을 구세군에 속해서 기쁨으로 수행할 수 있었다.

　　요한복음 5:17절, "예수께서 그들에게 이르시되 내 아버지께서 이제까지 일하시니 나도 일한다."
　　전도서 3:22절, "그러므로 나는 사람이 자기 일에 즐거워하는 것보다 나은 것이 없음을 보았나니 이는 그것이 그의 몫이기 때문이라."

2) 나의 실천은 선기후행 (先祈後行)이다.

　'먼저 기도하고 후에 행하는 것이다.' 수원 칠보산기도원에서 "40일 금식기도" 때 주신말씀을 가훈으로 삼았다. 이것은 주님의 뜻을 이루려는 겸손과 섬김의 의지에서 비롯된 것이다. 그러기에 나는 하나님의 말씀 속에 나의 의지를 맡기며 살아간다. 이것을 나는 신실한 믿음생활이라고 생각한다.

나는 기도, 성경연구, 전도, 선행(봉사)이 나의 신앙생활유지방법의 주요 패턴이다. 나는 기도 한번 할 때 성경은 두 번, 전도는 세 번, 선행은 네 번의 회수로 실천하도록 힘썼다.

> 여호수아 9:14~15절, "무리가 그들의 양식을 취하고는 어떻게 할지를 여호와께 묻지 아니하고 여호수아가 곧 그들과 화친하여 그들을 살리리라는 조약을 맺고 회중 족장들이 그들에게 맹세하였더라."

3) 나의 복음사역은 은혜의 복음을 전한다.

나는 은혜의 복음 곧 사랑의 복음 전하는 것을 생애 '모토'로 삼고 있다. 진노의 복음은 아직 율법 속에 살고 있는 것이다. 지금은 은혜의 복음시대이다(고후 6:2). 십자가는 하나님 사랑의 절정이며, 그 사랑이 나를 죄악 가운데서 구원하셨기에 나는 그 "사랑의 복음"을 전파한다. 지금도 구령의 열정은 계속 타오르고 있다.

> 사도행전 20:24절, "내가 달려갈 길과 주 예수께 받은 사명 곧 하나님의 은혜의 복음을 증언하는 일을 마치려 함에는 나의 생명조차 조금도 귀한 것으로 여기지 아니하노라."

4) 나의 목회사역은 성실하게 '진리의 말씀'을 가르치는 사역이다.

나의 진정한 사관상은 선두에 선 지휘자 보다는 "천국안내자"라고 자처한다. 그러기에 내가 한 영혼이 천국 가는 길에 장애가 되는 일을 한다면 그 책임은 나에게 있다. 그래서 그를 위해 슬퍼하며 아파한다. 나는 양이 수많은 교회를 거쳐서 우리 영문에 오는 것을 생각하고 풍성한 꼴을 먹이기 위해 열심히 진리의 말씀을 연구한다. 설교는 반드시 성령께서 인치도록 맡긴다. 나는 반드시 설교원고를 작성 한다 .

사도행전 20:31절, "그러므로 여러분이 일깨어 내가 삼년이나 밤낮 쉬지 않고 눈물로 각 사람을 훈계하던 것을 기억하라."

잠언 27:23절, "네 양떼의 형편을 부지런히 살피며 네 소 떼에게 마음을 두라."

베드로전서 5:2~4과 요한복음 10:1~18절은 나의 목회자상의 실천요인이다.

5) 나의 청빈생활은 빈자지부(貧者之富)이다.

사관은 가난한 부자들이다. 사도 바울은 "가난한 자 같으나 많은 사람을 부요하게 하고 아무것도 없는 자 같으나 모든 것을 가진 자로다"라고 말씀한다(고후 6:10). 이것은 나의 청빈생활이다. 나는 무소유의 청빈인 동시에 무욕의 청빈을 말한다. 누가 나를 가난하다고 했는가! 우리 하늘 아버지가 부자이시니 나도 부자란 사실을 실감한다. 하나님 같이 힘 있는 자가 힘없는 자같이 되시고 부한 자가 가난한 자같이 되신 것은 오직 나를 구원하기 위한 것이다. 이것이 믿는 자의 부가 아니겠는가(고후 8:9).

나의 물질관은 분명하다. 모든 것은 하나님의 것이고 하나님이 주신 것이기에 나에게 있는 내 것은 모두가 주님의 것이다(욥 1:21~22). 나는 빈손 들고 주님이 만드신 "좋다"고 칭찬하신 세상에 왔을 뿐이다.

고린도후서 6:10절, "근심하는 자 같으나 항상 기뻐하고 가난한 자 같으나 많은 사람을 부요하게 하고 아무것도 없는 자 같으나 모든 것을 가진 자로다."

6) 나는 주님의 말씀에서 마음을 비우는 법을 깨닫는다.

"마음이 가난한 사람은 복이 있다. 하늘나라가 그들의 것이다"(마 5:3, 눅 6:20 새번역). 예수님이 산에 올라 제자들에게 입을 열어 가르치신 첫 마디 말씀이다. 예수님은 마음의 가난(프토코이)이 복이라 한다. 마음의 '비움'이 행복(마카리오스)이란다. 그리고 하늘나라가 그들의 것이라 한다. 마음의 비움이 있어야 천국의 '채움'이 있단다. 예수님의 가르치심에서 나는 마음의 비움이 곧 마음 천국의 채움이란 것을 깨닫는다.

나는 마음을 비우면 우주 만물이 나의 것이 되고, 또한 내 안에 천국이 채워지게 됨을 믿는다. 마음의 평안은 마음을 비움에서 생겨나며, 마음의 비움은 자기와의 싸움에서 이기는 자만이 가질 수 있는 특권이다.

윌리엄 부스가 죽기 3개월 전, 여러 군우가 그의 병상에 모였다. 입에서 이런 말씀이 새어 나왔다. "거리에 우는 여인들이 있습니다. 함께 우시오. 배고픈 아이들이 있습니다. 그대의 주머니를 터시오. 감옥들이 넘칩니까? 그대의 사랑의 손을 펴시오. 우리의 구세군은 사회의 악과 싸우는 주님의 군대입니다. 그러나 그보다 앞에서 여러분은 자기 자신과의 싸움에서 이겨야 합니다"고 하였다.

"빈 마음"은 없는 것(공허함)이 아니라 하나님의 복을 담는 생성의 마음이다. 빈 마음이 천국으로 채워지는 복이다. 이 원리는 마치 아라비아 수자에서 0은 1의 시작인 것과 같다. 1은 0이 있음으로 생성 된다. 그러기에 0은 없는 것이 아니라 수많은 숫자를 담고 있는 배태수이다. 내가 이러한 신앙원리를 깨닫는데 60년이 걸렸다면 이해가 되겠는가! 이제서 철이 든다고나 할까! 나무 테 속에서 자연의 연륜을 익히듯이 노인의 연륜 속에서 인생의 철이 듦을 깨닫게 된다. 그것은 그때서야 자기욕심도 자기중심도 자기소유도 자기감정도 정리가 되기 때문이다.

마태복음 5:3절, "심령이 가난한 자는 복이 있나니 천국이 그들의 것임이요."

잠언 4:23절, "모든 지킬만한 것 중에 더욱 네 마음을 지키라 생명의 근원이 이에서 남이니라."

7) 나의 신앙은 죽으면 살리라.

나는 "죽어야 산다"고 말한다. 내가 죽어야 내안에서 그리스도가 살게 된다. 이것이 곧 육은 죽고 영이 사는 영적 원리이다. 먼저 죽는 자만이 먼저 살 수 있다. 진정으로 주의 종이 되기를 원하는가? 무엇보다도 먼저 죽는 연습부터 배우라! 나에게 있어서 '40일 금식기도'는 나를 죽이는 최고의 순간이었다.

고린도전서 15:31절, "형제들아 내가 그리스도 예수 우리 주 안에서 가진바 너희에 대한 나의 자랑을 두고 단언하노니 나는 날마다 죽노라."

디모데후서 2:11절, "미쁘다 이 말이여 우리가 주와 함께 죽었으면 또한 함께 살 것이요."

8) 나의 신학은 하나님의 사랑을 체험하는 것이다.

나는 요한복음 3:16절 말씀으로 구원받았다. 내생애 최초 7세에 그 말씀을 듣고 예수를 믿게 되었다. 내 생애 속에서 그 말씀은 나에게 "작은 복음" 곧 복음의 핵 이며 신학의 본질을 포함하고 있다. 그러므로 나에게 있어서 신학 (Theology)은 하나님의 말씀을 연구하는 학문적 이론을 뛰어 넘어 하나님과의 사랑의 교제를 경험하는 바로 그 사건이다. 그러기에 나에게 있어서 신학은 이론이 아니라 체험이고, 삶 자체이다. 그것은 우리 인간의 구성요소가 영과 혼과 몸이 한 인격을 형성한 것과 같다. 나의 '삶의 신학'은 삶을 신학으로 보는 것이고, 그리스도 안의 삶 즉 신앙생활을 '삶의 신학'이라고 한다. 이런 면에서 나에게 신학은 이론이라기보다는 행동원리이고 그리스도 안의 삶을 체계화시켜 나가려는 나의 삶의 의지이기도 하다.

> 요한복음 3:16절, "하나님이 세상을 이처럼 사랑하사 독생자를 주셨으니 이는 그를 믿는 자마다 멸망하지 않고 영생을 얻게 하려 하심이라."
>
> 요한1서 4:8절, "사랑하지 아니하는 자는 하나님을 알지 못하나니 이는 하나님은 사랑이심이라."

9) 나의 날은 날마다 새 날이어라!

나는 매 날이 새롭고 새 날이다. 아침에 눈을 뜰 때 부활의 은혜를 체험 하곤 한다. 그러므로 나에게는 새해가 따로 있는 것이 아니고 새 날이 따로 있는 것도 아니다. 다만 그리스도 안에 사는 삶이 곧 새로운 삶이 아니겠는가! 거기에 기쁨이 있고 즐거움이 있다. 그러기에 나는 매일의 삶을 낙천적으로 살아간다. 진정한 신년은 하나님의 영생 속에서만 가능하리라. 눈을 뜨면 이리도 좋은 세상, 눈을 감으면 이리도 편한 세상이다. 하나님은 천지를 창조하시고 "하나님이 보시기에 좋았더라"고 기뻐하셨다(창 1장).

> 고린도후서 4:16장, "그러므로 우리가 낙심하지 아니하노니 우리의 겉 사람은 낡아지나 우리의 속사람은 날로 새로워지도다."

10) 나의 성결은 행복이다.

성결은 하나님이 주시는 평강의 행복이다. 나는 성결을 유지하는 방법으로 기도-성경-전도-선행을 일직선상에서 하나로 본다. 그것은 한 몸에 여러 지체가 있는 것과 같은 구조이다. 그러나 나의 온전한 성결은 내 생애 안에서 종결된 성결이 아니다. 다만 이 세상 생애 동안 성결의 은혜가 퇴패하지 않고 흠 없게 보전되기를 원하는 그러한 성결이다. 그것은 마치 나는 태어난 하나의 개체 인간인격체이나 그 인간은 병들 가능성이 있다. 그러기에 나는 항상 건강한 신앙인격체로 유지하기 위해 영적으로 최선의 노력을 기우린다. 말씀을 음미하고 기도로 명상하므로 성결의 축복을 유지한다.

> 데살로니가전서 5:23절, "평강의 하나님이 친히 너희를 온전히 거룩하게 하시고 또 너희의 온 영과 혼과 몸이 우리 주 예수 그리스도께서 강림하실 때에 흠 없게 보전되기를 원하노라."
>
> 디모데전서 4:5절, "하나님의 말씀과 기도로 거룩하여짐이라."

11) 나의 마음은 예수의 마음을 품는다.

내가 예수님을 닮지 않고서야 어찌 성직자라고 할 수 있겠는가? 본능적인 인간의 욕심과 이기심, 자기중심적인 마음을 그대로 갖고 있고서야 주님의 종 곧 사관이라고 자부할 수 있겠는가(갈 5:19~21). 그것은 소위 사관 즉 직업적 사관은 될 수 있을지 모르나 하나님이 사용하시는 하나님의 사자 (Messenger)로서의 사관은 아니리라. 성령의 열매가 예수님 마음의 내용이리라.

> 빌립보서 2:5절, "너희 안에 이 마음을 품으라 곧 그리스도 예수의 마음이니."
>
> 요한복음 10:11-12절, "나는 선한 목자라 선한 목자는 양들을 위하여 목숨을 버리거니와 삯꾼은 목자가 아니요 양도 제 양이 아니라 이리가 오는 것을 보면 양을 버리고 달아나나니 이리가 양을 물어가고 또 헤치느니라."
>
> 갈라디아서 5:22-23절, "오직 성령의 열매는 사랑과 희락과 화평과 오래 참음과 자비와 양선과 충성과 온유와 절제니 이 같은 것을 금지할 법이 없느니라."

12) 나의 기도는 그리스도의 4차원적 사랑을 기도하리라.

나는 그리스도의 사차원적 사랑 즉 사랑의 너비와 길이와 높이와 깊이를 깨닫는 순간 구원의 은혜를 체험하였으며 이 복음을 전하기 위해 기도하리라.

의인과 죄인, 높은 자와 낮은 자, 시간과 공간속에 있는 과거에서 미래, 지구에서 우주까지 이르는 사랑의 충만을 알아 깨닫는다. 세상 사지사

방으로 펼쳐져 충만해 있는 예수 그리스도의 사차원의 사랑을 느낀다.

그것은 "많은 사람의 사랑이 식어질 때"가 바로 종말의 때이기 때문이다(마 24:12).

> 에베소서 3:18-19절, "능히 모든 성도와 함께 지식에 넘치는 그리스도의 사랑을 알고 그 너비와 길이와 높이와 깊이가 어떠함을 깨달아 하나님의 모든 충만하신 것으로 너희에게 충만하시기를 구하노라."

13) 나의 모본은 믿음의 본이 되는 것이다.

나는 결코 다른 사람에게 나같이 믿어야 한다고 강요하지는 않는다. 신앙은 각자의 자유이기 때문이다. 그러나 믿음은 누구나의 것이기에 믿도록 나는 권고한다. 그것이 나의 사명이기 때문이다(롬 10:14). 그러기에 나는 내 믿음의 본을 통해서 예수님을 보여주려고 노력한다. 나는 인간 그 이상도 이하도 아닌 존재인 것을 잘 안다(행 20:35).

> 디모데전서 4:12절, "누구든지 네 연소함을 업신여기지 못하게 하고 오직 말과 행실과 사랑과 믿음과 정절에 있어서 믿는 자에게 본이 되어."

14) 나의 지식은 예수를 아는 지식이 가장 고상하다.

나는 예수님을 만난 후로 주의 자녀가 되었다(요 1:12)는 확신 속에 살고 있다. 내가 알지도 못하고 만남의 경험도 못하고, 믿지도 순종하지도 못하는 예수를 위해서 어찌 내 생애를 다 바쳐 섬겨 외칠 수 있단 말인가?

나는 일반 지식을 얻는 학식을 위해서 생명을 투자하지 않는다. 다만 예수를 아는 진리를 만났기에 그를 위해 일평생을 투자하는 것이다. 그분만이 투자할 가치가 있기 때문이다. 나는 구세군을 위해서 몸과 마음과 뜻과 힘을 다하여 충성 할 수 있었던 것도 주님 사랑 때문이다. 내가 아는 예수는 단순히 나를 죄악가운데서 구원하신 구세주 이상의 분이다. 그분은 나의 "친구"요(요 15:15) 영원히 함께하시는 분이시다(마 20:28). 그러기에 그분 앞에 서면 항상 편하고 숨김없고 자유롭다. 그래서 나는 허심탄회하게 이야기를 나누고, 또한 가장 진지하게 독백한다.

> 빌립보서 3:8-9절, "또한 모든 것을 해로 여김은 내 주 그리스도 예수를 아는 지식이 가장 고상하기 때문이라 내가 그를 위하여 모든 것을 잃어버리고 배설물로 여김은 그리스도를 얻고 그 안에서 발견되려 함이니."

> 잠언 1:7절, "여호와를 경외하는 것이 지식의 근본이거늘 미련한 자는 지혜 와 훈계를 멸시하느니라."

15) 나의 실수는 꾸지람 듣기를 즐겨한다.

나는 꾸지람 듣는 것을 삶의 보약으로 여긴다. 그러기에 항상 충고에 감사히 여긴다. 꾸지람은 때로 치유를 촉구하는 양약이 되기 때문이다. 나는 꾸지람을 들을 때 결코 화를 내거나 복수심이란 전혀 없다. 다만 감사할 따름이다. 때로 나는 모함하는 꾸지람을 듣는 순간이라도 내 속에서 진주알을 발견하는 것 같아서 그에게 감사한다(잠 12:1). 원래 진주는 고통의 진액으로 만들어 진다.

그러므로 나는 "모든 것이 합력하여 선을 이루시는" 하나님의 은혜를 믿기에(롬 8:28) 항상 감사하는 생활 속에 살아간다. 내 속에는 적대 감정이나 분풀이는 없고 오직 그리스도의 사랑 안에서 산화작용이 이루어져 이해와 용서하는 마음이 일어날 뿐이다. 나는 오해를 이해로, 단점을 장점으로 살아가는 비법을 성경말씀 정독할 때 터득하였다. 그러기에 나는 40일 금식기도가 단순한 시간의 흐름이 아니라 영혼을 치유하고, 나를 하나님의 사람으로 만드는 하나님의 위대한 훈련의 현장이었다. 하나님은 나를 연단시켜 순금을 만드신다는 것을 믿는다.

잠언 3:11-12절, "내 아들아 여호와의 징계를 경히 여기지 말라 그 꾸지람 을 싫어하지 말라. 대저 여호와께서 그 사랑하시는 자를 징계하시기를 마치 아비가 그 기뻐하는 아들을 징계함 같이 하시느니라."

욥기 23:10절, "내가 가는 길을 그가 아시나니 그가 나를 단련하신 후에는 내가 순금같이 나오리라."

16) 나의 건강은 하나님의 사랑이 종합 비타민이다.

나에게 '사랑(아가페)은 힘이다.' 나는 삶이 "재미있다"는 말이 입버릇이 되고 있다. 나에게 주어진 삶이 어찌 재미가 없을까? 똑같은 시간과 공간을 하나님으로부터 분배받고 살면서 재미를 느끼지 못하는 것은 마치 사랑을 느껴보지 못한 부부와 같다고나 할까? 하나님의 사랑을 느끼며 사는 자만이 인생의 재미 즉 행복을 느끼며 살아가는 것이리라. 그러기에 진정한 행복은 느끼는 것이다. 그러므로 나는 시간이 가면 갈수록 그 자체가 또 다른 여행을 맛보게 되겠기에 그날이 올 때까지 나는 재미있는 나의 인생을 살아가게 되리라. 사랑이 인생의 종합비타민이

어라. 사랑의 힘이 나를 건강의 의지로 살아가게 한다.

> 잠언 4:22절, "그것은 얻는 자에게 생명이 되며 그의 온 육체의 건강이 됨이니라."

17) 나의 설교는 하나님의 "말씀"을 설명해 주는 중매쟁이다.

나는 설교를 위해서 설교하지 않는다. 나는 본문 해석설교를 좋아한다. 2천 년 전의 말씀이 오늘의 상황 속에서 사람의 마음속에 화살같이 꽂이기 때문에 나는 어떻게 해석되어져야 하는지를 고심한다. 내가 깨닫지 못하는 말씀을 전하는 것을 어찌 설교랄 수 가 있을까? 그러기에 나에게 있어서 설교는 신앙 고백적이며 종말론적인 동시에 실존론적인 결심을 마음속에서 결단하게 하도록 도와준다.

나는 설교를 단회적으로 끝마친다. 설교는 구원의 메시지이기 때문에 언제나 1:1로 대면하여 한 사람에게 설교한다. 여러 대중을 향해서 무의미한 잔소리를 늘어놓지 않는다. 나는 "설교를 설교하지 말라"고 권한다. 자칫하면 설교가 나의 입술의 말장난이나 잔소리가 되기 때문이다. 그렇게 되면 재담이나 능변이나 웅변술이 크게 작용할 것이다. 그러나 기도와 찬양이 영과 마음으로 해야 하듯이(고전 14:15) 설교도 영감 된 성서의 말씀을 영감 있는 입술로 외쳐야 하겠기에(사 6:6~8) 영과 혼을 다하여 설교한다(행 2:1~4). 나는 설교를 성령께 맡기고 성령께서 설교하시도록 간구한다.

> 잠언 30:5-6절, "하나님의 말씀은 다 순전하며 하나님은 그를 의지하는 자의 방패시니라 너는 그의 말씀에 더하지 말라 그가 너를 책망하시겠고 너는 거짓말하는 자가 될까 두려우니라."

베드로후서 1:20~21절, "먼저 알 것은 성경의 모든 예언은 사사로이 풀 것이 아니니 예언은 언제든지 사람의 뜻으로 낸 것이 아니요 오직 성령의 감동하심을 받은 사람들이 하나님께 받아 말한 것임이니라."

18).나의 지도력은 사랑으로 섬기는 것이다.

구세군의 지도자는 예수님의 성품을 닮기 원한다(빌 2:5~8). 자기 경험이나 아집이 지도자를 만드는 것이 아니다. 자기 포기만이(마 16:24) 진정한 영적 지도자의 출발점이 된다. 하나님은 힘 있는 자로되 겸손하셨다(빌 2:6~8). 지도자는 좋은 사람을 만나고 또한 좋은 사람을 만들어야 한다. 사람을 기르지 못하면 혼자 부리게 되는데 이것을 독재자라고 한다. 지도자는 독재자가 아니다. 독재자의 말로는 비인격적이고 비도덕적이며 비극적이다. 하나님의 거룩한 절대독재 외에는 결코 지상의 독재행위는 무서운 범죄 행위이다. 그것은 지탄과 징벌의 대상이 된다.

나는 진정한 성직을 위한 지도자의 모본을 예수님에게서 배운다. 그에게서 지도자의 품격과 사랑의 품격을 배운다. 그것은 곧 사랑으로 섬기는 지도력이다. 그것은 제자의 발을 씻기시는 지도력이다. 지도자에게 있어서 '분노나 폭발하는 언사'는 금물이다. 자기 감정제어장치가 속에서부터 있어야 한다. 성결의 은혜를 체험하지 않고서는 지도자가 되었어도 그것은 소위 지도자일 뿐 지도자의 자질을 가진 것은 아니다. 지도자는 앞에서 이끄는 역할자일 뿐이다. 그러기에 그에게는 고학력의 학식이 있어야 할 필요가 없다. 과단성 있는 결단력과 앞길을 헤치고 나갈 신앙의 용기와 기본적인 사무처리 경험과 사물을 판단 할 줄 아는 하나님이 주시는 지혜만 있으면 된다. 거기에는 나이나 성별이나 선후배가 상관없다.

골로새서 3:12~14절, "그러므로 너희는 하나님이 택하사 거룩하고 사랑받는 자처럼 긍휼과 자비와 겸손과 온유와 오래 참음을 옷 입고 누가 누구에게 불만이 있거든 서로 용납하여 피차 용서하되 주께서 너희를 용서하신 것과 같이 너희도 그리하고 이 모든 것 위에 사랑을 더하라 이는 온전하게 매는 띠니라."
요한복음 13:5절, "이에 대야에 물을 떠서 제자들의 발을 씻으시고 그 두르신 수건으로 닦기를 시작하여."
야고보서 3:17-18절, "오직 위로부터 난 지혜는 첫째 성결하고 다음에 화평하고 관용하고 양순하며 긍휼과 선한 열매가 가득하고 편견과 거짓이 없나니 화평하게 하는 자들은 화평으로 심어 의의 열매를 거두느니라."

19) 내 아내는 하나님의 사역을 위해 동등한 협력자(Partner)이다.

나의 사랑하는 아내 이수영 사관은 생의 동반자인 동시에 하나님의 사역을 위한 동등한 사관 동역자(Partnership)이다. 아내는 우리말 고어에 "안 해"로서 가정의 태양(Sun in home)이다. 자식들에게는 어머니로서 가정의 희망이며, 복음의 선한 "선교사"이자 위대한 가정교사이다.

나의 아내는 부흥사였다. "신들린 여인이었다." 나보다 훨씬 먼저 성령 충만한 말씀능력의 은사를 받았다. 오직 구령의 열정에 불타 외치는 아내의 집회를 쫓아다니며 은혜를 받던 그 시절이 그립다. 그녀는 한국의 "캐서린 부스"라 불리었다! 강단에 선 그녀는 성령이 그를 휘감아 타오르는 불이었고 하나님의 말씀을 전해주는 천사였다.

아내는 동분서주하며 뛰어다니면서 큰 소리치고 야단하였다. 나를 세 아들 틈바구니에서 넷째아들로 야단 아닌 충고 아니 격려하였다. 우리가정에는 남자가 넷이고 여자는 혼자이다. 우리가정의 여왕이랄까! 반듯하고 통통하고 야무지고 눈빛이 빛났다. 주님 부르실 때 무엇이라고 아내의 비석에 쓸 수 있을까? 나는 이렇게 아내의 비문에 새겨놓으리라. "우리들의 엄마는 아름다운 가정의 선교사였고 위대한 신앙의 가정교사였다"라고.

> 잠언 5:18~19절, "내 샘으로 복되게 하라. 네가 젊어서 취한 아내를 즐거워하라. 너는 그 품을 항상 족하게 여기며 그 사랑을 항상 연모하라."
>
> 잠언 31:30절, "고운 것도 거짓되고 아름다운 것도 헛되나 오직 여호와를 경외하는 여자는 칭찬을 받을 것이라."

20) 나의 교훈은 3형제에게 "하나님을 경외하라!"

우리는 "가족의 선물" 영성, 영일, 영선이가 있다. 이들은 하나님이 우리에게 주신 아름다운 가족의 선물이다. 사랑하고 존귀하고 아름다운 존재들이다. 우리는 자식들에게서 효도 받으려는 의도는 없다. 나도 부모님께 효도하지 못했다. '제자의 길'이 그런 것이 아니겠는가(눅 14:26). 그러나 자식들이 그리스도 안에서 신앙생활을 잘하며 진리 안에서 사는 것을 바란다(요3서 1:2~3). 하나님이 자라게 하시는 것을 믿음의 눈으로 바라보며 성령께서 어린 후손들을 지혜롭게 육성시킬 것을 믿는다(욜 2:28).

우리는 3형제를 신앙심 있는 그리스도인으로 키우고자 노력하였다. 그

몫은 전적으로 아내의 몫이었음을 고백한다. 맏자식을 구세군사관으로 바쳤다. 아들들에게 할 수 있었던 것은 신앙의 자율성과 생활의 자유를 누리도록 하였다. 맘껏 생각하고 맘껏 뛰고 맘껏 공부하도록 하였다. '하라하지 않고, 하지 말라 하지 않고 하게 하라'는 수련기법을 적용하였다. 초등학교와 중학교 때는 "보이 스카우트"에 보내어 자율적으로 생활하는 법과 공동생활 하는데 적응해 갈 수 있도록 하였다. 그리고 돈에 대한 철학을 느끼게 하기 위하여 우유배달과 중국집 아르바이트를 하도록 하였다. 사회생활을 개척해 나갈 수 있는 힘을 길러주는 것이 부모의 책임이 아니겠는가! 그 후 3형제는 장성하여 자기 적성에 맞는 대학, 대학원, 박사의 교육과정을 이수하였고, 가정을 이루었다. 영성(최수정)은 구세군 사관(미동군국)으로, 영일(허재완)은 사업가(뉴저지)로, 영선(황미숙)은 교수(서울대학교)로 장성하게 됨을 하나님께 감사하며 영광을 돌린다. 어느덧 우리는 늙음의 은혜 속에서 '증손자 재준'을 보게 됨으로, "욥이 백사십년을 살며 아들과 손자 사대를 보았다"고 말씀한 "말년의 복"이 우리에게 다가온 것 같아 감동을 받는다(욥 42:12, 16). 이 어찌 하나님의 창대한 축복의 생성원리에 감사하지 않을 수 있겠는가! 이를 가리켜 성서는 "너는 복의 근원이 될 것이다"(새번역)라고 말씀한다.

 잠언 23:15~18절, "내 아들아 만일 네 마음이 지혜로우면 나 곧 내 마음이 즐겁겠고 만일 네 입술이 정직을 말하면 내 속이 유쾌하리라 네 마음으로 죄인의 형통을 부러워하지 말고 항상 여호와를 경외하라 정녕히 네 장래가 있겠고 네 소망이 끊어지지 아니하리라."

 고린도전서 3:7절, "그런즉 심는 이나 물주는 이는 아무것도 아니로되 오직 자라게 하시는 이는 하나님뿐이니라."

창세기 12:2절, "내가 너로 큰 민족을 이루고 네게 복을 주어 네 이름을 창대하게 하리니 너는 복이 될지라."

21) 나의 '40일 금식기도'는 영성치유이다.

나는 '40일 금식기도'를 자랑으로 여기지 않는다. 다만 받은 은혜를 함께 나누고 싶은 것뿐이다(고후 12:1). '40일 금식기도'는 영천영문 담임사관이었을 때, 1978년 7월 10일~8월 18일까지 수원칠보산기도원에서 기도하고 하나님의 영감 된 말씀을 정독하면서 하나님의 말씀을 깨닫고 성서의 사람이 되려고 하는데 있었다. 처음 18일까지는 육신의 힘으로 견딜 수 있었으나 육체적 고통의 연속이었고 죽을 것만 같았다. 그러나 20일째부터는 순풍에 돛을 달고 달리듯 순탄한 영성의 길이었다. 내가 주님 안에 주님이 내안에 계셨다(요 17:21). 얼마나 기뻤는지 모른다. 3일 간격으로 환상 중에 7가지 음식을 받아먹었다. 그리하여 먹지 않았어도 전혀 배고픈 줄을 몰랐다. 오히려 기쁨이 충만하였다. 마지막 4일이 고비였다. 그 날수는 죽음의 날수같이 느껴졌다. "사탄의 당"(계 2:9) 속에 잡아넣고 훈련시키는 것만 같았다. 36일 동안 성경정독을 마쳤다. 그리고 7가지 은사를 받았다. 그중에 "말씀의 은사(축복)"를 크게 받았다. 성서를 '하나님의 사랑의 편지'로 받았다. 그리고는 "40년을 사역 할 수 있는 영성치유의 능력"을 받았다.

'40일 금식기도'는 홀로하면 너무 힘들다. 기도를 돕는 자가 필요하다. 삼복더위를 피하고(이중으로 힘들다), 생수를 마셔라. 끓인 물은 죽은 물이다. 소금을 한 알씩 먹어라. 회복에 도움이 된다. 성령의 인도하심과 성도들의 기도의 힘이 '40일 금식기도'를 마치게 하였다. 마지막 간구에서 "선기 후행"(先祈後行)의 영음을 들었다. 일생의 목적이 없이는 '40일 금식기도'를 남이 한다고 목적 없이 따라서 하지는 말라. 그것은 함부로 할 일이 아니다. 그 후로 영적 변화뿐만 아니라 신체의 체질변화가 일어났다. 어린 아이 체질과도 같았다. 마음도 변화되었다. 하나님의 선하고 인자하신 뜻을 깨닫게 되었다. 하나님이 기뻐하시는 뜻(살전 5:14~24)과 싫어하시는 뜻(잠 6:16~19)을 분간하게 되었다. 하나님을 사랑하는 자는 하나님의 마음을 알 수 있다(요1서 4:7~8). 하나님은 사랑 가운데 거하신다는 사실을 깨닫게 된다(요1서 4:16). 사랑은 율법을 완성시킨다(롬 13:10).

> 에스라 8:23절, "그러므로 우리가 이를 위하여 금식하며 우리 하나님께 간구하였더니 그 응낙하심을 입었느니라."
>
> 마태복음 4:1~2절, "그 때에 예수께서 성령에게 이끌리어 마귀에게 시험을 받으러 광야로 가사 사십일을 밤낮으로 금식하신 후에 주리신지라."
>
> 고린도후서 12:1절, "무익하나마 내가 부득불 자랑하노니 주의 환상과 계시를 말하리라."

22) 나의 군대생활은 남자의 기질을 만든다.

나는 일반육군하사로 36개월 국방의 의무를 마쳤다. 그 후 45세까지 향토예비군의 임무를 마쳤다. 나는 군무생활 전반부에는 28사단 80연대의 소총중대와 대대에서 작전, 정보, 교육을 맡아 임무수행을 하였고 후반부에는 광주 상무대 보병학교에서 교육계의 임무를 맡았다. 교관들의 장교 훈련교재와 훈련을 도왔다. 군대생활에서 익혔던 교육훈련이 구세군사관학교 교육과 본영 교육부에서 큰 힘이 되었다. 하나님은 미리 그것까지라도 족히 섭리 하셨다. 나는 군무를 통해 나라사랑과 자기 긍지와 용맹성과 인내력을 배운 것은 나의 연약한 성격에 적격한 인생 단련 훈련이었다. 나는 군대생활 동안 무신론 철학자 니체의 서적과 사상을 탐독하느라고 잠시 "반항하는 벌레"로서 방황한 적이 있었으나 곧 성서의 복음으로 회복되었다.

> 느헤미야 4:17~18절, "성을 건축하는 자와 짐을 나르는 자는 다 각각 한 손으로 일을 하며 한 손에는 병기를 잡았는데 건축하는 자는 각각 허리에 칼을 차고 건축하며 나팔 부는 자는 내 곁에 섰었느니라."

23) 나의 손해는 사랑으로 해결한다.

'조금 손해를 보라. 그러면 많은 이익이 돌아올 것이다"라고 생각하는 것이 나의 기본자세이다. 실제로 생각해보면 내가 얼마나 이기주의적인 삶인지 모른다. 미국사람들은 동리 길을 지나치면서 만나는 사람에게 "Hi!"(안녕하세요!)하고 인사한다. 친절이지만 자기 보호이다. 그래서 나는 항상 양보하기를 좋아한다. 다투는 일은 없다. 상대편을 어떤 상황에서든지 이해하면 된다. 그러기에 쉽게 용서한다. 용서에는 어떤 원칙이나 규범이나 전이해나 선입감은 절대 없다. 그저 하나님의 사랑으로 용서한다. 나는 마음속에 나쁜 기억을 담아두지 않는 습성이 생겼다. 금세 산화시켜 버린다. 그렇지 않으면 내 몸속에서 독소가 퍼지기 때문이다. 내가 살기 위해서, 그리고 내 맘이 편안하기 위해서 하는 실천이다. 이것이 바로 함께 살아가면서 평화를 만들어 가는 공존의 법칙이 아니겠는가? 실제는 성서에서 깨달은 진리이다.

> 마태복음 5:9절, "화평하게 하는 자는 복이 있나니 그들이 하나님의 아들이라 일컬음을 받을 것임이요."
>
> 이사야 43:25절, "나 곧 나는 나를 위하여 네 허물을 도말하는 자니 네 죄를 기억하지 아니하리라."
>
> 디모데후서 2:24~26절, "주의 종은 마땅히 다투지 아니하고 모든 사람에 대하여 온유하며 가르치기를 잘하며 참으며 거역하는 자를 온유함으로 훈계할지니 혹 하나님이 그들에게 회개함을 주사 진리를 알게 하실까 하며 그들로 깨어 마귀의 올무에서 벗어나 하나님께 사로잡힌바 되어 그 뜻을 따르게 하실까 함이라."

24) 나는 두 가지를 구하리라.

나는 정직을 생명으로 산다. 정직하게 짧게 사는 것이 거짓되게 길게 사는 것보다 훨씬 값지다. 분명히 거짓은 하나님이 싫어하는 것이다(잠 6:16~19, 계 21:8). 그러기에 자식들이 주님 안에서 정직하게 삶을 살아가는 것으로 만족한다(요3서 1:2). 나는 항상 부족함이 없는 삶을 산다(시 23:1). 부족은 풍부의 반대어가 아니다. 그것은 자족하는 삶이다. 언제나 주어진 여건 속에서 굽실거리며 살 이유는 나에게 전혀 없다. 정직은 항상 승리한다. 이것이 자기 행복이다. 때로 달려가는 나에게 '바를 正(정)자'는 항상 '일단 정지해서' 살펴보라는 신호로 귀감 삼는다.

> 잠언 30:7~9절, "내가 두 가지 일을 주께 구하였사오니 내가 죽기 전에 내게 거절하지 마시옵소서 곧 헛된 것과 거짓말을 내게서 멀리 하옵시며 나를 가난하게도 마옵시고 부하게도 마옵시고 오

직 필요한 양식으로 나를 먹이시옵소서 혹 내가 배불러서 하나님을 모른다 여호와가 누구냐 할까 하오며 혹 내가 가난하여 도적질하고 내 하나님의 이름을 욕되게 할까 두려워함이니이다."
시편 23:1절, "여호와는 나의 목자시니 내게 부족함이 없으리로다."

25) 나는 구세군에 순종한다.

나는 순종의 미덕을 지니고 있다. 이것은 부모님으로부터 배운 것이다. 부모님은 조부님의 이해할 수 없는 말씀이라도 불평하거나 거역한 적이 한 번도 없었다. 아무리 어렵고 힘들어도 순종으로 그 일을 해내셨다. 그 미덕을 부모로부터 배웠기에 나는 순종이 몸에 배어있다. 하루 종일 한 곳에서 아버지를 기다린 때도 있었다. 그러기에 그 미덕은 단체에서도 쉽게 적응할 수 있는 요소가 되었다. 순종의 미덕은 지도자를 기쁘게 하고 지도자의 하는 일을 돕는 일이다. 그것이 하나님의 뜻을 이루는 일이라면 기꺼이 순종하는 것이 제사보다 나은 일이다(삼상 15:22). 순종은 아부가 아니라 품격이다. 자기가 선택한 의지에 대한 강력한 책임과 의무를 다하는 것이다.

베드로전서 2:13절, "인간의 모든 제도를 주를 위하여 순종하되 혹은 위에 있는 왕이나."

26) 나는 겸손하리라.

나는 겸손하리라. 첫째도 겸손, 둘째도 겸손, 셋째도 겸손하리라. 주님은 죽기까지 겸손하셨다. 나에게 있어서 겸손은 교만의 반대어가 아니다. 겸손은 약자같이, 교만은 강자같이 들려진다면 하나님은 강하신분이기에 독생자를 십자가에 내어주시어 겸손의 미덕을 삼으신 진리를 깨닫지 못할 것이다. 겸손은 그것 자체가 삶이다. 겸손은 나의 삶이다. 낮출수록 높이 뛰게 된다.

> 빌립보서 2:6~8절, "그는 근본 하나님의 본체시나 하나님과 동등 됨을 취할 것으로 여기지 아니하시고 오히려 자기를 비워 종의 형체를 가지사 사람들과 같이 되셨고 사람의 모양으로 나타나사 자기를 낮추시고 죽기까지 복종하셨으니 곧 십자가에 죽으심이라 이러므로 하나님이 그를 지극히 높여 모든 이름 위에 뛰어난 이름을 주사."

27) 내 신앙의 완전한 열매는 성령의 열매이다.

나에게 성령의 열매는 '하나님의 자녀 됨'의 완전한 삶의 표상이다. 나의 삶의 요소는 성령의 열매에 집약되어 있다. 육체의 열매는 이미 버려진지 오래다. 1969년 7월 30일 새벽 두시 경 "꿈에 만나본 예수님"의 안수로 뜨겁게 회개한 후 성결의 은혜를 체험한 뒤 진죽영문 자비석에서 성결의 은혜를 실체화하였다. 그 후로는 "육체의 일"(갈 5:17~21) 때문에 고민한 적은 없다. 이 은혜를 체험하기 위해 신학교 강의시간에나 부흥회에나 유명강사를 쫓아다니며 헤매었던 적이 있었다. 성결에 관한 책을 수없이 읽었다. 그러한 사모하는 열심이 나를 성령의 열매를 맺는 결과를 갖게 하였다. 은혜는 노력하는 만큼 결실을 본다.

> 갈라디아서 5:22, "오직 성령의 열매는 사랑과 희락과 화평과 오래 참음과 자비와 양선과 충성과 온유와 절제니 이 같은 것을 금지할 법이 없느니라.

28) 나는 신앙을 유산으로 삼는다.

나는 부모로부터 돈이나 땅을 유산으로 받지 않았다. 장자양자이기에 조부로부터 물려받은 논밭은 농촌에 살고 있는 사촌에게 대가없이 물려주었다. 나는 신학대학에 들어갈 때 부모님이 나의 교육에 투자하시는 것으로 부모님의 유산으로 삼겠다고 약속하였다. 부모로부터 받은 것이라곤 오직 아버지가 60여 평생 포목장사로 사용하시던 '잣대' 하나뿐이다. 그 손때 묻은 잣대로 평생 고생하시며 8남매를 교훈하셨고 교육시키셨고 훌륭히 장성케 하셨다. 그러나 나는 후회함이나 소유할 욕심이란 없다. 그 같은 사상은 성서 속에서 상속의 개념은 물질보다는 신앙적 유산이어야 한다는 것을 새삼 깨닫게 되었기 때문이다. 재물의 유산 때문에 싸우고 갈라지고 망하는 수는 있어도 신앙의 유산 때문에 싸우고 갈라지며 망하는 일은 없다. 금보다 귀한 것은 믿음뿐이다(벧전 1:7). 하나님의 것을 돈으로 갚을 길 없다. 자식들에게 줄 수 있는 유산은 오직 신앙뿐이다. 신앙만 있으면 자식들을 "복의 근원자"로 삼으실 것이다(창 12:2). 나는 자녀들에게 최선을 다하여 신앙의 교육을 시키리라. 그것은 부모의 의무요 책임이다(딤후 3:15-17). 그러나 재물은 나에게 속한 것이 아니라 하나님께 속한 것이기에 자식들이 자신의 철저한 신앙 본질을 통하여 하나님의 축복으로 주어지는 분깃을 천대에 이르러 받게 될 것을 믿는다(출 20:6). 이것이 하나님을 섬기는 자에게 주시는 축복의 유산이다.

    로마서 1:17절, "복음에는 하나님의 의가 나타나서 믿음으로 믿음에 이르게 하나니 기록된바 오직 의인은 믿음으로 말미암아 살리라 함과 같으니라."

29) 나의 비석에 새겨놓을 말씀이다!

시편 116:16절, "여호와여 나는 진실로 주의 종이요 주의 여종의 아들 곧 주의 종이라 주께서 나의 결박을 푸셨나이다."

나는 하나님이 인정하시고 사람들이 인정하는 성직자가 되기를 바란다. 특히 구세군의 국제적인 구세군사관의 반열에 서서 주님의 부르심(소천)에 의하여 주님이 친히 다스리시는 영생의 나라에 이르러 주님과 함께 살면서 얼굴과 얼굴을 대면하여 섬기기를 소망한다"(롬 15:13, 고전 13:12). "볼지어다 내가 세상 끝날 까지 너희와 항상 함께 있으리라 하시니라"(마 28:20). "아멘 주 예수여 오시옵소서."(계 22:20)

나에게는 "9988 12345"라는 '나의 생애 키워드'가 있다.

"99세 동안 팔팔(88)하게 일(1)하다가 2, 3일 쉬면서 사(4)랑하는 사람들을 만나보고 오(5)라고 주님이 부르시면 하늘나라에 간다."

30) 나는 노년생활 5대 수칙이 있다.

이것은 보다 성숙되고 생산적인 삶을 위한 나의 노년생활 충족요법이다.

첫째, 단순한 생각(Simple mind)이다.

원칙은 생각은 단순하게! 방법은 생각 없는 생각을 하자! 실천은 성서, 독서. 독서 후 깊은 생각으로 깨닫는다.

둘째, 깨끗한 마음(Pure heart)이다.

원칙은 마음은 깨끗하게! 방법은 마음을 비우자! 실천은 기도, 명상. 날숨과 들숨으로 생명을 느낀다.

셋째, 성결한 영성(Sanctified spirituality)이다.

원칙은 영성은 성결하게! 방법은 나 되어가자! 실천은 저술, 꿈, 묻고 탐구하고 만남으로(ask, seek, knock!) 성찰한다.

넷째, 간편한 몸(Convenient body)이다.

원칙은 몸은 간편하게! 방법은 몸을 돌보자! 실천은 운동, 친교. 체력으로 봉사하며 섬긴다.

다섯째, 편안한 삶(Comfortable life)이다.

원칙은 삶은 편안하게! 방법은 재미있게 살자! 실천은 나눔, 돌봄. 사랑으로 인사하며 행복을 만든다.

에필로그

오늘날 선교100주년(1908-2008)을 지낸 한국 구세군이 '복합선교'시대라고 일컬어지는 국제주의적인 구세군의 정황에서 우리는 무엇이 참되고 생명 있는 복합선교인가를 묻게 된다. 우리는 창조적 종합을 위한 복합선교에 대한 신학화 작업이 필요불가결하게 되었다. 그것은 구령사역과 사회봉사사역을 둘이 아니라 하나로, 윌리엄 부스가 말한바 "샴의 쌍둥이"로 이해하는데 도움이 필요하다. 나아가서 더 구체적으로 구세군 역사에서 발전해 온 구령사역과 사회봉사사역의 흐름과 맥에 새로운 창문을 열어가는 가능성을 보게 된다. 이런 점에서 오늘날 구세군의 발전을 위한 '구세군을 구세군답게' 하는 구세군의 신학적 이슈를 위해 중요한 책임을 공유하게 되었다.

오늘 한국 구세군은 다시 새로워지는 갱신(renewal)을 열망하고 있다. 구세군이 그 원천으로 돌아가는 길은 '구령운동'이 갱신의 원동력이 될 수 있다. 이를 위해 우리 모두는 '자비석' 앞에서 주께 엎드려 철저한 '회개와 성결'의 역사가 선행되어야 하리라고 믿는다. 오늘의 구세군 사관들에게 분명히 다시 들려져야할 은혜의 메시지가 있다.

"주의 성령이 내게 임하셨으니 이는 가난한 자에게 복음을 전하게 하시려고 내게 기름을 부으시고 나를 보내사 포로 된 자에게 자유를, 눈먼 자에게 다시 보게 함을 전파하며 눌린 자를 자유롭게 하고 주의 은혜의 해를 전파하게 하려 하심이라 하였더라"(눅 4:18-19).

사관이 돈이 없는 것은 부끄럽지 않다. 그러나 사관이 영력이 없는 것은 매우 부끄러운 일이다. 그러므로 돈 없는 것을 불명예로 여기지 말고 능력 없는 것을 수치로 여기라.

나는 예수님의 능력을 새롭게 깨닫는다(행 10:38). 나는 예수님의 3대 사역을 본받는다. 즉 가르치시며(Teaching) 전파하시며(Preching) 고치신(Healing) 예수님의 사역을 본받는다(마 9:35).

이바 버로스 대장은 나에게 "김준철 사관은 'Korean theologian' "이라고 말씀해 주셨다. 그렇지만 나는 구세군사관이다. 나는 사관 이상도 그 이하도 아니다. 나는 단순한 설교자이다. 사관이 설교를 못한다면 그것은 사관의 종말을 의미한다. 나는 오직 하나님의 말씀을 전하고 가르치는 성서교사이다. 이것은 하나님이 내 생애를 통해서 주신 유일한 은사이기도 하다. 이 은사를 주신 하나님께 감사한다. 나는 무엇보다도 구령자이다. 하나님이 처음에 나를 구령자로 부르셨고 지금도 구령자로 존속하고 있다. 영혼을 사랑하는 불타는 마음이 아직도 불타고 있다. 죽음이 나를 갈라놓을 때까지는 그 마음 여전하리라!

주님은 나를 사용하시어 목회자로(영문), 신학자로(사관학교), 행정가로(본영), 역사가로서(역사박물관) "구세군을 구세군답게" 하는데 최선을 다하여 사역하게 하신 하나님의 은혜를 감사하며 영광을 돌린다.

나는 간구한다.

"주여 지혜로운 마음을 종에게 주소서"(왕상 3:9, 시 90:12).

"주여 여호와께서 학자의 혀를 내게 주사 나로 곤고한 자를 말로 어떻게 도와 줄 줄을 알게 하시고 아침마다 깨우치시되 나의 귀를 깨우치시사 학자같이 알아듣게 하소서"(사 50:4).

"사랑을 법으로 알고 진리를 따르리니 주여 나를 자유하게 하소서"(요 8:32). 할렐루야!